会带人，才有高效团队

让你会识人、用人、带人的高效团队打造术

孔隆 / 编著

图书在版编目（CIP）数据

会带人，才有高效团队 / 孔隆编著. -- 北京 : 企业管理出版社, 2014.5

ISBN 978-7-5164-0789-9

Ⅰ. ①会… Ⅱ. ①孔… Ⅲ. ①企业管理－组织管理学 Ⅳ. ①F272.9

中国版本图书馆CIP数据核字(2014)第076752号

书　　名：会带人，才有高效团队
作　　者：孔　隆
责任编辑：张　羿
书　　号：ISBN 978-7-5164-0789-9
出版发行：企业管理出版社
地　　址：北京市海淀区紫竹院南路17号 邮编:100048
网　　址：http://www.emph.cn
电　　话：编辑部（010）68453201 发行部（010）68701638
电子信箱：80147@sina.cn zhs@emph.cn
印　　刷：北京慧美印刷有限公司
经　　销：新华书店
规　　格：166毫米×235毫米　16开本　19印张　273千字
版　　次：2014年5月第1版　2014年5月第1次印刷
定　　价：36.00元

目　录

Contents

第一部分　带人篇

◆ 第二部分　团队篇

带人篇 第一部分

你想把各式各样的人凝聚到自己的周围吗？

你想让他们为你贡献聪明才智吗？

你想做到令行禁止，并使人心服口服吗？

你想让自己的下属组织成一支团结向上、充满活力和创造性的团队吗？

你想让自己成为一名充满魅力、人人愿意追随效忠的领导者吗？

为此，你需要懂得带人的艺术。

一、会用人之长，还要会用人之短

重视每一个人才

领导者要赢得下属的尊重，就应当重视身边的每一个人才，像“淘金”一样地发现人才，重视人才。

有一个人即将背井离乡，到别的地方去居住。行前，他特意去拜访拉比，请拉比给他一些忠告。拉比想了想，就讲了一个故事：

有位住在柏林的犹太人，时常梦见一个碾米厂的地下埋藏了许多珍宝。有一天，他终于控制不住自己的好奇心，决定去挖掘这个宝藏。

第二天黎明，他来到碾米厂，小心而仔细地挖掘起来，可是院子几乎挖遍了，也没有挖出一星半点儿东西来。

碾米厂的主人闻讯赶来，问他为什么到此乱挖一气。他只得说明缘由。厂主听完高声大叫：“真是太奇妙了，我也经常梦见一个住在柏林的人，他家院子里埋藏着许多珍宝。”

厂主还念叨出那个人的名字，这名字正和这个柏林人的名字一样。这个柏林犹太人赶忙马不停蹄地回到自己家里，挖掘自己的院子，没想到还真的挖出了许多宝贝。

拉比讲完故事，对前来请教的人说：“你知道了吧？有时自己的院子里也埋藏着许多宝物，只是我们没有挖掘而已。”

这个世界并不缺乏人才，缺乏的是发现人才的眼睛，领导要做到知人善任，就应当有一双善于识才的“慧眼”。

古今中外，很多成功的领导者都坚持这一点：一个让人甘心追随的领导者应当是下属的知己。领导者关心、尊重、理解下属，并为之提供成长发展的机遇，对其有知遇之恩，才能让下属“士为知己者死”。

松下幸之助引以为自豪的就是从平凡人身上取得不平凡的成果。松下幸之助从不去著名大学里选择人才，而是十分注重从公司内部员工中发现人才，量才使用，在使用中注重实际工作能力和效绩，用人不论亲疏。他把许多年轻人直接提拔到重要工作岗位上，如1986年松下幸之助提拔名不见经传的山下俊彦出任松下公司总经理，而将自己的女婿松下正治由总经理改任董事长。这次人事安排令人十分惊讶，因为山下俊彦不仅与松下幸之助毫无血缘关系，而且很年轻。但松下幸之助慧眼识英才，山下俊彦出任总经理后，根据世界市场形势的变化和家用电器发展趋势，果断地改变原公司生产体制，由生产家用电器单一制造系统扩展为生产电子科技产品等多门类的生产体系，使公司销售额逐年增加，造就了松下电器公司新的发展阶段——“山下时代”。

人是企业最宝贵的财富。钞票没有了可以赚回来，机器坏了可以换回来，但如果失去了员工的向心力，只怕千金也买不回来。只有赢得了人心，才能“士为知己者死”，从而最终赢得企业的成功。

由此可见，领导者只要真正关心、尊重、理解下属，并为其提供成长发展的机遇，让自己成为下属的知己，这样才能换来下属对你的一片赤诚。

不以个人的好恶标准识人

领导者对人的看法，不能以个人的好恶标准来决定。因为人的兴趣、爱好、性格各有所异，不能只凭自己的爱好，以己之见来断定某人是否为贤。有的领导者往往感情用事，看到某人的脾气和志趣与己相投，便不再注意这个人的其他方面，就把他当成了人才。这样，往往会形成领导者自己的“人才小圈子”，出现只有符合领导者心意的人才能被重用，不符合领导者心意的人只能被埋没或者另寻出路的现象。

唐高宗时，大臣卢承庆专门负责对官员进行政绩考核。被考核人中有一名粮草督运官，有一次在运粮途中突遇暴风，粮食几乎全被吹光了，卢承庆便给这个运粮官以“监运损粮考中下”的鉴定。谁知这位运粮官神态怡然，一副无所谓的样子，脚步轻盈地出了官府。卢承庆见此认为这位运粮官有雅量，马上将他召回，随后将评语改为“非力所能及考中”。可是，这位运粮官仍然不喜不愧，也不感恩致谢。原来这位运粮官早先是粮库的混事儿，对政绩毫不在意，做事本来就松懈涣散，恰好粮草督办缺一名主管，暂时让他做了替补。没想到卢承庆本人恰是感情用事之人，办事、为官没有原则，二人可谓“志趣、性格相投”。于是，卢承庆大笔一挥，又将评语改为“宠辱不惊考上”。

卢公凭自己的观感和情绪，便将一名官员的鉴定评语从六等升擢为一等，实可谓随心所欲。这种融合个人爱憎好恶、感情用事的做法，根本不可能反映官员的真实政绩，也失去了公正衡量官员的客观标准，势必产生“爱而不知其恶，憎而遂忘其善”的弊端。这样，最容易导致吹牛拍马者围在领导者左右，专拣领导喜欢的事情、话语来迎合领导的趣味和喜好。久而久之，领导者就会凭自己的意愿来识别人才，对有好感的人委以重任；而对与领导保持距离、印象不深的人，即使真有实才，往往也不会委以重任。这样的领导，怕是没什么人才乐意追随。

一个值得下属尊重的领导不仅要识才重才，而且要善于用人，不以个人的好恶来看人。例如美国IBM公司的总裁小沃森就是这样的一个典范。

有一天，一位中年人闯进小沃森的办公室，大声嚷嚷道：“我还有什么盼头！销售总经理的差事丢了，现在干着因人设事的闲差，有什么意思？”

这个人叫汤姆，是IBM公司“未来需求部”的负责人，他是刚刚去世不久的IBM公司第二把手柯克的好友。由于柯克与小沃森是对头，所以汤姆认为，柯克一死，小沃森定会收拾他。于是决定破罐子破摔，打算辞职。

沃森父子以脾气暴躁而闻名，但面对故意找碴儿的汤姆，小沃森并没有发火，他了解汤姆的心理。小沃森觉得，汤姆是个难得的人才，甚至比刚去世的柯克还精明。虽说此人是已故对手的下属，性格又桀骜不驯，但为了公司的前途，小沃森决定尽力挽留他。

小沃森对汤姆说："如果你真行，那么，不仅在柯克手下，在我、我父亲手下都能成功。如果你认为我不公平，那你就走；否则，你应该留下，因为这里有许多的机遇。"

后来，事实证明留下汤姆是极其正确的，因为在促使IBM做起计算机生意方面，汤姆的贡献最大。当小沃森极力劝说老沃森及IBM其他高级负责人尽快投入计算机行业时，公司总部响应者很少，而汤姆却全力支持他。正是由于他俩的携手努力，才使IBM免于灭顶之灾，并走向更辉煌的成功之路。

后来，小沃森在他的回忆录中说了这样一句话："在柯克死后挽留汤姆，是我有生以来所采取的最出色的行动之一。"

小沃森不仅挽留了汤姆，而且提拔了一批他并不喜欢，但却有真才实学的人。他在回忆录中写道："我总是毫不犹豫地提拔我不喜欢的人。那种讨人喜欢的助手，喜欢与你一道外出钓鱼的好友，则是管理中的陷阱。相反，我总是寻找精明能干、爱挑毛病、语言尖刻、几乎令人生厌的人，他们能对你推心置腹。如果你能把这些人安排在你周围工作，耐心听取他们的意见，那么，你能取得的成就将是无限的。"

管理是一门艺术，领导者运用理性的眼光处理人际关系，可以赢得下属的尊重，进而赢得下属的支持与配合，造就一个协同作战的团队，并且能更迅速、更顺利地制定和贯彻各种决策，实施更有效的管理。

注重下属的潜能

领导者要做到知人善任，成为下属的知己，一个重要的方面就是要具备发现下属潜能的眼光和能力。工作中，不是每个下属都会有显著的成绩，许多人的表现甚至很平庸。事实上，在任何一个单位中，真正出类拔萃的总是少数，而大部分人都处于一种中间状态。这些下属虽然表现一般，但并非说明他们没有能力，有些还是很不错的，只不过他们的能力还没有被激发出来，他们更需要领导的关注和激励。这就要求领导者要有挖掘这些一般下属优点的眼光，如果领导能够在日常的工作事务中发掘出他们的优点并予以哪怕是口头的表扬，就可能改变很多人，使他们的潜能被大大地激发出来。同时，这份知遇之恩也会让领导赢得下属真心的拥戴和支持。

一个值得下属追随的领导者应当是一个能够以潜能识人、用人的领导者。

伊尹是商汤的开国大臣，他帮助商汤打败暴君夏桀，为建立商朝立下汗马功劳。他原名叫阿衡，是有莘王家的奴隶，虽然思谋精奇，才学宏深，却不为人知。

有莘王把女儿嫁给商汤时，阿衡作为陪嫁的奴隶到了商汤府中做厨子。一次上菜时，商汤偶然问起他有关烹调的事，阿衡恭恭敬敬、不卑不亢地谈起烹调的技艺。商汤见一个厨子把烹调之事讲得绘声绘色、有条有理，就没有打断他。阿衡循序渐进，话锋一转，不知不觉把话题引向治理国家的道理，商汤越听越奇。听到阿衡讲王道与霸道同炊火与爆炒的异同时，商汤肃然而起，喟然长叹：治理国家的人才，我却让他烧菜做饭！他毅然决定把国家政事交给阿衡（伊尹）管理。

商汤死后，伊尹又辅佐帝外丙、帝仲壬、帝太甲。太甲是商汤的孙子，当了三年皇帝后，开始胡作非为，乱成汤德政，失民心于天下。伊尹就把太甲放逐到桐宫悔过，自己行摄王政，让成汤德政重布于天下。三年后，太甲悔过自新，向天下承认自己的错，伊尹又把政权还给太甲。

太甲死后，伊尹又立其子沃丁为帝。这样，伊尹成为成汤的五朝老臣。

伊尹如托孤老臣，忠心耿耿佐成汤治理天下。有这样的人才，国家何愁不富强，帝王何愁不成明君呢？伊尹的忠诚与商汤对他的赏识和重用是分不开的。“士为知己者死”，领导者若要赢得下属的忠心追随就应当像商汤一样，有一双识人的“慧眼”。

小李是上海一家公司的技术员，由于刚从高校毕业，对实际工作操作还不熟悉，在第一年中几乎没有任何可圈可点的表现，他自己也灰心丧气。但是这家公司的领导却发现小李有一个可贵的优点，就是理论基础扎实，于是领导不仅私下里找小李谈心，表扬他这一个优点，并把他放到车间里进行锻炼。结果一年以后，小李凭借他深厚的理论功底，再加上实践经验，设计出了一种省时省力的操作流程，为该公司带来了大笔利润。

领导者要跳出用人识才的误区，较快地识别和激发下属的潜能，应当注意以下几点：

1. 听其言。

有潜力的下属大多都是尚未得志之人，故其在公开场合说官话、假话的机会极少，所说之言，绝大多数是在自由场合下直抒胸臆的肺腑之言，是不带“颜色”的本质之言，因而就更能真实地反映和表达思想感情。

2. 观其行。

一个人的行为，体现着一个人的追求。例如，一个讲究吃喝打扮的人，所追求的是口舌之福和衣着之丽；一个善于请客送礼的人，所追求的是吃小亏占大便宜，等等。任何一个人，一旦进入了自己希望进入的角色，就会为了保住角色而多多少少地带点“装扮相”。只有那些处在一般人中的人才，既无失去角色的担心，又不刻意寻觅表现自己的机会，所以，一切言行都比较质朴自然。领导者若能在一个人才毫无装扮的情况下透视出其“真迹”，而且这种“真迹”又包含和表现出某种可贵之处，那么大胆起用这个人才，十有八九是可靠的。

3. 析其能。

有潜能的下属虽处于成长发展阶段，有的甚至处在成才的初始时期，但既是人才，就必然具有人才的先天素质：或有初生牛犊不怕虎的胆略，或有出淤泥而不染的可贵品格，或有“三年不鸣，一鸣惊人”之举，或有“雏风清于老凤声”的过人之处。一位善识人才的“伯乐”，正是要在“千里马”无处施展腿脚之时识别出它与一般马匹的不同。

4.闻其誉。

善识人才者，应时刻保持清醒头脑，有自己的独立见解，不受表面现象所左右。对于已成名的显人才，不应当跟在吹捧赞扬声的后面唱赞歌，而应多听一听反对意见；对于未成名的潜人才所受到的赞誉，则应留心在意。这是因为，人大多有“马太效应”心理，人云亦云者居多。大家说好，说好的人越发多起来；大家说坏，说坏的人也会随波逐流。当人才处在潜伏阶段，“马太效应”对其毫不相干。再者，别人对其吹捧没有好处可得。所以，其称赞是发自内心的，是心口一致的。领导者如果听到大家对自己一名普通的下属进行赞扬时，一定要引起注意。

不过分苛求下属

有句古语，叫作“水至清则无鱼，人至察则无徒”。意思是说，水太清了就养不住鱼，为人太清正，则不能有许多人追随。从道德上来讲，为人必须清、正、廉、洁，但过分的清正，就变得刻板，不能对人持宽容厚道之心。对人不能持宽容厚道之心，也就不能容人，不能容人也就不能用人，不能得人之心。这是领导者培养忠诚下属不能忽视的一个重要细节。

人无完人，金无足赤。古往今来，大凡有见识、有能力，能够成就一番事业的人，往往有着与众不同的个性和特点，他们不仅优点突出，而且缺点也明显。一个领导者如果处人、用人过于清正，就会显得不讲情面，不通情理，不能包容人的缺点。这样，处人、用人就会困难得多。一个令下属乐意追随的领导要有容人之量，尤其是政治家、军事家，更要有容人之量。俗话说：宰相肚里能行船。行大事者不拘小节，就是这个意思。如果秋毫毕见，就容易让人觉得和你难以相处，愿意跟随你、和你共事的人就会越来越少，孤掌难鸣，最终难成大事。

俗话说：看人要深，处人要浅；看人要清楚，处人要糊涂。讲的也是同样的道理。看人看得深，看得清楚，处人也就能浅、能糊涂。怕的则是看得浅、看得糊涂，处人、用人也就难免不浅、不糊涂，结果带来失误和后患。看人深、看得清楚，处人浅、处人糊涂一些，就是把握住大的原则，而不去纠缠于小节，对人的小缺点要宽容，对个人的性格独特的方面要给予理解。特别是那些有独特才能的人，其性格的特点也比较明显，要用这样的人，宽容、理解就是非常必要的。无宽容之心、理解之情，自然无法赢得这些人的追随，让他们尽情发挥作用就显得很困难了。

这些道理，说起来都很简单，但为什么有些领导在看待自己下属的时候，就常横挑鼻子竖挑眼呢？其中的原因很复杂，但就其思想方法而言，主要在于不能辩证地分析看待人的优点和缺点、长处和短处，求全责备。

美国南北战争之始，林肯总统以为凭借北方在人力、物力、财力上的绝对优势，加之战争的正义性，短期内即可扑灭南方奴隶主军队的叛乱。于是，林肯总统按照他平时的用人原则——没有大缺点，先后任命了三四位德高望重的谦谦君子做北军的高级将领，想利用他们在人们心中的道德感召力，用正义之师战胜南方奴隶主军队。但事与愿违，这些没有缺点的将领在战争中却很平庸，很快便被李将军统率的南方奴隶主军队一一击溃。

预想不到的败局，引起林肯总统的深思。他认真分析了对方的将领，从贾克森起，几乎没有一个不是满身都有大小缺点的人，但他们却具有善于带兵用兵、勇敢机智、彪悍凶猛等长处，而这些长处正是战争需要的素质。反观自己的将领，忠厚、谦和、处世谨慎，这些作为做人的品格是不错的，但在充满血腥的严酷战争中，却不足取。从这种分析出发，林肯力排众议，毅然起用格兰特将军为总司令。

命令一下，众皆哗然，都说格兰特好酒贪杯，难当大任。对此，林肯笑道："如果我知道他喜欢喝什么酒，我倒应该送他几桶，让大家共享。"林肯知道北军将领中只有格兰特是能运筹帷幄的帅才，要用他的长处，就要容忍他的缺点，这是严酷的战争，不是教堂里的说教。因而当有人激烈反对时，林肯却坚定地说："我只要格兰特。"后来的事实证明，格兰特的任命，成为美国南北战争的转折点，在格兰特的统率下，北方军队节节取胜，终于扑灭了南方奴隶主集团的武装叛乱。

对林肯总统用人原则的前后变化，美国著名的管理学家德鲁克在《有效的管理者》中有一段精彩的评述，他说："倘要所用的人没有短处，其结果至多只是一个平平凡凡的组织者。所谓'样样皆是'，必然一无是处。才干越高的人，其缺点往往越明显。有高峰始有谷，谁也不可能是十项全能。""一位领导者仅能见人短处而不能用人之所长，从而刻意挑其短而非着眼于展其长，则这样的领导者本身就是一名弱者。"

所以唐代大文学家韩愈说："古代的资能之人，要求自己严格而全面，对待别人则宽容而简约。对己严格而全面，所以才不怠懈懒散；对别人宽容而简约，所以别人乐于为善，乐于进取……现在的人却不这样，他对待别人总是说：'某人虽有某方面的能力，但为人不足称道；某人虽长于干什么事，但也没有什么价值。'抓住人家的一个缺点，就不管他有几个优点；追究他的过去，不考虑他的现在。提心吊胆，生怕别人得到了好名声，这岂不是对人太苛刻了吗？"

对待别人太苛刻的人，只能落得个孤家寡人，众叛亲离，而不可能很好地去用人，也没有人愿意与这样的人共事、效力。所以春秋时五霸之一的齐桓公说："金属过于刚硬，就容易脆折，皮革过于刚硬则容易断裂。为人主的过于刚硬则会导致国家灭亡，为人臣过于刚强则会没有朋友。过于强硬就不容易和谐，不和谐就不能用人，人亦不为其所用。"由此可见，用人处人，以和为贵。

综观历史上那些深得人心的领导者，哪个不是深抱宽容之心，广有纳天下之度，处人用人，该糊涂处糊涂，该清醒处清醒？曹操用人不拘品行，唐太宗用人只注意大节，都可说把用人的这一原则发挥得淋漓尽致。

隋朝的隋文帝就以为只有依靠法律条文能治天下，所以他以法律条文为依据，明察临下，常使他的左右亲信以法律条文来探查下属，有小过失就加以重罚，结果弄得众叛亲离。

因此，领导者要赢得下属的追随和效忠，就应当有容人之量，正视下属的缺点，不要用“完美”的观点要求人。这样有助于相互取长补短，更好地发挥下属的长处。以下是对待一些工作中常见的个性有缺陷的人的一些办法。

1. 对待刻薄易怒的下属。

古希腊哲学家亚里士多德说：“谁都会发脾气，但要针对合适的人，掌握合适的分寸，在合适的时候，本着合适的目的，使用合适的方式。但不是人人都能办到的，那是不容易的。”如今，在工作单位里，在家中，在公共场所，发怒的人比比皆是。发怒意味着恐吓，强迫别人屈服、让步、听话、认输和俯首帖耳，使其他人的感情降到次要地位，这是一种不健康、不文明的行为。

对付发怒者的秘诀就是保持冷静。如果生气是工作上某种原因造成的，或具体情况造成的，并不直接牵涉到你，这时你可以找一个借口暂时回避。“你也许是对的……我不怪你……”诸如此类的话是有益的。气头上的人需要有一个同盟军，你就可以扮演这样的角色，以使对方慢慢平静下来，但事后必须严肃地指出他的不对之处，告诫他以后不可再如此随心所欲。

2. 对待猜忌多疑的下属。

猜忌多疑的人认为人们随时都会攻击、伤害他。为了保护自己，他们的思想总是高度警惕，惶惶不可终日。在他们的心目中，别人都是两面派和告密者。当然，为了保护单位的或个人的利益不受侵犯，在人与人的交往中，存有一点戒心是必要的，但是不信任别人，尤其是自己的同事，那就有害了。研究表明，疑心重、不信任他人和爱挑刺儿的人，即使不吸烟不喝酒，他们的寿命也没有同龄正常人长。医生认为疑心重的人，心脏病发病率明显高于正常的人；心理学家说猜忌是不健康的表现。

领导者在管理工作中，一定要掌握爱猜忌的人的这些特征：他们永远不会感到满意，无任何理由地提防别人；分析问题多从坏的方面去考虑。对待这样的人不要急于表白自己，要提供可靠的信息和有力的证据，这样会无形之中提高你的威信，消除他的疑心。

3.对待悲观失望的下属。

悲观主义者的一些言行举动，有时令人可笑，有时令人可悲。悲观失望的人也许会占用你宝贵的时间，耗费你的精力，模糊你重要的判断，但要记住，悲观主义者尽管千方百计地搜寻事物的阴暗面，但他们一般并无恶意，他们只是懦弱，值得同情。那种认为他们自作自受的观点是不对的。

对待悲观失望的人，不可轻视他们的人生观对你神经的麻痹，放松你的警惕。一个集体内，要是某一个人有悲观的情绪，就可能阻碍整个集体的前进。必须注意两种结果：一是这个集体的整体成绩是否欠佳；二是你本人的热情和干劲是否降低。

对待悲观主义者除了思想帮助外，给他一个合适的工作岗位也是应该的。如将他放在流水线的末尾，在这种地方，悲观主义者可以成为良好的监督者，即使不出现问题，他也会鸡蛋里挑骨头；要是确实存在差错，他也会比别人更能把差错找出来。

4.对待愤世嫉俗的下属。

这些人对一切都存在疑问，他们对人的本性和动机都不信任。怀疑、悲观、自私，都是其表现，领导者不可轻视他们的作用。他们的态度与其他一些消极行为一样，也具有传染性，在单位里悄悄地蔓延，就会逐渐毁掉人们的热情、信任和忠诚，影响人们的士气，磨去人们竞争进取的锋芒。

如何对待愤世嫉俗的人呢？这里介绍一种夸张消极法：故意模仿愤世嫉俗者的言辞和举止，甚至有过之而无不及，不过在说话时尽量显示出大智若愚的样子。这样做就可以消除他们对单位的消极传染性影响。

5.对待争强好胜的下属。

这类人有其积极的一面，那就是不甘人后；但也有消极的一面，那就是容易走极端，给公司带来消极影响，妨碍他人的工作。

对待他们，不可以同样咄咄逼人的态度，或以其人之道还治其人之身的方法，而应该一方面从正面引导他们，发挥其积极的一面，促进企业人力资源的有效利用；另一方面找准机会，指出其消极影响，克服自身缺陷。

6.对待逢迎拍马的下属。

马屁精如果有朝一日掌权，又会培植出更多的小人，最后公司就会处于工作效率低下、业务陷于瘫痪的境地。因此，领导者一定要杜绝奉承拍马现象的发生，加强自身修养，提高素质。

宽容下属的失败

领导者对于下属的过失性错误，一定要宽容，这样，才能赢得下属的追随和拥戴。这里的过失是指并非因为主观意图，而是由于轻信或者疏忽大意的心理状态而导致犯错误。由于人的思维有限，可能考虑不周，过失难免，并非其主观意图所致。对这类错误，容之，则宽其心，去其疑；不容，则使其谨小慎微，不敢进取。领导者应该有宽容之心。

春秋五霸之一的楚庄王，有一次邀宴群臣，要众人不分君臣，尽兴饮酒作乐。当君臣正打成一片时，突然一阵风吹熄灯火，全场一片黑暗，有人趁隙调戏楚庄王的爱妾，爱妾扯下这个人的冠缨，暗中向楚庄王诉苦：“请大王赶快把灯点燃，只要看到谁的冠缨断了，就可以证明谁是调戏妾的人。”楚庄王却说：“咦，寡人不是宣布这是一个不拘礼节的酒宴吗？怎么可以因为这件事而让我的臣子受辱呢？”

楚庄王大声地宣布：“谁不扯断冠缨，就要接受重罚。”

当灯光再亮起，群臣都已经拔去冠缨，无法找出谁是调戏楚庄王爱妾的人了。

两年以后，晋军大举攻楚。这个时候，有一名将领勇往直前，杀敌无数，全军都向他看齐，终于击退晋军。

楚庄王召见这位将领说："此次战役多亏你奋勇骁战，鼓舞士气，才能打败晋军。"

将领却泪流满面地说："臣就是在两年前的酒宴中调戏大王爱妾的人，当时大王能够重视臣的名誉，不予处罚，还为臣解危，才使臣不致丢脸。从那时起，臣就决心效忠大王，等待机会为大王效命了。"

许多领导者对待犯了错误的下属，不是将其调走，就是降级使用，或是不再给予重要性的工作。其实，下属犯了错误，最痛苦的是其自身，应该给其改正错误的机会。

美国通用电气公司的一位部门经理，由于在一笔生意中判断错误，使公司损失了几百万美元。公司上下都认为这个经理肯定会被炒鱿鱼，这位经理也做好了被炒的准备。他去总裁那里检讨了错误并要求辞职。然而杰克·韦尔奇却平淡地说："开除了你，这几百万学费不是白交了？"此后，这位经理在工作中为公司创造了巨大的经济效益。

按理说，这位经理造成了这么大的损失，开除也不为过，至少在某些领导者那里一定会电闪雷鸣地大加训斥一顿。此类领导喜欢"痛打落水狗"，下属越是认错，他咆哮得越是厉害。他心里是这样想的："我说的话，你不放在心上，出了事你倒来认错，不行，我不能放过你。"

这样做会是什么结果呢？一种可能是被骂之人垂头丧气；另一种可能，则是被骂之人忍无可忍，勃然大怒，重新"翻案"，大闹一场而去。这时候，挨骂下属的心情基本上都是一样的，就是认为，我已经认了错，你还抓住我不放，实在太过分了。这样，领导者就会造成下属与自己对立的局面，不仅剥夺了下属改正和证明自己的机会，而且还会损害下属的忠诚。

日本田川公司的总经理田川先生对待下属失误"冷处理"的做法就为我们提供了一个很有益的借鉴。

有一次，日本田川公司的情报科长川岛因提供了错误的市场信息，致使公司领导做出了错误的决策，使公司蒙受了重大的损失。对于这样的严重错误，在总经理主持的例会上，经理们正在紧急协商挽救之法，使公司损失减少到最低限度。经过讨论，方案被确定下来。但经理们对提供错误信息的情报科长却耿耿于怀，你一言我一语讨论开了。有的经理提出，为了避免再出现类似的错误，应马上撤换情报科长；有的经理提出应改组情报科，使其真正成为公司决策的有力助手；有的经理提出，要让川岛认真反省，公司应帮助他找出犯错误的原因，给他立功赎罪的机会，因为他以前的工作还是有成绩的。待到讨论平息下来时，一言不发的田川总经理宣布散会。

此时总经理田川有自己的考虑，他想：正如大家所讲的，情报科长川岛可能是不称职的，不宜再担任现职；不过也可能是“好马失蹄”，一时大意而判断错误，因为情报工作有“90%的信息，10%的判断”之说。如果把川岛马上撤职就会毁掉一个人才，何况目前还找不到一个更合适的人选来接替川岛的职务，一旦撤职会影响工作。想到这里，总经理田川把川岛找来，眼睛紧盯着这位三十多岁的青年男子，见他十分沮丧，只告诉他要对这次错误做处理，但没有说具体将怎样处理，就让他走了，事情就此拖了下来。

以后一段时间里，川岛为了挽回错误造成的损失，一直兢兢业业工作，对情报科的工作和人员做了适当调整，工作很有成绩，多次提供了很有价值的信息，为企业的决策做出了很重要的贡献。

一次，田川出访中国，计划向中国出口A产品，带川岛同行，想让川岛随他出访期间，摸一下这方面的信息。川岛利用半个月的时间，夜以继日地工作，走访了北京、上海、深圳等地，很快对中国政府和地方政府有关贸易政策、投资环境、市场特点及管理体制进行了调查，提出改变直接向中国出口的方案，而是与中国合资生产A产品，利用其廉价的劳动力和原材料加工A产品，除了满足中国部分需要外，大部分外销到欧美市场、东南亚及世界其他地区。

田川总经理看了川岛的报告之后，觉得很有道理，回国后，他向董事会汇报这一设想，得到了董事会的同意。在总经理例会上，向经理们介绍了这一情况之后，得到了与会者的赞成，并决定组织考察团就中日合资问题进行可行性研究。田川在会上说，由此可见，川岛对这个职务是称职的，上次的错误只不过是个意外，大家表示赞同这种看法。

会后，总经理把川岛找来，告诉他由于他的贡献，公司本来准备给予嘉奖，但因上次的失误还未处理，故将功抵过，功过抵消，现不嘉奖，也不处分，不升也不降。总经理的一席话，使川岛心服口服，心情舒畅，干劲倍增。总经理的“冷处理”方法，使公司其他管理人员都非常折服。

田川总经理不因情报科长川岛的一次严重失误就认定其不称职，不以一事成败论英雄，而是进行长期、多次的考查，终使其将功补过，才能得以充分发挥。

对于川岛的功过，田川也进行了客观公正的处理：对于他的贡献，公司应该嘉奖，但对于上次的失误，也是必须处罚的，所以将功抵过，不嘉奖也不处分，不升也不降。正是田川这种既允许失败又赏罚分明的领导，真正使川岛和其他员工都心服口服，在公司营造了良好的工作环境，使每个人都能够更积极主动地投入自己的工作中去。

古人云：“人非圣贤，孰能无过。”领导者是否能容人是其用人的一个重要问题。如果一旦人才犯了过失就不予以赦免、宽恕，就会埋没贤才，时间长了领导者也会成为孤家寡人，没有什么人愿意追随了。事实上，一个人只要不是人云亦云、亦步亦趋，不是安于现状、照抄照搬，而是开拓创新、积极进取，就不可避免地会产生这样或那样的失误或错误，这是合理的，可以理解的，也是应该允许的，因而应该得到领导者的支持和谅解。反之，如果一个人在相当时期内不犯任何合理的错误，正说明他很可能是一切照抄照搬，安于现状。没犯什么错误，也没什么功绩，不求有功，但求无过，这比犯错误更可怕。

领导者要宽容下属的过失，就要营造有利于人才成长的良好环境。但也不能功过不分、赏罚不明。对于犯错误的人，虽然可以先“冷处理”，不急于处分，但对于错误本身，一定要及时加以分析，及时反省，找出原因，并及时采取相应的改进措施。如果发现产生错误的原因确实是这个人能力不济或是他不适合这一类工作，那就要果断地进行人员调整。

尊重下属，才能赢得下属的尊重

尊重下属是领导与下属进行沟通交流时的一个基本前提。每一个人都有自己的尊严，即使是在工作场所中被视为无用的人，也有他自己的想法与自尊心。他或许看似低能，却在某一方面潜藏着特长；也许他一无所长，但他却也因此比别人更勤奋卖力。因此，领导者切不可因为下属工作能力或为人处世上有一些毛病就对之持嫌弃的态度，一个值得下属尊敬和爱戴的领导者应当时刻把下属的尊严放在心头。

有的人本身并不低能，但因为做错了事，也会引得某些领导说出伤人自尊心的话来。比如："你是什么东西？你以为我不知道你的老底吗？"或者说："你这种家伙，成事不足，败事有余。"这种话一出口，只会让下属心灰意冷，或大闹一场，疏远了下属与领导之间的距离。

领导者必须明白，下属的自尊心是应该受到保护的。不伤害下属的自尊心，不仅是尊重人格，而且对搞好企业大有好处。人有了自尊心，才会求上进，有上进心才会努力工作。

调查研究表明：凡是自尊心很强的人，不论在什么岗位上，都会尽自己的努力而不甘落后于人。明智的领导者不仅要保护下属的自尊心，还要想方设法加强下属的自尊心。比如：注重礼貌，让他们充分体会到自己作为一个人与上级在人格上是平等的；或使用适当的褒奖，让他们有荣誉感；等等。

自尊心受到损伤的程度是不同的，一类是属于局部的，就是说，被害者的自尊心并未完全失去，他还能感觉到自己受了伤害，这样他就必然记住伤害他的人，对之产生反感、憎恶乃至仇恨。

如果这个人是他的领导的话，他要么积极地谋划调离本单位，要么采取"不合作主义"。只要是你说的话，你下的指示，他都不会尽心尽力、心甘情愿地去办。这样，怎么可能把工作搞好呢？

另一类是属于全部的，就是说，被害者已经全然失去了自尊，他甚至感觉不到什么叫自尊心受伤害。他自暴自弃，什么乌七八糟的事都干。到头来，他本人毁了，企业的工作必然也大受其影响。

伤人自尊心是领导的大忌，以下两点应当引起领导者的注意：

1. 不揭人伤疤。

一般说来，人们并不喜欢揭人疮疤。性格上生来就喜欢揭人疮疤的人是少数。但在情绪不好的时候，甚至在暴怒的时候，可就很难说了。尤其是领导者，因为人事材料在握，对别人的过去知道得一清二楚，怒从心头起时，就难免出口不逊，说些诸如“你不要以为过去的事情就没人知道了”之类的话。

领导者要杜绝揭人疮疤的行为，除了要知晓利害、学会自我控制外，还须养成及时处理问题的习惯。不要把事情搁置起来，每个问题都适时地解决了，有了结论，以后也就不要再旧事重提，再翻老账。

2. 让人丢脸是领导者的大忌。

让人丢脸这种行为，不仅对事情没有任何帮助，反而使受辱的一方不能心服口服，甚至会憎恨在心。所以，要做到不使下属的工作热忱消失，让人丢脸可以说是领导者的最大禁忌。

用好“二流人才”

高精尖的一流人才不是到处都有的，每个单位都有一些条件稍差的员工，对于这样的“二流人才”，领导者千万不要把他们当成累赘，只要把他们放在适当的岗位，他们就是人才，就是财富。有一句话说得好：这个世界上任何东西都有它的用处，只是用处大小不一罢了。同样，即使是再无能的下属，只要遇上一个会用人的领导，同样也能发挥他的长处，而这正是一个领导优秀还是平庸的区别所在。

“二流人才”指的是一些在学历、技能、年龄、政治条件等方面相对存在劣势的人。如学历较低；年龄大一些，45岁以上的人；手慢一点、脑子笨一些、劳动技能不如心灵手巧者的人；公司不爱要的女职员；等等。“二流人才”并非指那些主观不努力、工作态度很差的人。

国内外很多企业已摒弃了“尽可能用最好的人员”的原则，奉行“找到那些素质低的人，发掘他们的能力即可”的原则。每个单位都有大量的简单的熟练工作、脏累工作，即使现代化的企业也如此。安排条件差的人去干，他们会全力以赴、专心致志地工作，创造出很高的工作效率，而不会有自卑感、沮丧感，不会感到大材小用。因为，他们有“自知之明”，期望值并不高。像某些企业用解除劳教者当装卸工，他们感恩戴德地工作，因为起码企业解决了他们就业的问题。建筑行业招收大量农村临时工，这些工人活儿很累，收入也不太高，可干得很起劲，因为毕竟比农村强多了。

一位教师已经41岁了，刚从外地调回北京，一直没有找到合适的工作。一家私营公司在众多应聘者中录取了他。与许多人相比，他回京后一直受失业困扰，如果录取他，他会很珍惜这次机会的。年龄大点，反而更踏实，来个研究生说不定哪天就“飞”了。学历虽不高，但他吃过苦，有实践经验，进步不会慢。后来，他果然成为公司的业务骨干。

从一定意义上讲，任何单位都离不开“二流人才”，全是高学历、高素质人员组成的公司人才结构，未必是最佳结构。

如果有人想，何必那么费事，干脆把他们全解除合同，改用优秀人才多好。实际上这样效果并不好，优秀人才不一定能做好那些工作。比如你需要一位录入员，每日向电脑录入各种数据做市场分析，把这份工作交给一位名牌大学毕业的软件工程师，不需要多长时间，他就会感到工作单调乏味。失去了工作兴趣，自然就会出差错。可如果你交给一位职业中专毕业的女孩来做，她会非常热爱这份工作的，会高兴地向同学们炫耀在铺着地毯的微机房工作是多么惬意。

“二流人才”中有很大一部分是值得领导者特别重视的，即那些工作潜能未充分发挥出来的人。对于这些具有工作能力却缺乏工作意愿的下属，即所谓“深藏不露”型，领导者应设法给予其发挥潜能的机会。

对“深藏不露”型的下属，领导者可以将高难度的工作交付给他，让他享受一下“自我表现欲”的满足及喜悦感。那些工作勤勉却机运不佳的下属，可视为“面临瓶颈”型，可交付他们较富创意性的工作，来对其加以活用。

总之，当领导者面对能力较差的下属时，必须先有心理准备，因为，自己所投注的管理精力，可能有一大半得花费在这类下属的身上。

能力欠佳的下属虽然能力较低，但领导者也不可对其放任不顾，若加以锻炼，仍可使其为公司效力。

对于那些能力欠佳的“二流人才”，领导者可以从基础开始对其进行锻炼。当然，想对不及水准程度的人重新加以教育，不仅困难重重，同时也极易造成领导者精神上的疲累。然而，若能设法在这种部属身上发掘其优点，且很有耐性地与之交往，则不但可对其加以活用，而领导者本身亦将发觉自己的领导能力在无形中得以提高。

另外一种解决方法就是把这些能力欠佳的下属视为代罪羔羊般，对其施以怒骂方式，来为自己所辖的单位注入活力的刺激。例如，曾经有一位因怒骂而出名的领导者，即经常怒骂特定的一个人。当他被询及这种管理方法的效用时，他如此说道：“我的确是只骂一个人，甚至连其他下属所犯的错误也全骂到这个人的身上。不过，如此所导致的结果经常是所有的人都会好好地认真工作。当然，我总是骂了他多少，便在私底下疼他多少。”或许，这也算是能力欠佳的下属的一种作用吧！

善用下属的缺点

每个人都有自己的优点和缺点，一个高明的领导者不仅能够用人之长，还应当善于“用人之短”。用人不能够“短中见长”，就不可能做到善于用人。

美国柯达公司在生产照相感光材料时，需要工人在没有光线的暗室里操作，因此培训一名熟练工人需要花很长时间。但公司发现，盲人可以在暗室里活动自如，只要稍加培训就能上岗，而且他们的活儿要比正常人精细多了。柯达公司从此以后就大量招用盲人从事感光材料的制作。

由此可见，管理中如果用人得当，缺点也可以变成优点。事实上，一个人的优点和缺点，长处和短处，并不是一成不变的。优点扩展了，缺点也就受到限制，发扬长处是克服缺点的重要方法，而且长处和短处是相伴相生的，常见到有些长处比较突出、成就比较大的人，缺点也往往比较明显，常常“不拘小节”，大智若愚。因此，领导者在选用人才时，要善于发扬人才的长处，以便做到人尽其才，才尽其用。至于那些胆大艺高，才华非凡，但由于某种原因受人歧视、打击，而有争议的“怪才”，领导更要理解他们的苦衷，尊重他们，为他们提供一个发挥才能的空间。

当然，领导者在用有缺点的下属时需要掌握的一个重要原则就是，要做好控制，不然就会纵容下属犯错。

有家服装厂的会计，他在管账时经常出错，后来被安排去做出纳，但发工资时，他又经常会出现不是少给工人钱就是多给工人钱的事。这至少说明他工作不够认真细致。但他有一个优点：交际能力很强。于是，老总把他调到营销部门。待了一年，他的业绩斐然。这件事在单位里传为美谈，员工们认为老总慧眼识珠，把一块石头变成了金子。一年后，单位急需购进一批棉纱，他也甚是了得，马上把需要的棉纱组织到了，解了单位的燃眉之急。但那些棉纱却是“以次充好”的，让公司损失了三百多万元。他急忙找供销商，而供销商早已携款逃跑了。这其实就是领导者纵容下属短处所产生的恶果。

一个人的短处是可怕的，仅仅“容忍”还不够。“短处”是工作中潜在的炸弹。最明智的办法是利用“短处”，这样才有可能最大限度地减少危害，“容人之长，用人之短”，可以保证人尽其才。

“用人之长”是每一位领导者的共识，但“用人之短”却未必能成为一种共识。对于短处，许多人的态度只是“容忍”，而不是去利用。是“容忍”还是“利用”，其结果是截然不同的。

有缺点的可用之才大体可分为两种：一种是才能不足之人；另一种

是德行不足之人。不同的类型，有不同的使用方法。一般来说，领导用人时应侧重的是“拙诚”之人，用现在的话来说就是埋头苦干，多做实际工作，不做表面文章的人，那种只说不做的人，只会一事无成。

对于才能方面明显不足的人才，要对他们授以谨慎处事的秘诀，让他们在日常的人际交往中正视自己的不足，注意虚心学习，同时也可以避免因争强好胜而引起的是是非非。只有“论功则推于人，论过则引为己责”的人，才能吸引有为之人来到自己的身边。

关爱下属的工作和成长

领导者要关爱下属的工作和成长，把下属事业发展和工作能力提升时刻放在心头，这样才能赢得下属的尊重和追随。树木的成长需要肥沃的土壤，人才的成长需要适宜的环境。一个值得下属追随的领导者总是能在下属成长的不同阶段为他们创造一个适宜的环境，为之提供一个脱颖而出的机遇，搭造一个施展才华的“舞台”，让下属有机会脱颖而出，一展才华。

联想集团创始人柳传志就把培养下属当成自己的三大任务之一。在新生代职业经理人中，包括杨元庆、郭为、朱立南等人在内的联想CEO团队久享盛誉。可以说，联想老一辈为了培养这些年轻经理人费尽了心力。还是很早以前，柳传志就已经在不断地告诫杨元庆“要有理想，但是不要理想化”。

1991年，杨元庆担任联想CAD部门总经理。CAD部门的主要业务是代理惠普公司的产品。柳传志给了他一个温暖的环境和适合的土壤，杨元庆就拼命地“长”。从1991年到1993年，CAD部门的销售额迅速增长，从5000万元人民币到1.1亿元人民币，再从1.1亿元人民币到1.8亿元人民币。柳传志还将杨元庆拉到身边培养。接触一段时间之后，柳传志发现杨元庆是一个执行力很强的“将”才，而不是运筹帷幄、决胜千里的“帅”才，杨元庆事业心很强，政治野心很弱。这样的苗子，柳传志最喜欢。

1994年3月19日，香港联想上市后一个月，30岁的杨元庆被任命为电脑事业部总经理。在很短的时间内，杨元庆重组电脑事业部，电脑的销量大幅度提升。柳传志对于杨元庆的表现基本上满意，但他认为在推行改革的策略和手段方面，杨元庆还是显得有些“急躁”，缺乏“全局观”。柳传志告诫杨元庆说：“要有理想，但是不要理想化！”但杨元庆置若罔闻，柳传志决定教育教育他。

有一天，当杨元庆为一个上海的项目又和公司大多数同事发生争论时，柳传志抓住这个机会，当着公司的许多高层和杨元庆的一些下属的面，将他劈头盖脸地臭骂了一通。在场的所有人都愣住了，大家跟随柳传志这么多年，还从未见过柳传志发如此大的火。杨元庆很快就明白了柳传志对自己的良苦用心，逐渐学会了妥协，学会了做事要有全局观，学会了运用策略而不是蛮干。从此之后，杨元庆对柳传志说过的话一定会好好琢磨，细细推敲。

柳传志在“敲打”杨元庆的同时，也尽自己的所能为杨元庆扫清障碍。柳传志在杨元庆身上的努力获得了丰厚的回报：1996财年结束的时候，联想电脑的销售额第一次登上国内市场的第一名，联想电脑在杨元庆的带领下开始在世界个人计算机市场上崭露头角。

由此可见，领导者应当关爱下属的工作和成长，将下属员工放到最能发挥其作用的岗位上去施展才干，以实现岗位所需和人才所长的最佳结合。同时，对那些从事某项工作有一定难度的下属员工，要多进行鼓励，使其在新的挑战和压力下，重新认识自己、调整自己和发挥自己，不断给他们搭建一个能真正发挥自己潜能、表现自己才干的新“舞台”，为他们创造一个适宜的环境和空间，这样才能够做到知人善任，赢得下属的拥戴和尊重。

二、平时和员工打成一片，关键时保持威严

问问下属在想什么

“要想知道下属心里在想什么，只有一个办法，那就是去问他。”

一家化妆品公司的经理凯瑟琳说：“当然，你不能直截了当地去问这样的问题，你得委婉而巧妙地去问，这其中也有相当的技巧。如果对方是你的一个下属，你可以采取把她请到你的办公室进行正式谈话的方式询问，也可以采取女人对女人的闲聊方式询问，这样闲聊的机会是比较多的。比如，当你进行日常的工作检查时就可以顺便和某个人交谈。我发现与我的下属的非正式会晤，对于掌握一些比较有价值的情况是非常有用的。人们都不习惯于在办公室进行正式谈话，因为那样容易引起他们的警惕和戒备心，说话不可能很坦率。在你的办公室里，下属完全可能对你的提问给予一些她认为你想听到的回答。这样就与你的用心背道而驰，起到了相反的效果。如果在工作之余不期而遇发生的谈话，就能使人的心情平静自然，这种时候，她的谈话就会坦率真实得多。不论你决定采取什么方式，都要根据你个人的具体情况而定。重要的是要尽量发挥你的耳朵、你的眼睛以及你的常识的作用。这样做你也会学到许多东西，在我的会见与会晤中，我运用下面的一些指导原则，我发现这些指导原则能最大限度地让自己的下属道出自己的心里话和她的生活目的，具体地说，也就是她想得到的东西。首先，我总是对我手下的人以及他们的问题产生浓厚的兴趣，这不是在例行公事，而是我个人的一种特殊兴趣。其次，我总是尽量做一个合格的倾听者。尽量做到她说话的

时候我仔细地听，她不说话的时候我仔细地想。我发现，要想成为一个合格的倾听者，耐心始终是必要的。再次，我鼓励她自己谈自己，并问她一些问题以便启发她开始。我总是从别人的利益角度谈话，这样我就容易发现她需要什么。我从来不告诉她我需要什么，其实她也不关心那个。最后，我尽量使别人感觉自己重要，鼓励她追求自我利益，并且真心实意予以帮助。”

如果知道下属的真正心意，就算有反对的意见，也能马上有对应的策略。

领导者要了解下属的心意，除了要像凯瑟琳女士那样鼓励下属谈他们感兴趣的话题之外，还有一些需要掌握的小技巧。

1.用发问做引导。

利用对事情的发问，来了解对方真正的感受与想法。这并不是所谓的诱导盘问，而是要彻底地以对方的立场着想。

误解这个解释的话，反而会引起反效果。

“关于这一点，请说说你的看法。”

“关于这个，你觉得如何呢？”

像这一类的说法，都是尊重对方立场而发问的表现。若是以追问的态度发问，只会造成反效果，这一点必须注意。

2.不经意地问出原因。

要直接地以“为什么……”发问时，如果太咄咄逼人，对方一定是三缄其口，避而不答。若是不经意地问起，反而较能探出真心话。

“为什么你会这样认为呢？”

“是为了什么？”

边问边观察对方的反应。

如果善用此法，则不失为一个有效方法。我们不知有多少次被重复问到“为什么”，那原因自然是因为感觉到似乎是无关紧要的事，而较容易被说服。

3. 坦率地问。

由于每个人的个性不同，对于较难应付的人，坦率的发问是很重要的。

“你直接说，到底问题出在哪里？”像这样直接地提出自己的想法。对于“直接说”这三个字，人们都会特别在意，这是一般人的心理反应。

4. 注意表情和态度。

尽管不了解对方内心真正的想法，也可以从对方的表情、态度判断，人内心的感受会从表情反映出来。

5. 试着触怒对方。

正攻法很难奏效，通常有经验的领导才使用这个方法。人在生气时，往往所说的都是真心话，当触怒对方后，会引起对方的反应：“你都这么说的话，我也说出我的想法，因为你……”而慢慢将自己真正的心声说出来，你也有这种经验吧？

有时候在商量行不通的情况下，可视对方的情况而定，试着触怒对方，也是一种方法。

了解下属的需求和立场

领导者为了获得卓越的驾驭人的能力，就必须清楚地了解下属的需求和立场，知道他需要什么，并设法满足下属的需求，这样才能抓住下属的心。

俗话说：“浇树要浇根，带人要带心。”领导者必须摸清下属的内心愿望和需求，并予以适当满足，才可能让众人追随你。

一般来说，下属在工作中需要被了解和满足的需求主要有以下几种：

1. 干同样的活，拿同样的钱。

大多数人都希望他们的工作能得到公平的报酬，即同工同酬。下属不满的是别人干同类或同样的工作，却拿更多的钱。他们希望自己的收入符合正常的水平。偏离准则是令人恼火的，很可能引起下属的不满。

2. 希望自己的工作显得重要。

下属希望自己在上级和同事们眼里显得很重要。他们希望自己的出色工作能得到承认。上司鼓励几句、拍拍肩膀或增加他们的工资都有助于满足这种需要。

3. 有不断晋升的机会。

下属都希望在工作中有晋升的机会。向前发展是至关重要的，没有前途的工作会使下属产生不满，最终可能导致下属辞职。

4. 在舒适的地方从事有趣的工作。

下属往往会把这一条排在许多要素的前列。下属都希望有一个安全、清洁和舒适的工作环境。但是，如果他们对工作本身不感兴趣，那么舒适的工作场所也无济于事。

当然，不同的工作对不同的人有不同的吸引力。一样东西对这个人来说是馅饼，对另一个人可能就是毒药。因此，领导应该认真负责地为下属选择和安排工作。

5. 被自己的同事和上司认可。

下属谋求上司和同事们的认可。如果做不到这一点，他们的士气就可能低落而缺乏效率，使局部工作乃至全局工作受到损害。有时下属们不仅需要感到自己归属于公司这个整体，是公司整体的一部分，而且还需要感到自己归属于领导群体，是管理者的一分子。

下属都希望领导赏识他们，同他们一起讨论工作。讨论可以出现的变动或某种新的工作方法，不是通过小道消息而是直接从领导那里得到这样的信息，将有助于使下属感到他们是公司整体的一部分，感到领导对他们的信任。

6.领导者要有真本事。

下属都需要信赖他们的领导，他们愿意为那些了解他们的职责、能做出正确决策和行为公正无私的人工作，而不希望碰上一个“窝囊废”来当他们的领导。

当然，不同的下属对这些需要和愿望的侧重有所不同。作为领导者，应该认识到这些个人需要，认识到下属对这类需要有不同的侧重。对这位下属来说，晋升的机会或许最为重要，而对另一位来说，工作环境和条件可能是第一重要的。

鉴别个人的需要并非易事，因此领导者要深入了解，这一点非常重要。下属嘴上说想要什么，与他们实际想要什么可能是两回事。例如，他们可能声称对工资不满意，但他们真正的需要却是要得到其他同事的承认。为了搞好人际关系，领导者应该了解这些需要，并尽可能去创造能满足下属需要的条件。为此而努力的领导会与他的下属相处得很好，使得上下一心，有效地、协调一致地进行工作。

关注下属的不安心理

管理中有一个恶性循环，就是上一辈冷落对待下一辈，下一辈掌权后施以报复，但同时上一辈又不懂得善待下一辈。这样的恶性循环，使大部分办公室充斥着冷漠的风气，没有一点温馨，职员的归属感也变得极低。

其实，领导者在适当的时候为下属解决问题，不单是公事，也包含私人的情绪。下属遇到挫折时，情绪低落，效率和素质会受到影响，如得不到上司的体谅，情况可能会更糟。

因此，领导者经常以朋友的身份询问下属发生什么事，细心聆听、慎提意见，及时关注他们的不安心理，可以提升下属的归属感和忠诚度。当然，领导者与下属在交流的过程中要注意保密，永不将下属的私事转告任何人，才能得到对方的信任，使其得以安心投入工作。

在实际工作中，领导者可以通过多种手段深入下属的心里去，剪断他的不安之源。

关键是领导者要以心投入，用心去关心下属。我们的心理随着工作或身体等状况，经常会发生变化。只要能敏锐地掌握下属心理微妙的变化，适时地说出吻合当时状态的话或采取行动，就能抓住下属的心。

1. 掌握下属的思想脉搏。

在下属的诸多不安心理中，只有少数的情绪严重，影响也将很严重，必须帮助其消除。绝大多数的程度轻微，影响不大，但总归是一种消极因素，不可让其长时间存在。有的还可能发展变化，由稍有不安变为严重。

任何事情都贵在“雪中送炭”，而忌“雨后送伞”。消除下属的不安心理，属于思想、心灵深处的问题，反应更敏感，如果能及时、中肯，作用更鲜明。如果领导者能随时注意揣摩下属的不安心理，并把问题解决在萌芽状态，下属就会有“渴时一滴如甘露”之感。如果等到下属严重不安，已经造成了严重后果再去做工作，成为“马后炮”，下属不但不会感激，还会感到厌恶。

要做到把下属的不安心理消除在萌芽状态，就必须随时掌握下属的思想脉搏，揣摩出必然产生的不安心理。

那么，领导者应当如何揣摩下属的不安心理呢？

（1）联系下属的工作实际。

近来布置给下属的工作任务大不大？时间紧不紧？要求高不高？分配给各个下属的工作任务合理不合理？结合这些情况，看下属有没有压抑情绪、厌倦情绪，然后揣摩存在着何种不安心理。

（2）联系下属与自己人际关系的实际。

近来下属与自己有过一些什么接触？这些接触会不会引起下属的不安？比如，对下属的批评有没有过火的地方？对下属的赞扬有没有过分的地方？与下属私交中有没有异乎寻常的地方？如果有，都有可能引起下属的不安情绪，然后分析会产生哪种不安情绪。

(3) 联系下属之间人际关系的实际。

近来下属之间是否发生过争吵？下属之间是否有激烈的竞争？是否有互相嫉妒的现象？下属虽然彼此处于平等的地位，但各人所占的优势不同，所处的背景不完全相同，一方的行为可能引起另一方的不安，也可能互相引起不安。

(4) 联系下属对社会各种现象和思想问题的实际。

最主要的是党的某些方针、政策是否引起下属的关注，社会的某些现象是否引起下属的共鸣与参与，他们的关注、共鸣与参与是否会引起不安。

2. 不以一时成败论英雄。

揣摩下属的不安心理，目的是为了消除下属的不安心理。

综观下属不安心理的产生，一个根本的原因是对自己估计不足，缺乏应有的信心。而对自己估计不足的原因，往往是一时一事的失败或者失误。领导者自己去掉并帮助下属去掉“以一时一事论英雄”的思想方法，是解决下属不安心理最根本的方法。

3. 关注下属低落的情绪。

不安和不快会导致下属产生低落的情绪，这些情绪不仅会影响下属的工作质量，积累久了还会降低下属的归属感，使他们萌生离职的念头。当下属情绪低落时，就是抓住下属心的最佳时机。

(1) 工作不顺心时。

工作失误，或工作无法照计划进行而情绪低落时，就是抓住下属心的最佳时机。因为人在彷徨无助时，希望别人来安慰或鼓舞的心理比平常更加强烈。

（2）人事变动时。

因人事变动而调到陌生部门的人，通常都会交织着期待与不安的心情，应该帮助他早日去除这种不安。另外，由于工作岗位的变化带来人员改变，下属之间的关系通常也会产生微妙的变化，不要忽视了这种变化。

（3）下属生病时。

不管平常多么强壮的人，当身体不适时，心灵总是特别脆弱。

（4）为家人担心时。

家中有人生病，或是为小孩的教育等烦恼时，心灵总是较为脆弱。

这些情形都会促使下属的情绪低落，所以适时的慰藉、忠告、援助等，会比平常更容易抓住下属的心。因此，要做一名深得人心的领导者，一方面，要注意经常收集下属个人资料，然后熟记于心；另一方面，领导者要注意及早察觉下属的心理状态。

和下属打成一片

一个受下属欢迎的领导应该随时和下属打成一片。高高在上并不能增强自己的权威，领导必须到下属中间去。杰克·韦尔奇就曾坦言：“不是CE的人聪明，我们有一个信念，员工是唯一的，企业领导的很多精力应花在员工的身上，而不是在考查财务数据。仅仅在年报中写几句感谢是不够的，企业领导者必须走到员工中间，征求他们的意见，让每个人都知道自己的绩效和在公司中的位置，关键是企业领导者身体力行去做。”

通用电气公司的经验是让能胜任的人来掌管公司的各项业务。韦尔奇认为，领导者的任务就是一只手抓种子，另一只手拿着水和肥，让你的公司发展，让你身边的人不断地发展和创新，而不是控制你身边的人。公司的成功需要集思广益，需要所有人都有激情。

因此，作为领导者，若想自己的组织获得发展，与下属建立起良好的人际关系，积极走进下属的工作和生活中去，与下属多交流，了解他们的喜怒哀乐，他们的所思、所为、所急，这对于我们赢得下属的支持是必不可少的。

一家化工厂聘请了一位有特殊管理专长，却在专业技术方面并不是很强的厂长。

因为前任厂长在专业技术方面十分专精，再加上多年的相处和工作习惯，所以厂内的员工对于新任的厂长并不怎么心服。不但对于新的管理改革方案不热心配合，而且看到他就远远地躲开不愿亲近。

新任厂长看到这个情形，暗自思量怎么样才能凝聚这个团体的向心力，和大家打成一片。

这个新任厂长想了一些妙招让自己融入这个群体。

一个月来他经常带一些小礼物，在晚间到两位主管的家里，和他们及其家人谈天说地，后来几乎是无话不谈，包括主管们的一些不为人知的小缺点，例如不爱洗澡啦，袜子穿一个礼拜不洗啦，怕老婆啦。他将这些听到的事情都记在心里。

第二个月开始，他和两位主管取得了共识，两位主管时时在晚上到厂长的家里喝茶，报告一些厂里员工的小习性、特殊的个性或是近况，并且将自己遇到的一些事也做一番报告。

上班的时候，只见厂长四下走动。

当他看到管仓库的小张就说："嗨！张小姐，我曾经看到你的男朋友在工厂门口等你，他好帅啊！高挺的鼻子，和你好相配。"其实他并不曾遇到过张小姐的男友。

"喂！小李，听说你的儿子功课很棒，他的头脑一定是像你一样很聪明。"

新厂长经常和大伙儿一起在餐厅用餐，一边吃一边将两位平常管理大家很严的主管在生活上的一些小缺点都讲出来。两位和厂长已有共识的主管，在一旁听到自己的事只是傻笑。

这样一来，基层员工们觉得受到领导的特别关注，有些受宠若惊，感觉非常开心，而且大家听到厂长挖苦主管，自然也很痛快。

没过多久，工厂上上下下都打成了一片，新厂长的管理改革政策也获得了普遍的支持。

这位具有特殊管理专长的厂长给我们的启示是，和下属打成一片，不仅能够提高下属工作热情，使企业上下同心协力，增强组织凝聚力，而且还能显示领导者的“人情味”，拉近与下属间的距离，获得下属的支持。

下面，是一些可行的办法。

1. 以部门为单位，定期举办健身活动。

下属之间若能经常打几场篮球对抗赛、排球对抗赛，不仅有益于身心的健康，还有利于彼此间协作精神的培养。而领导者参与其中的比赛，更能提升大家的士气。你可以趁此机会了解一下下属的兴趣爱好，与他们交流一下彼此间对待输赢的想法，对待朋友的态度，从侧面去观察他们。

2. 常对下属嘘寒问暖。

“什么时候当爸爸，小婴儿的一切用品都准备好了吧？”若是你的下属能听到这样一番问候，心里一定是暖洋洋的。每个当爸爸的人心里一定都非常自豪，恨不得向天下人昭告自己即将当爸爸一事。若是能听到领导对自己的询问，心里必定感激万分，彼此间的心就会拉近。

3. 记得每个下属的生日。

在他们生日的那天，以你自己的名义或组织的名义给他们寄去一张生日贺卡，送上一束鲜花，或是为他们举办一次小型的生日宴会，其效果必定非常好。

4. 节假日举办组织内的晚会。

俗话说：每逢佳节倍思亲。在重大的节假日，若是你亲自组织并参与一场组织内自编自演的晚会，定会让你与下属们有更多的沟通机会。

总之，领导者一定要到下属中去，并且让越来越多的员工、下属参与到组织决策里面，这是组织发展的大趋势，也是领导者赢得下属拥护的一个好方法。

关心下属疾苦

以爱带兵，视卒如子是一种带兵方式，姜太公要求带兵打仗的人从热爱士兵的感情出发，关心体贴士兵的生活疾苦，从而形成上下级之间“亲而不离”“信而不疑”，情同父子、亲如手足的人际关系。以这种官兵关系为基础，在两军阵前、厮杀场上，就能唤起手下士兵拼力死战的感情。《孙子兵法·地形》说：“视卒如婴儿，故可与之赴深溪；视卒如爱子，故可与之俱死。”

以爱带兵，视卒如子，不仅适用于带兵打仗，对于现代企业管理也有很重要的借鉴意义。中国历史上，留下了许多领导者关心、体恤下属疾苦的佳话。

据历史记载，唐太宗李世民常以皇帝身份屈尊礼贤，关心下属的生活疾苦。李勣晚年得了暴病，验方上说需用“胡须灰”做药引方可治愈。李世民知道后，“乃自剪须，为其和药”，李勣被感动得“顿首见血，泣以恳谢”，李世民却认为他也是为国家操劳才累病的，不用深谢。马周患了重病，李世民不但派名医去治疗，而且“躬为调药”，让皇子“亲临问疾”，可谓关怀无微不至。贞观末年，唐朝发动对外战争，李思摩在出征时被弩矢射中，李世民“亲为之吮血，将士闻之，莫不感动”。甚至普通士卒有了病，他也要“召至御前存慰，付州县治疗”，因此，士卒深受感动，都誓死为其效力。

“士为知己者死，女为悦己者容。”领导者视卒如子，对下属的疾苦时刻在心，才能赢得下属爱戴，使得下属为之誓死效忠，这也是“视卒如子得死士”的道理。因此，如果你要抓住下属的心，就要从一片爱心出发，去关心你的下属！这不用专门花费精力和时间，不用费很大的气力，只需留心生活中的点滴小事，就可收到奇妙的功效。

关心下属疾苦，就要让自己站在下属的立场上，设身处地地为下属考虑。

齐景公在位的时候，有一年，大雪一连下了三天三夜还没有停止。齐景公披着白色的狐皮大衣，坐在殿堂侧边的台阶上欣赏雪景。

这时，晏子进来拜见景公，景公对他说："真是奇怪啊，大雪下了三天三夜，而天气竟然不寒冷。"

晏子反问道："天气果真不冷吗？"景公笑了笑没有回答。

晏子趁机说："我听说古代的贤德之君，吃饱的时候能够想到有人在挨饿，穿暖的时候能够想到有人在受寒，安逸的时候知道有人在辛勤劳作。现在君王您却不知道民间的疾苦啊。"

景公听后，惭愧地说："你说得对，我听从你的教诲。"于是就派人巡行全国，统计生活困难的人口，发放救灾物资，并命令凡看见饥寒之人，就拿出衣物和粮食发放给他们。

社会发展到今天，人们基本已不再为吃穿发愁，但俗话说："家家有本难念的经。"你的下属虽不为吃穿发愁，但他们很可能为别的问题而发愁。比如，孩子的上学问题一时难以解决，老人无人照顾，家离单位太远，爱人身体不好，等等。所以，作为领导者一定要把下属的疾苦放在心上，为下属真正解决一些实际问题，这样，下属才会追随你。

有一天，一名心急如焚的青年职员找到美国石油大王洛克菲勒，说是妻子和儿子因为家乡房屋拆迁而失去了住处，要请假回家安排一下。因为当时业务很忙，人手较少，洛克菲勒不想放他走，就说了一通"个人的事再大也是小事，集体的事再小也是大事"之类的道理来安慰他，让他安心工作，不料这位青年下属被气哭了。他气愤地说："在你们眼里是小事，可在我看是天大的事。我妻儿都没住处了，你还让我安心工作？"洛克菲勒被这番话震住了。他立刻向这位下属道了歉，不但准了他的假，还亲自到这位青年下属家中探望了一番。

关心下属疾苦，就是要站在下属的角度，急下属之所急，解除下属的后顾之忧，这个道理是适用于任何组织的。

一个优秀的领导，不仅要善于使用下属，更要善于通过替下属排忧解难来唤起他内在的工作主动性，要替他解除后顾之忧，让他的生活安稳下来，集中精力，全力以赴地投入工作中，这样才能获得下属的拥戴。

领导者要做到“急下属之所急”应当注意以下三点：

1. 要了解下属的基本情况。

领导者要时常与下属谈心，关心他们的生活状况，对生活较为困难的下属的个人和家庭情况要心中有数，要随时了解下属的情况，要把握下属后顾之忧的核心所在，以便对症下药。

2. 对下属的关心应当真诚。

领导者必须从事业出发，实实在在，诚心诚意，设身处地地为下属着想，要体贴下属，关怀下属，真正地为他们排忧解难。

尤其是要把握好几个重要时机：当重要下属出差公干时，要帮助安排好其家属的生活，必要时要指派专人负责联系，不让下属牵挂；当下属生病时，领导者要及时前往探望，要适当减轻其工作负荷，让下属及时得到治疗；当下属的家庭遭到不幸时，领导者要代表组织予以救济，及时伸出援助之手，降低不幸造成的损失。

3. 对下属的帮助应量力而行，不可随意许诺。

领导者分担下属的困难要本着实际的原则，在力所能及的范围内进行。帮助可以是精神上的抚慰，也可以是物质上的救助，但要在组织财力所能承担的范围内进行。不能够随意许诺，开空头支票，否则就违背了真诚的原则。

帮助下属解决生活中的困难

深得人心的领导者必然是一个善于体贴下属生活的人，能够在需要的时候给下属的生活以适当的帮助。工作中，面对下属家庭中出现的某种困境或不和谐之处，领导如果能提供一些力所能及的帮助，或者给予某种建设性意见，就是对下属莫大的激励和鼓舞，也体现了领导者的风度和真正的人性化管理战略，对下属走出困境，对企业发展等方面都会产生积极的作用。反之，如果领导者漠视职员家属，只顾要求其工作，即便下属想倾力而为，也许仍难以发挥最大的工作热情和潜能，在客观上也会削弱团队的实力和合力。

一位哲人说过，“家是每个人心中的城堡”。一个融洽和睦的家庭对于一个人的工作以及企业的发展都有着积极的意义。一个深受下属拥戴的领导必然会理解家庭对于下属的意义。在很大程度上，家庭是下属努力工作的动力源泉，是其心灵栖息的港湾。领导者若能表现出对下属家庭的友善之情，必能赢得下属的尊敬和感激，也能获得下属在工作中倾心的回报。

“家家都有一本难念的经”，除了工作中的困难，下属在生活中也可能遇到种种的困难，概括起来，下属在生活中面临的矛盾和问题主要有以下几种：

一是经济方面的问题。或家庭经济本来紧张，或收入突然减少，或一下子要支付一笔很大的开支而影响家庭经济平衡，等等。

二是子女方面的问题。如今的子女都是“小皇帝”。“小皇帝”常常有这样那样的疾病；有的地方入托难，入幼儿园难，甚至入小学也难；“小皇帝”淘气、逃学、成绩差，升不了初中、高中；“寒窗苦读”十几载之后，高考落榜，要为他找工作，安排出路；有的从小走上邪路，闯祸，甚至违法、犯罪；等等。

三是长辈方面的问题。对夫妻双方的父母，或照顾不周，或他们觉得厚此薄彼而产生不满；老人难免有三病两痛；等等。

四是夫妻之间的问题。夫妻是家庭的主体，矛盾也自然多些，比如，对家庭的诸多开支、亲友间的礼尚往来等方面的问题，夫妻间常有意见不一，甚至一方产生不快的事情；夫妻的兴趣、爱好有差异，甚至完全不同；夫妻都属“事业型”的人，都有远大的抱负，家务方面的事一塌糊涂；一方身体不适，或者重病住院，甚至患有不治之症；一方因伤或因病身体致残，损伤了美丽的容貌，甚至生活不能自理；婚后甜甜蜜蜜，希望有一个“小天使”来到身边，却发现一方患有不育症；由于主观或者客观方面的原因，一方犯了错误，受了处分；夫妻感情逐渐淡薄，甚至有第三者插足；等等。

五是家庭其他成员相互关系方面的问题。家庭除了夫妻之间的矛盾以外，其他成员如兄弟、妯娌、婆媳、父子、姑嫂、岳婿之间以及与保姆之间，也常发生矛盾。其中婆媳之间的矛盾最为普遍和复杂（由于实行计划生育，家庭的这些关系大大减少了，矛盾当然也会有所减少）。

六是邻里方面的问题。常见的是争宅基地、护小孩、上下楼层之间不注意环境卫生等问题。

七是突发事件。指那些意想不到的天灾人祸，如车祸、火灾、水灾、口舌是非，等等。

上述家庭矛盾的种种表现，当然不是每个家庭都有，有的家庭可能多些，有的家庭可能少些，但是不存在完全没有这些矛盾的家庭。

这些家庭矛盾，不论哪一种，都或多或少地影响到家庭每个成员的经济利益或者思想情绪，但又很不容易处理，有句俗话叫作“清官难断家务事”，这是这本经难念的又一个方面。比如，有的家庭矛盾，可以说是出人意料地发生，又不知怎的消失了，用不着大惊小怪，也用不着采取什么措施和办法。但当它发生的时候，由于惹人烦恼，或者使人惊恐，常使人不自觉地插手处理，但往往插手比不插手更糟糕。有的矛盾必须进行调解，但因涉及家庭某些成员，调解起来常常“伸手怕打了娘，缩手怕打了爹”。

作为一个成功的领导者，首先要理解自己的每一个下属的家里都有一本难念的“经”；其次是要善于帮助自己的下属念好这本“经”。家访是领导者了解下属生活困难的一个重要途径。

一个成功的家访要做到“一报”和“三访”。

“一报”，是指领导者要及时向家长报告下属的情况。除了必须让家属掌握，以便让家属一起帮助改正的错误、缺点外，主要是报告下属的优点和工作成绩，让家属觉得自己脸上有光，觉得自己的亲人更加可爱可敬，觉得自己要更好地支持自己的亲人搞好工作。值得注意的是，讲下属的优点和成绩一定要实事求是，这样才能由衷地赞赏，也才能调动家属的感情。下属的成绩有大有小，优点有多有少，除了某些出人意料的以外，他们的家属自己心中大致有数。哪怕是很小的成绩，很少的优点，受到领导者的肯定和赞许，家属也会感到高兴。如果说过了头，家属反会觉得不自在。如果下属存在较严重的错误或者较多的缺点，当然必须告诉家属。因为下属的错误、缺点如果被动地让家属发现，往往招来埋怨，产生隔阂。由下属自己或者领导者主动告诉家属，则可以得到家属的谅解、关心和帮助。但也必须实事求是，缩小了起不到应有的作用，扩大了会导致反感甚至绝望。切忌用“告状”的方式，只能用关心的、商量的口气，共同寻求进行挽救和共同帮助改正的办法。

“三访”是指领导者在做家访的时候要做到访情、访苦、访贤。

访情，就是领导者要主动了解下属的家庭情况。访情有两个好处：一是便于以后对下属进行帮助；二是增进自己与下属家属的感情。每做一次家访，领导者一定要了解下属家里各方面的情况：家庭人口、家庭人员关系、家庭经济状况、家庭存在的主要问题，等等。了解家庭情况时，要因户而异，掌握分寸，详略有别，适可而止。家庭经济状况本来是家访要了解的主要内容，但如果你已经知道属于宽裕型的家庭，就不必问其他成员每月的工资收入，还有什么其他收入等；如果已经知道属于困难型家庭，就不要问还欠多少债，欠谁的账，因为大多数人不愿把这类数字告诉外人。还有些问题家属感到苦恼，需要解决，但属于隐私问题，则更不要细问。对于家属极为关心又愿意谈论的问题，则可以多谈些，因为谈论对方感兴趣的问题，是使人喜欢的一个技巧。

访苦，主要是指慰劳辛苦。下属的工作做得好，成绩大，都离不开家属的帮助，或者是帮助解决工作中的某些难题，或者是部分或全部地承担了家务，或者在精神上给予了很大鼓励。这些，家属并不需要回报，而只需要理解。感谢的话，赞赏的话，表扬的话，从领导者的口中说出来，会使家属感到自己的劳动受到肯定，受到尊重，支持自己亲人工作的热情会更高。

访贤，就是在家访时赞赏家属的贤德。绝大部分的家属不是自己的下属，即使同时又是自己的下属，对于家庭问题，大都不宜介入，更不能轻易地拿起批评的武器。这就只能采取另一种形式了——赞赏。每个人都有自己的优点和长处，每个人都可能在同一问题上，有时做得很对，有时做得很不对。对于下属的家属，回避其缺点和错误，回避其做得很不对的地方，只赞赏优点和长处，只赞赏做得很对的地方，可以取得很好的效果。

关键时刻拉下属一把

乐于助人，人心归之。“拉一把”是对下属真诚的帮助，领导者对下属的关爱之情体现在点滴的工作与生活当中，更体现在关键时刻不遗余力地“拉一把”，这远胜于一切说辞，也能赢得下属的心，更展现了领导者的风度与魅力。

黄先生因为工作业绩突出，被总公司派到下属一家汽车公司任总经理。当时这家公司派系之争严重，几个较大的派系间明争暗斗，公司业绩直线下滑。黄经理刚刚到任，就被下属们“划归”了某一派系。而对立派经常在工作上给黄经理设置障碍，以此削弱黄经理的威信。

对立派中的首要人物是生产部的陈主管，这个人工作十分卖力，属于吃苦耐劳、对公司忠心耿耿的那类人。但他有一个缺点，就是喜欢拉帮结派，对自己不喜欢的人，就下狠心整，有种置人于死地而后快的邪恶心态。所以公司上下的人都很怕他，平时都不敢得罪他。

有一次陈主管犯了一个大错误，当时，公司的几位副经理都倾向将其开除，陈主管也认识到了问题的严重性，也做了被开除的准备。

开会时，大家像是事先有了约定似的，一致认为陈主管不可留，留下来是公司的损失。他们列举了许多不可饶恕的“罪状”，见大家都这么说，陈主管也不好过多地辩护。大家的目光都集中在黄经理身上，只听黄经理说：“我认为看一个人，不能老将目光盯在人家的缺点上，更多的要看看人家的优点。人，总是会有过错的，在座的这么多人，谁能告诉我你没有犯过错误？我们要公正地对待，只要功大于过，就是一个好人才。我承认陈主管身上有许多缺点，但是大家也应该看到，他身上蕴藏着许多优点。对于他的优点，大家为何视而不见？陈主管的工作可以说是很出色的，他干工作的那股劲头，恐怕是在座的各位所不具备的。他的这种对待工作认真负责的精神，在一个团队中，能起到很好的示范作用。仅此一点，我们就没有必要炒掉他，这样的职员是不好找的。他并不是主观上犯错误的，而是无意犯下的。有人说，他的这种过错非同小可，给公司带来了不小的损失。是的，他这次是给公司造成了一定损失，但我相信，给他一次机会，他会在以后的工作中加倍努力，把这次的损失补回来。”

黄经理的话音一落，整个会场鸦雀无声，陈主管做梦也没有想到黄经理会替他说好话，竟感动得热泪盈眶。由于黄经理的坚持，陈主管被公司留了下来。

黄经理在关键时刻拉了陈主管一把，不仅获得了良好的声誉，还赢得了陈主管的忠心，在以后的工作中陈主管积极配合黄经理，成了黄经理的得力干将。

任何人都有遇到困难或犯错误的时候，当下属遇到困难或犯了错误时，做上司的应当帮助下属渡过难关，而不要落井下石，要伸出援助之手拉下属一把。

“拉一把”是下属前进的动力。尤其是当下属在遭遇工作或生活困境时，往往会情绪低落，或者感觉孤立无援而茫然不知所措，甚至可能自暴自弃，从此一蹶不振。作为领导，要真诚地拉下属一把。很多人都在感叹“锦上添花者众，雪中送炭者寡”，领导者若以自身的过人之处帮下属渡过难关，使其走出人生的低谷，无疑显得特别难能可贵，这种豁达与善良会让下属由衷地感激，从而更忠心地追随自己。作为下属，在找寻到心灵归宿感的同时，更会激发工作的潜能与热情，改善工作绩效，不断进步。反之，如果领导者对下属的困难无动于衷，“事不关己，高高挂起”，尽管有时的确与领导并不相干，但坐视不理也并非君子所为。缺乏助人意识的领导者，虽然构不成责任，却未免显示出某些性格缺陷和狭隘之心。

领导者对下属关键之时“拉一把”要体现出纯粹与无私，是源于心底的真诚关怀，不带任何目的，也不是人情之下的等量交换。个别领导者在给下属提供帮助时不免要做出“盘估”，并在下属脱困之后，有意无意地盯着下属的反应，看其是否有“投桃报李”之举；或者，不时地向该下属或其他职员“重提旧事”，以引起该下属做出“表示”；甚至，当自己的某些错误被下属发觉时，便以此相要挟，绝不容许下属向外声张，否则，就视之为“无情无义”。如此种种，都不应是光明磊落的领导所为。这种怀有私心、渴望回报的“帮助”会给下属带来沉重的心理压力，也会使其担心接受领导的“拉一把”而使自己落于领导的“掌控”之中，被动而终日诚惶诚恐，以致上下级关系貌合神离，影响工作的进展。

做下属的保护人

作为下属，当遇到一些工作中的困难时，最期望得到的就是上级的支持和庇护，上级的一丝垂顾、一句安慰，都会使下属感到无比满足，使他愿意向上级敞开心扉，表露心迹。这种下属对上级的无限信任，是上级领导做好工作所必需的。

何秘书其人精明干练，不光把本公司上下打点周到，其他一些关系单位也在何秘书的活动下与本公司亲如手足，因此，一时间何秘书几次加薪，大红大紫。然而，好景不长，很快，有关何秘书利用公司为本人拉关系，抱怨加薪不公等谣言一一传出，这话既传到总经理的耳中，也传到了何秘书耳中。何秘书怕谣言再出，不得不偃旗息鼓，少出风头，这样难免士气低落，影响了效率。

总经理明察暗访后，知道有人从中作梗，便找出了刺头，在大会上批评，并为何秘书平反，立下“再有无故生事者，立即解雇”的规定。这样何秘书又恢复了从前的干劲，公司又有了活力。

用心做事的下属受人攻击在所难免，表现出色的下属也常常惹人嫉妒，成为被打击的对象。一些下属常常面临这种困境。

要做事就要改变落后的现状，自然会触动一些人的利益，得罪人是难免的，而且一个不小心就被别人伺机报复。因此，原来一向很有干劲、工作出色的下属常常无法忍受，以致失去信心。

这时，领导者则应路遇不平拔刀相助，为下属撑腰，做下属的保护人，铲除当道奸人，给下属一个宽松的工作环境，这样才能赢得下属的拥护。若是不管不问，下属便会抱定“多做多错，少做不错”的信条，那样，谁还会为你做事呢？

某主管由于动辄指责下属，深受下属的鄙视。有一天，该主管的顶头上司——老板，怒气冲冲地走进办公室，无视主管的存在，指着制订工作计划的一位部门经理说：“写的什么计划？”这时，那位经常指责下属的主管却适时地站了出来说：“是我要他这样写的，责任由我来负！”

从此以后，气氛完全变了，这位主管虽然仍如同过去那样动辄厉声指责下属，但下属对主管的态度却已与从前大为不同。因为他们意识到主管是真的在为他们着想。

令人惊异的是，经过此事后，老板也更加信任这位主管了，并对他说：“你早该这么做了！”

通过这样一件简单的事情，这位主管不仅得到了下级同事的心，同时也赢得了顶头上司的心，真可谓一举两得。

领导者要有意识地保护贤良，铲除奸人，应注意以下几点：

1.清除害群之马。

对那些见人提升就患“红眼病”的人、无所事事传播谣言者要严惩不贷，以免一条臭鱼腥了一锅汤，损害整个集体。

2.做贤良员工的坚强后盾。

当员工被人指责时，领导应查清情况，明辨是非，为冤者平反，树立企业公正形象，做员工后盾。这样才能上下一心，共谋大业，创造辉煌。

3. 树立企业公平竞争的风气。

对嫉妒、暗中使坏现象一定要杜绝，使企业上下公平竞争，使害群之马无可乘之机，无立身之地，这样的公司才能长盛不衰。

做一个公正无私的领导者，为下属撑腰，既为自己增添了权威和个人魅力，又为公司高效运转助一臂之力，是一个一举两得的好方法。

将心比心，才能体贴入微

对于很多领导者来说，对待下属最难做到的就是“体贴入微”这四个字。

之所以会出现这种现象，除去领导者事务繁忙的原因之外，一个重要的原因就是人们往往最关注的都是自己的感受和需要，而对他人的真实感受和迫切需要却常常有意无意地忽视。所以，领导者常常难以对下属的想法和需要具有全面、细致、深入的观察和了解。

比如说，一个身体健康的人很少会对体弱多病者的痛苦产生感同身受的认识和体会；退一步说，即使在内心可能会有些微的怜悯之情，但却很难在行动上有所表现。

杰克是一家咨询公司的项目经理，他是一位精力充沛的运动爱好者，他经常鼓励年轻下属参加网球、手球、划船等体育性的活动，无形中带给公司一种活泼、积极的气氛。

然而，这里产生了一个问题，那就是病弱及年老的员工总是无法加入他们的活动。久而久之，这些人几乎完全脱离了群体的活动，因而造成了心理上的不平衡。

由于杰克所举办的活动过于频繁，所以难免会有人体力不胜负荷，于是在经过数次的连续活动之后，问题就发生了。在一次登山活动中，有个人因过度劳累得了感冒，另一个人则因高血压而引发眼疾。

但是，由于杰克并不能体会他们切身的病痛，因此对他们显得漠不关心，其后，仍照常举办各种活动。结果，参加的人数就愈来愈少，下属们个个心想：“我们用不着以损伤身体为代价去陪经理，他根本就不会替我们着想。”

由于杰克不了解下属的这些想法，仍然不改初衷。直到有一天，他本人的脚扭伤了，上了石膏，不能活动，处处需要别人的帮助。在调养身体的这几个月中，他才亲身体会到病痛者的心理，于是恍然大悟，知道自己平日对病患者缺乏关心，没有设身处地为他们着想，因而感到非常懊悔。

他病愈后，就一改自己往日的作风，不再我行我素，而是常常深入细致地观察了解下属的真实想法。

如此一来，他的人气就变得越来越旺盛，很快被提升到了总经理的位子。此后，每当过年或节日时，他都会亲自去探望生病的职员，听取他们的需要，为他们多方奔走，并请专门医师为那些患病的下属进行健康检查和及时治疗。此外，对公司的卫生管理工作也做得相当完备。

这种处处表现出关心下属健康的态度，使杰克赢得了下属的信服与尊敬。

当然，关心和体贴下属的途径并不只是健康这一个方面。实际上，下属的想法和需要是多方面的，甚至是非常琐碎和不起眼的；再加上由于彼此所处的位置和境遇不同，领导者对此一般很难体会到。

只有细心观察，将心比心，你才能成为一名深得人心的好领导。

不要过分迁就下属

领导者要爱护并体恤自己的下属，但一定要注意掌握一个合理的度，不要一味地迁就自己的下属。因为这样不仅会带来管理上的隐患，对于下属个人前途的发展也是十分不利的。

在某公司，一批新进人员经过集中培训后被分配到各个部门，其中应届毕业生小王被分配在某分店营业部，在营业部经理的指导和帮助下从事内勤工作。

只要经理有什么吩咐，小王都会声音响亮地应承下来，并迅速采取行动。每次看见这种情形，经理就会觉得心满意足，认为得到了一个非常出色的人才。可是时隔不久，经理就慢慢意识到这样一个问题：小王虽然行动迅捷，但由于没有完全领会他所布置的工作的要领，常常做些错事。尽管不断地对他进行提醒，但收效却不大，甚至就连做一件小事，也不得不让他重新返工好多次，实在是影响工作。

没办法，经理只好去找上司商量。经过研究，他们认为小王待人接物的素质实在太差，不宜让他做内勤联络事务，最好的办法是安排他做一些与人打交道不多的工作。于是，把他改派到属于业务部管辖的储运中心，专门负责开具进出货传票，从那以后，小王的工作表现就一直比较平稳，没有再出过什么差错。转眼之间就到了第四个年头，公司在进行常规人事调动时，将小王调到了公司生产部经理直接管理的内务组，这是一份联络性事务很频繁的工作。由于小王身上“勤快但掌握不了工作要领”的毛病还没有改掉，很快就露出了马脚，引起了大家的不满，最后甚至达到了群起而攻之的程度。大家气愤地说：“怎么给我们调来这么个人，不是添乱嘛！”

过了不久，更为严重的事故终于发生了。由于他的协调联络不到位，造成一条满负荷运作的生产流水线停止运转一小时。因为这一后果极为严重的生产事故，小王受到了大家从未有过的严厉斥责。他当然想不通，赌气不再上班，最后受到开除处分。后来人们才知道，就在发生流水线停工事故的第二天，小王就离家出走，和一帮街头小混混搅在了一起，最后竟然堕落成了贩毒团伙成员。

小王固然要对自己的人生结局负主要责任，但是作为他的首任上司和领导者，难辞其管理责任。

在小王初进公司时，主管他的那家分店的店长和营业部经理，既然明知他有“勤快但掌握不了工作要领”的毛病，就应该针对他的缺点采取相应的管教方法，比如训练他仔细倾听，而且听后要让他复述几遍，验证确实准确无误时再让他去做。反复不断坚持这样的训练以后，总会改正他的缺点的。

可遗憾的是，他的上司非但没有尽到指导、帮助他改正错误的责任，反而把他当作刚出炉的烫手山芋，丢给了别人——迁就小王的缺点，把他调到了一个不易出纰漏的工作岗位上去，结果造成他在下一个工作岗位上犯下更加严重的错误，最后导致他误入歧途，从而使一个原本可以变得美好的人生付之东流，这是一个多么令人引以为鉴的事例啊！

领导者的一言一行往往能够给下属带来很大的影响，如果领导者不注重纠正下属思想和行为上的错误，而一味地迁就下属，说得严重点，是会断送下属前程的。因此，在做好管理工作之前，首先就必须牢固树立这样的认识：我们是在从事支配他人前程这样重要的工作。这种认识说起来似乎并不太难，然而对领导者来说却是极为重要的，没有意识到这一点就不能对下属进行卓有成效的管理。

所以，在你开始考虑“如何管理好下属”之前，重要的是做到“不要因为迁就下属的缺点而扼杀了别人的前程”。留意一下自己的身边，重温一下过去的历史，你就会发现，像上述事例所讲的经理那样在毫无知觉的情况下，由于迁就而造成对人才扼杀的事例是屡见不鲜的。

为下属营造“家”的感觉

领导者表现出自己的魅力，做一个优秀的领头人，然后让下属有一种大家庭的归属感。企业工作氛围比较和谐，可以更大限度地激发员工发挥自己的才智，为组织内部创造一个全新的局面。

很多优秀的领导者都愿意将自己的企业建设成一个和睦的“大家庭”，在这个大家庭中，领导者与员工之间的“和亲一致”是企业发展的内在动力。领导者要承认和尊重员工的个人价值，培养员工对企业的认同感、归属感；领导者要对员工处处表现出关怀，这样才能赢得员工的爱戴；领导者要利用各种时机与员工进行情感上的沟通，从而创造出和谐的企业环境。

松下幸之助认为，能否使员工产生归属感，是赢取员工忠诚、增强企业凝聚力和竞争力的根本所在。所谓归属感，是指由于物质和精神两方面的共同作用，使某一个体对某一整体产生高度的信任和深深的眷恋，从而该个体在潜意识里将自己融入整体中去，将该整体利益作为自己行事的出发点和归结点。在管理中，领导者应当注重在精神方面感化员工，使他们感受到企业的关怀、信任和尊重，以及企业努力为他们营造的公平、融洽的工作环境，从而使他们感受到自己的工作单位就如同一个大家庭一样，获得家庭式的温暖感和归属感。

那么，领导者要怎样培养下属的归属感，为他们营造一个“家庭式”的工作氛围呢？

1.关心下属。

在现代企业中，领导者关心下属越来越多地体现在关心下属的个人发展方面。

领导者一方面应尽量为下属寻找能充分发挥其潜能的职位，另一方面，应为下属提供各种培训和接受继续教育的机会。这样一来，不但提高了下属的工作绩效，而且还可以提高在职员工的工作满意度和对公司的忠诚度。

2.信任下属。

一个员工，如果感受不到他所在集体对他的信任，那么，他不可能信赖这个集体，更不可能在内心深处将自己融入这个集体中去。领导者对下属做到“用人不疑，疑人不用”，确定人选后，就要大胆授权，放手让他工作。当然，这种授权是建立在对下属的了解的基础上的，否则就必然导致管理的混乱和绩效的下降。

3.尊重下属。

领导者在与下属的日常工作交流中，应注意语气的温和、用语的委婉，时刻提醒自己是在与下属商讨问题，而不是命令下属去做什么。另外，在决定下属的职责、奖惩时，应尽可能地征求下属的意见，给予下属更多的选择权。领导者应尽可能地使下属了解本企业的发展规划和目标，让下属明确自己的职责，使下属认识到自己能在多大程度上影响企业的成功。这样会使下属感到受到尊重和信任，有利于下属增强归属意识，积极地履行自己的职责。

4. 营造公平、融洽的工作环境。

当员工感到所在企业是一个公平世界时，就会对企业产生高度的信任，并表现出较强的奉献精神。这种信任和奉献自然有利于提高企业的绩效。

与此同时，在现代企业中，营造一个融洽、稳固的合作关系也变得越来越重要。员工愿意留在团队，不会接受其他单位的聘用，是因为他们与上级和同级之间已建立了一种牢不可破的融洽的合作关系，他们担心在其他公司很难或根本无法构建这种关系。

总之，领导者要让自己的下属对集体产生归属感，就要从物质、精神两方面入手，既顾宏观，又顾细微。这种归属感一旦形成，就会使组织具有极强的凝聚力和竞争力，在它面前，所有阻碍组织发展的困难都会顿时失色！

三、让员工做英雄，你可以躲在幕后

不要事必躬亲

领导者如何对待权力，反映了他的管理理念是进步还是落后。有些领导者对别人办事，一万个不放心，凡事都要亲自过问，死抓不放，结果束缚住了下属的手脚，反而使工作迟缓、缺乏创意。这就叫事必躬、死抱权。相反，有些领导者能够给下属权力，鼓励他们多动脑筋、放开手脚，结果工作突飞猛进、效益倍增。这种事不必躬亲、权不必死抱的做法，就是授权。

授权是一门重要的领导艺术，同时也是领导者统御下属、提高组织绩效的重要途径。如何做一个好的领导，很有讲究。《吕氏春秋·李贤》提出两个方法：宓子贱和巫马施先后治理单父，宓子贱治理时每天在堂上静坐弹琴，没见他做什么，把单父就治理得相当不错。巫马施则披星戴月，早出晚归，昼夜不闲，亲自处理各种政务，把单父也治理得不错。两个人两种治法，一则事不躬亲，一则事必躬亲。

两种方法孰优孰劣，古人也有评论：事不躬亲是“古之能为君者”之法，它“系于论人，而佚于官事”，是“得其经也”；事必躬亲是“不能为君者”之法，它“伤形费神愁心劳耳目”，是“不知要故也”。

前者是使用人才，任人而治，后者是使用力气，伤力而治。使用人才，当然可逸四肢，全耳目，平心气，而百官以治；使用力气则不然，弊生事精，劳手足，烦教诏，必然辛苦。古人的这套说法今天仍有意义，其道理仍没过时。凡有上级与下级、用人者与被用者关系存在的地方，就有领导与被领导、统御与被统御的关系，作为领导者就要有效地实施事不躬亲的领导艺术。

现实中很多领导者一提到放权就连连摇头："连权都放给下属了，我还拿什么管他们呢？"这是一种误解，它混淆了放权和监督权力的区别。放权给下属是要下属承担起一定的责任，换言之，下属得到处理事务之权，而不是得到了无人管束的放纵之权。高明的领导者能够通过授权更好地约束下属，自己也可以有更多的精力思考未来的发展战略。而下属得到上级的信任和赋予的权力，也会更积极、更投入地为公司和上司而工作。

例如，海尔集团的总裁张瑞敏先生的做法就很值得我们借鉴。张瑞敏喜欢授权管理，习惯只出思路，具体细化则由下面的人去做。海尔各部均独立运作，集团只管各部一把手。集团先任命一把手，由一把手提名组建领导班子后，集团再任命副职和部委委员。一切配备完毕后，只有资金调配、质量论证、项目投资、技术改造这些大事由集团统一规划，其余各部由各部自管。

对于授权管理，各部部长已经非常习惯。由于集团已经有了管理"模块"，方方面面的管理规程很完备详细，只要认真领会，再联系自己的实际适度发挥，各事业部都容易掌握。张瑞敏对他下面的几大公司的年轻老总很放心，一年几亿甚至十几亿的资金就从他们手上过。

充分授权之后，张瑞敏有了充足的时间来考虑战略层次的问题，但是，放权不是放羊，为了保证放权后的工作质量，张瑞敏设立了严格的监督制度。

没有强有力的监督，放权就变成"放羊"。海尔认为必要的监督、制约是一种对下属的爱护和关心，授权本身就带有监督的意味，上级委授给下属一定的权力，使下属在一定的监督之下，有相当的自主权和行动权。授权者对于被授权者有指挥和监督之权，被授权者对授权者负有报告和完成任务的责任。海尔明确地提出要确立监督机制，特别强调两点原则：一是各法人要自律，必须有非常严格的自我约束；二是要有控制体系。海尔的中层干部考评由各公司负责实施，并在办公大楼比较醒目的地方公布考评结果；各公司老总的考核则本着公正、公平、公开的原则由集团负责。

海尔的放权是彻底放权，从管理者到员工都有自己的权力和责任，极大地调动了员工和干部的积极性，也给领导者减轻了负担，这种“管人于无形”的效果是通过放权达到的。看上去领导者管的人和事少了，却收到了更好的效果，达到“不管而管”的目的。

第二次世界大战时，英军统帅蒙哥马利就提出过：身为高级指挥官的人，切不可事必躬亲于细节问题的制定。他自己的作风是在静悄悄的气氛中“踱方步”，在重大问题的深思熟虑方面消磨很长时间。蒙哥马利认为，在激战进行中的指挥官，一定要随时冷静思考怎样才能击败敌人。对于真正有关战局的要务视而不见，对于影响战局不大的末节琐事，反倒事必躬亲，这种本末倒置的做法，必将使下属们无所适从，进退失据。当然，这样的领导也不会赢得下属的拥戴的。

现代社会活动错综复杂，一个领导者即使有三头六臂，也不可能事必躬亲，独揽一切。一个高明的领导者，其高明之处就在于明确了下级必须承担的各项责任之后，授予其相应的权力，从而使每一个层次的人员都能司其职，尽其责。领导者除了做出必要的示范外，一般对下属无须太多干预，不宜事无大小一律过问。这样做的领导者，才能激发下属的工作热情，赢得下属的信任和支持。

给下属更多的决策权和责任

领导者授权的真正核心，是要能够给下属以责任，赋予权力。只有这样才能保证员工出色发挥自己的潜能并最终赢得他们的支持。

前北欧航空公司主管营销的副总裁詹·卡尔佐统计发现，第一线的员工每天需做出大约17万个大大小小的决策。当他升为最高业务主管时，公司每年的客流量已经达到1000万，员工与顾客的接触机会达5000

次。因此，员工的服务状况将直接影响公司的效益。

美国通用电气公司前首席执行官杰克·韦尔奇是开发人力资本和激活知识型员工的能手。他提出了精简、速度和自信原则，认为培养员工自信的办法就是放权和尊重，建立简洁的组织。杰克·韦尔奇认为，企业内每个员工任何时候都会做出决策。一个优秀的领导者应当适当放权，将权力和责任交给自己的下属，这样才能使下属的才能充分地发挥出来。

然而，一些管理人员认为，授权给员工，让员工做决策将使企业变得混乱不堪，无法管理；而设立的规则和管理层越多，对员工进行的监督越全面，给他们“胡想”的机会越少，越好控制局面，自己的决策才能贯彻下去。但是，任何领导者都必须注意以下两点：

第一，任何企业都不可能百分百地控制员工的工作。一定程度上讲，员工不得不使用自己的判断力；第二，全面控制员工的决策权只会产生最低效果。

交响乐团指挥的控制权看起来很大，演奏员绝不可能按自己的兴趣随便演奏，指挥实际上控制着整个表演过程的各个方面。因此，可以说，他具有100%的控制权，每个演奏员必须听从指挥棒。但是，交响乐的一个成员曾说过：一个伟大的指挥家最具魅力的地方就是用最微妙的手势产生巨大效果，他让你了解他的意图和期望获得的效果，他通过指挥棒了解每个演奏员的能力，他需要和谐和力度，他给每个人充分决定权。但是，如果你越想控制，获得的效果越糟，到头来就只剩下生气了。因此，完全控制是不可能的，即便可能，在今天竞争激烈的商业环境中也不应该如此，否则你将因为自己的管理失策而失去领导者的地位。因此，任何一名成功的领导者在管理中都必须遵循这样一个原则，那就是给自己的下属一定的决策权，并让其为之承担相应的责任。

Sun公司成功的最大秘诀是公司为员工创造了一个自由、宽松的环境，使员工有充分的自由去做他想做的事。麦克尼里最引以为自豪的Java正是在这种自由宽松的环境中取得的。

1990年，Sun公司的软件工程师格罗夫·阿诺德对工作感到厌倦，对Sun的开发环境感到不满，决定离开Sun公司去别的公司工作。他向约翰递交了辞呈。本来对于Sun这样一个人才济济的公司来讲，走一两个人是无足轻重的，但是约翰敏感地意识到了公司内部可能存在着某种隐患。于是他请求格罗夫写出他对公司不满的原因，并提出解决办法。当时，格罗夫抱着“反正我要走了，无所谓”的想法，大胆地指出Sun公司的不足之处，他认为Sun公司的长处是它的开发能力，公司应该以技术取胜，他建议Sun在技术领域锐意进取，应该使当时一百多人的Windows系统小组中的大多数人解脱出来。这封信在Sun公司内引起了很大的反响。约翰通过电子邮件将这封信发送给了许多Sun的顶层软件工程师，很快格罗夫的电子信箱就塞满了回信，这些信件都来自支持他关于公司现状的评述的同事。

在格罗夫即将离开Sun公司的那一天，约翰向他提出了一个更具诱惑力的条件，即成立一个由高级软件开发人员组成的小组，给予该小组充分的自主权，让他们做自己想做的事情，只有一个要求：一定要有惊世之作。于是就诞生了一个代号为“绿色”的小组，这个小组的努力方向是开发一种新的代号为“橡树”的编程语言，该语言基本上根植于C+之上，但是被简化得异常小巧，以适于具有不同内存的各种机器。

后来，Sun将“绿色”小组转变成为一个完全自主的公司。经过调查研究，公司决定角逐似乎正在脱颖而出的交互电视市场，但是这次努力却以失败告终。面对失败，约翰不是解散公司，而是鼓励他们继续完善这种语言，他坚信这种语言一定会不同凡响。于是，互联网发展史上的里程碑，富于传奇色彩的Java就这样诞生了。它成了约翰的最新法宝。

Sun公司的成功实例告诉我们，唯有组织成员感到有力量、有能力、有用的时候，他们才可能完成不凡的工作。倘若组织成员觉得软弱无能、持续表现低劣，他们就会逃离组织。

管理咨询专家史蒂芬·柯维认为：“每一个员工都有很大的才能、潜力和创造性，但大多数都处于休眠状态。当领导者为了使人们为完成共同目标而进行协同时，个人意图的任务与组织的任务交织在一起。当这些任务重叠时，就创造出伟大的战略。当人们摆脱了对其潜能和创造力的束缚，而去做必要的、符合原则的事情时，就会产生巨大的能量，可以在服务顾客或股东时实现其自身的理想、价值和任务。这就是授权的含义。”而领导者统御下属一个最有效的办法就是充分地授权，给下属更多的决策权和责任。

现代管理大师德鲁克认为：“管理过程中过多的外来控制会将一个人做事的内在动机逐渐侵蚀掉。换句话说，人们甚至会认为，只有外在力量才能强迫他们去做事；然而，内在动机才是成就非凡事物的必要因素。当人们做一件事只是因为别人叫他去做，而不是他自己想要做时，他就不会尽力去做好。因此，依赖外来力量和控制，都会减弱个人和组织的生产力。”

在管理中，权力和责任是相辅相成的，德鲁克认为：“如果让下属担负起一些责任，首先他们得被授权。让他们觉得拥有力量的不二法门是：创造一个他们可以参与，并且感觉自己很重要的环境。”

事实上，那些深受下属拥戴的公司领导者，不但深知也身体力行着“权力是可扩张的大饼”这个观念。他们明白，权力并非一种零售商品，并非当别人拥有比较多时，领导者就变得比较少。他们了解，当组织成员越是感觉拥有权力和影响力，他们的认同感和对公司的投入也就越强烈、越多。领导者和成员若乐意受到彼此的相互影响，那么每个人的影响也就更大，且可带来彼此互利的影响。

当企业领导者和其他人分享权力时，他们就表现出对他人的高度信任，以及对他人能力的尊敬。同样，当下属感觉自己能够影响领导者时，他们的向心力会更强，也会更有效率地贯彻自己的责任。

能释放影响力、倾听、帮助他人的企业领导者，通常也是受人尊敬和有较高效率的领导。其实，领导者若能尊敬他人，也就越能建立信任感，而这样的信任感能够换来员工的忠诚以及未来良好的工作表现。

用而有度，授中有控

我国历史上有许多高明的君主，在用将上都实行“将在外，君不御”。可是，话虽这么说，实际上还是一种授权后的控制。越是这样，这些将帅越要注意，越要经常汇报情况，而不能脱离领导。正如松下幸之助讲的“君不御”是有条件的，条件就是，下属必须“坚持经营方针，有使命感”。《孙子兵法》中讲的“将能君不御”，“君不御”的前提也还是要“将能”。“将能”包括：一是有能力，有搞好工作的本领；二是能够自觉地以高度负责的精神把工作做好。领导者在授权前掌握住“将能”，实际上也就是掌握了授权后的控制权。一些领导者之所以在授权后显得很超脱，能够做到“轻松自如”，原因就在这里，因为他是在实行不控制的控制。

《韩非子》里有这样一个故事：鲁国有个人叫阳虎，他经常说“君主如果圣明，当臣子的就会尽心效忠，不敢有二心；君主若是昏庸，臣子就敷衍应酬，甚至心怀鬼胎，但表现上虚与委蛇，然而暗中欺君而谋私利”。

阳虎这番话触怒了鲁王，因此被驱逐出境。他跑到齐国，齐王对他不感兴趣，他又逃到赵国，赵王十分赏识他的才能，拜他为相。近臣向赵王劝谏说：“听说阳虎私心颇重，怎能用这样的人料理朝政？”赵王答道：“阳虎或许会寻机谋私，但我会小心监视，防止他这样做，只要我拥有不致被臣子篡权的力量，他岂能得遂所愿？”赵王在一定程度上控制着阳虎，使他不敢有所逾越。阳虎则在相位上施展自己的抱负和才能，终使赵国威震四方，称霸于诸侯。赵王重用阳虎的例子给我们现代管理者的一个启示就是，领导者在授权的同时，必须进行有效的指导和控制。这样既可以充分地利用人才，又可以避免因下属异心而导致管理上的危机。

美国总统尼克松就是既懂授权，又懂控制的领导人。尼克松认为在管理中授权是必要的，但要看对象，他认为领导者对下属的信任不应当是不加限制的。

尼克松通过霍尔德曼、埃利希曼、基辛格和舒尔茨四人逐渐将权力集中到自己手下，但同时尼克松也知道，他手下这四员大将各有神通，又占据关键职位，天长日久，他们会不会擅越职权，牟取私利呢？他们的不忠行为不但会使白宫陷入瘫痪，而且一切政治毁誉将记在总统名下，作为肇事者的他们则用不着承担任何法律责任。尼克松对他们不能不信，但是又不能全信。因此，尼克松在放权的同时也不得不留一手。为防止以上局面的出现，他在霍尔德曼、埃利希曼、基辛格和舒尔茨之间采取相互牵制的策略，利用他们之间的相互竞争甚至嫉妒来维持他们之间的平衡。另外，他通过引入新的“SOB”来制约他们。

白宫班子运转近一年之后，查尔斯·科尔森来到白宫，此人善于察言观色，领悟上司的旨意，尼克松很快就从他身上发现了新的辅助作用。霍尔德曼、埃利希曼等老人熟知尼克松的脾性，如果总统的某些命令在他们看来是不明智或有损于他本人的，他们往往拒绝执行，而科尔森却是尼克松能随时召来处理一些别人不愿处理的棘手事务的新伙伴。

白宫里的第五套班子在尼克松的支持下不断扩大。表面上，科尔森要受霍尔德曼领导，但实际上他是直接对总统负责的。霍尔德曼力图把这套班子抓在自己手里，但尼克松常常绕开他，后来连基辛格、舒尔茨和埃利希曼都发现，根据总统的具体指示，科尔森把手伸进了他们管辖的一些重要领域。

不可全信，又不可不信，这是很多领导者对下属授权时普遍持有的心态，尤其是在不得不任用一些原本就心术不正的人的时候，这种情况就更加明显了，这时候全盘信任必将带来不可估量的严重后果。

那么，领导者如何在授权的过程中做到授中有控，运筹帷幄呢？

1.牢牢掌握总目标。

领导者授权的全部目的，就在于激励下属为实现总目标而分担更多的责任。现代的任何组织，无论是企业、事业、商店、学校、机关、团体以及军事单位，都是一个多因素多层次的有机整体，整体与局部、整体与环境、局部与局部有着密切的联系，任何局部出现偏差都会妨碍整体领导目标的实现。领导者的根本任务是保证整体领导目标的实现。因此，授权以后的领导者，就要把精力主要放在议大事、掌握全局上，时时综观全局的各个过程，及时掌握变化中的新情况，发现领导决策和执行中出现的偏差、矛盾和问题，并对可能出现的偏离目标的局部现象进行协调、纠正。

2.做到放手不撒手。

领导者的授权，是让下属分担责任，要放手让他们对各自职权范围内的事进行决策和处理，只有当下属无法协调或发生矛盾时，领导者才出面解决。但授权不是让权，授权以后领导者照样负有全部责任，不能撒手不管，任其自流。如果领导者授权是图省事，享清闲，自己当“甩手掌柜”，那就错了。领导者在其位，就要谋其政，行其权，负其责。

3.对下属应多引导。

下属有了职权之后，计划如何制订，工作如何安排，任务如何完成，派谁去完成，这些都是他们分内的事情，授权者不要再去过问。领导者要过问的是下属的目标能否如期或提前实现。领导者要善于发挥导向作用，根据形势的发展，为下属提供切合实际的观点、方法和措施。要多协商，少强制；多发问，少命令。领导者不要强迫下属做力所不能及的事情，而应该大力支持其工作。当他们在工作中出现失误时，领导者应善意地加以引导和启发，帮助其改正，绝不能多加指责。如果确实发现下属的工作有严重问题，真正不能履行其职责，领导者就要马上采取措施，或派人接管，或把权力收回。

让合适的人做合适的事

让合适的人做合适的事，达到人事相宜，是领导者授权的一项重要原则。一个公司只有做到人尽其才，物尽其用，才能维持上下齐心、同舟共济、兴旺发达的局面。因此，作为一个领导者，一旦你对员工的才能、兴趣了然于胸，下一步要做的是针对某项特定的工作选择适合的人来做，或者为特定的员工安排适当的工作，做到“人得其位，位得其人”，追求人与事的适应。

管理学上一条著名的定理是“没有平庸的人，只有平庸的管理”。传统的管理把人看成一个样子，仅仅依照工作的制度安排人的位置，结果许多讷于言辞的员工被安排去组织展销会，许多头脑里新点子迭出的员工被安排做财务……

作为一名成功的领导者应该知人善任，让自己的下属去做他们适合的事情，这样才能充分发挥他们的工作潜能，实现组织人力资源的有效利用。

李嘉诚手下有两员大将：霍建宁和周年茂。针对两人的不同特点，李嘉诚对他们做了不同的安排。

霍建宁毕业于香港大学，随后留美深造。1979年学成回港，被李嘉诚招至旗下，出任长江集团会计主任。他利用时间进修，考取了英联邦澳洲的特许会计师资格证。

李嘉诚很赏识他的才学，也发现霍建宁是一个策划奇才，却不是一个冲锋陷阵的闯将，于是在1985年任命他为长江集团董事，两年后提升他为董事总经理，让他在幕后工作。

不会闯荡不等于没有才干，外界媒体称霍建宁是一个“全身充满赚钱细胞的人”。长江的每一次重大投资安排、股票发行、银行贷款、债券兑换等，都是由霍建宁策划或参与抉择的。

为了发挥霍建宁的长处，李嘉诚较少派他出面做谈判之类的工作，而是给了他一副新的担子，为李嘉诚当“太傅”，肩负培育李氏二子李泽钜、李泽楷的职责。

周年茂是长江元老周千和的儿子。周年茂还在学生时代时，李嘉诚就把其当作长江未来的专业人士培养，并把他和其父周千和一道送赴英国学习法律。

周年茂学成回港后，顺理成章地就进入了长江集团，李嘉诚发现他做事干脆，口才很好，指定他为长实公司的代言人。

1983年，回港两年的周年茂被选为长江董事，1985年后与其父周千和一道荣升为董事副总经理。当时，周年茂才30岁。

周年茂虽然看起来像一位文弱书生，却颇有大将风范，指挥若定，调度有方，临危不乱，该进该弃，都能够把握好分寸，收放自如，这一点正是李嘉诚最放心的。周年茂升任副总经理，顶替移居在加拿大的盛颂声，负责长江的地产发展。

周年茂走马上任后，负责具体策划，落实了茶果岭丽港、蓝田汇景花园、鸭利洲、海怡半岛等大型住宅屋村的发展规划，顺利实施了李嘉诚的计划，从而以自己的能力赢得了李嘉诚的信任。李嘉诚将更大的重任托付给他。

李嘉诚善于识人，又能够把人才放在适当的位置上，这是他的高明之处，也是他管理好下属的一个良方。有许多领导者常感叹手下无人可用，其实在很多时候不是手下没人，而是没有把人放在正确的位置上。

领导者要在授权管理中做到人事相宜，就应当因人而异，为不同类型的下属安排不同的工作。一般而言，下属主要分为以下四种类型：

1. 上将。

这类员工经验丰富，能力卓越，你可以尽管放手让他们完成工作。同时，因为这种人具有很强的能力，他们往往自视清高，甚至会近于自负。有效的授权者应给予这批人充分发挥的余地和空间，让他们感到被重视，获得自我价值的实现。

向这类下属授予的权力任务应该是与他们才能相适的，要具有挑战性，有较大的决策权和相应的责任，例如组织一次展销会，拟订一个大型的公关宣传活动计划等，这些任务对上将型下属也会是具有吸引力的。

向上将型下属授权，需要注意的是切忌干涉他们的工作，要给予充分的信任，但当他们向你要求帮忙时，一定要认真对待，因为这种类型的下属除非遇到自己确实力所不及的困难，是不会开口求人的。因此，向他们提供帮助要态度诚恳，不能伤害他们的自尊心。

2. 良卒。

良卒型下属是指有一定经验，能力较强，有一定的决策力，但需要不时地支持和鼓励的下属。

向良卒型下属授权需要注意的是，应不时监察他们的工作进度，但要顾及他们较强的敏感心理，监察应不露痕迹地进行。领导者应重视鼓励、表扬和期待的力量，要对良卒型下属进行正面的促进，尽量少用或不用负面的批评、惩戒。

授予良卒型下属的工作应具有一定的挑战性，需要一定的经验方能出色地完成，这类工作对于热衷于承担更大责任的良卒型下属来说，是再适合不过的了。

3. 健马。

这类下属缺乏经验，需要学习怎么做，这类下属常常是刚入公司的年轻人，他们在你的公司中不占少数。作为一名领导者，你切不可忽视这批人的存在，因为他们中间必将出现一批优秀人才，支撑起公司的明天。你要做的正是发掘这批人，给他们机会，锻炼和选拔他们，而授权恰恰是最好的手段之一。

向健马型下属授权，需要从初级一步步做起，可以把“一定要授权的工作”交给他们去做，他们常常能有条不紊地去完成，并能从中得到训练和提高。

领导者向健马型下属授权时需要注意，缺乏经验不等于缺乏能力，应该帮助他们树立信心，指导他们并对其行为做出适时的反应。

4. “边角料”。

这类下属让领导者十分头疼，在一般领导者眼中他们属于“边角料”类型的人才，用之不济，弃之可惜。其实，这样的员工对于企业也是财富。高明的领导者能通过有效的管理让这类下属充分展现自己的特殊才能。

边角料型的下属常常“身怀绝技”，他们常常少言寡语，不大合群，从来不主动找老板谈话。对于公司来说，他们近乎于局外人，但是当公司面临紧急任务、特殊任务时，往往正是他们大显身手之时，这常常使他们成为应急求援的好对象。古代所谓孟尝君盛待鸡鸣狗盗之徒，颇得管理的精髓。

不要干预下属的工作

“用人不疑，疑人不用。”领导者要做好授权，就应当放手让下属去干，不随意干预下属的工作，这样才能充分调动下属的积极性，激发出下属的潜能。

《吕氏春秋》记载，孔子的弟子宓子贱，奉鲁国君主之命要到单父去做地方官，但是，宓子贱担心鲁君听信小人谗言，从上面干预，使自己难以放开手脚工作，充分行使职权，发挥才干。于是，在临行前，主动要求鲁君派两个身边近臣随他一起去单父上任。

到任后，宓子贱命令那两个近臣写报告，他自己却在旁边不时去摇动二人的胳膊肘，捣他们的乱，使得整个字体写得不工整。于是，宓子贱就对他们发火，二人又恼又怕，请求回去。

二人回去之后，向鲁君抱怨无法为宓子贱做事。鲁君问为什么，二人说：“他叫我们写字，又不停地摇晃我们的胳膊。字写坏了，他却怪罪我们，大发雷霆。我们没法再干下去了，只好回来。”

鲁君听后长叹道：“这是宓子贱劝诫我不要扰乱他的正常工作，使他无法施展聪明才干呀。”于是，鲁君就派他最信任的人到单父对宓子贱传达他的旨意：从今以后，凡是有利于单父的事，你就自决自为吧。五年以后，再向我报告要点。

宓子贱郑重受命，从此得以正常行使职权，发挥才干，单父得到了良好的治理。

这就是著名的“掣肘”的典故。

后来孔子听说此事，赞许道：“此鲁君之贤也。”

古今道理一样。领导者在用人时，要做到：既然给了下属职务，就应该同时给予其职务相称的权力，放手让下属去干，不能大搞“扶上马，不撒缰”，处处干预，只给职位不给权力。

北欧航空公司董事长卡尔松大刀阔斧地改革北欧航空系统的陈规陋习，就是靠充分放权，给部下充分的信任和活动自由。开始时，他的目标是要把北欧航空公司变成欧洲最准时的航空公司。但他想不出该怎么下手。卡尔松到处寻找，看到底由哪些人来负责处理此事，最后他终于找到了合适的人选。于是卡尔松去拜访他：“我们怎样才能成为欧洲最准时的航空公司？你能不能替我找到答案？过几个星期来见我，看看我们能不能达到这个目标。”几个星期后，他们按约见面，卡尔松问他：“怎么样？可不可以做到？”他回答：“可以，不过大概要花六个月时间，还可能花掉你150万美元。”卡尔松插嘴说：“太好了，说下去。”因为他本来估计要花这个数目五倍多的代价。那人吓了一跳，继续说：“等一下，我带了人来，准备向你汇报，我们可以告诉你到底我们想怎么干。”卡尔松说：“没关系，不必汇报了，你们放手去做好了。”大约四个半月后，那人请卡尔松去，并给他看几个月来的成绩报告。当然已使北欧公司成为欧洲第一。但这还不是他请卡尔松来的唯一原因，更重要的是他还省下了150万美元经费中的50万美元，总共只花了100万美元。

卡尔松事后说：“如果我只是对他说：‘好，现在交给你一件任务，我要你使我们公司成为欧洲最准时的航空公司，现在我给你200万美元，你要这么这么做。’结果怎样，你们一定也可以预想到。他一定会在六个月以后回来对我说：‘我们已经照你所说的做了，而且也有了一定进展，不过离目标还有一段距离，也许还需花90天左右才能做好，而且还要100万美元经费。’可是这一次这种拖拖拉拉的事却不曾发生。他要这个数目，我就照他要的给，他顺顺利利地就把工作做好了。”可见，放不放权结果大不相同。

日本著名企业家士光敏夫也曾经讲过这样的话：“领导者只需要制

定大体的方针和目标，至于完成任务的方法，就应放手让下属去做。”

我国许多著名的企业家，他们都是主张授权要坚持信任原则的，例如香港光大实业公司，总经理下设许多“项目经理”，他们让这些人放手去干，在职权范围内自主处理问题。有一次，中国远洋公司为加收一笔3万美元的运输费，打电话找到北京光大公司的一位“项目经理”，这位年轻经理当即拍板同意，远洋公司的人听了大吃一惊，一再问是不是要请示一下你们的总经理。得到的回答是：“在我职权范围内的生意，我说了算！”结果，这件事很快办成了。假如这个公司在授权中不坚持信任原则，被授权者不敢这么干，恐怕这件事就很难办成了。或者即使办了，效率也不会这么高。

无论是鲁君，还是北欧航空公司的卡尔松，他们的言行都印证了这样一个道理：领导者用人只给职不给权，事无巨细都由自己定调、拍板，实际上是对下属的不尊重、不信任。这样，不仅使下属失去独立负责的责任心，还会严重挫伤他们的积极性，难以使其尽职尽力。

所以，放手让你的下属去施展才华，只有当他确实违背你的工作主旨之时，你再出手干预，将他引上正轨。只有这样才能充分调动起下属的积极性，提升他们的工作业绩，而你最终也将赢得下属的真心拥护。

那么，一个领导者应该将哪些权力授予部属呢？

1. 你不想做的事。

如果你能将自己不想做的事委派他人去做，那你十分幸运。然而没必要将你对这项任务的厌恶感告诉被委派者，这样做可能会避开负面的影响。

2. 你没时间做的事。

你没有时间去做，就找一个合适的人让他去做吧。

3. 别人能做得更好的事。

有时别人做比自己亲自去做更好，那么就把这项工作毫不犹豫地交给别人。

4. 你喜欢做并能做好，但未能充分发挥你的才能的事。

在你的领导生涯中，不要让自己吊在这些工作上。记住，你可能“适当”地做某项任务，但是否在做你最合适做的事呢？

5. 他人为了积累专业经验而必须做的事。

当然，通常你会比下属或助理干得更快更好。但为了让下属或助理提高专业水平，可能要将工作交由他们去做。而且，随着你不断晋升，你将享受到将任务委派他人而来的自由感。尽管你一直做着一项具体工作（而且做得相当不错），抽出时间教会别人，长期来看，这是值得的。

在研究了许多比较完美的企业领导者的例子后会发现，他们大多数都是成功的授权者，正由于有了授权，他们才能从繁杂的工作中解脱出来，干更紧要的、更重要的、别人又干不了的工作。

让下属成为英雄

著名科学家爱因斯坦说过：“通常的与应有的成就相比，我们只能算是‘半醒者’，大家往往只用了自己原有智慧的一小部分。”因此，对于领导者来说，最好的管理之道就是鼓励和激励下属，让他们了解自己所拥有的宝藏，善加利用，发挥它最大的神奇功效。其实，从某种意义上来说，下属的成功就是领导者的成功，帮助下属成功也是领导者赢得下属追随的最好办法。

英国的凯文迪许实验室因为曾培养了25名诺贝尔获奖者而闻名于世。它的成就很大程度上得益于它有一个很好的培养年轻人的传统。凯文迪许第一代主任是麦克斯韦尔，电磁波的发现人。第二代主任是瑞利，获得诺贝尔奖，曾经做过英国皇家学会的主席，瑞利曾经有一段名言，他讲道：“我到60岁以后，对任何新思想不发表意见。因为60岁以后很多时候会对新思想起阻碍作用，而且我们有很多例子说明，权威有些时候会反对新思想。”

瑞利致力于培养人才，让28岁的汤普森——电子的发现人做第三任凯文迪许实验室的主任。作为第三代领导者，汤普森继承了他的前任传统，培养了7个获得诺贝尔奖的人。第四代的领导者是卢瑟福，著名的原子物理的奠基人，他培养12个人获得了诺贝尔奖。到了第五代，凯文迪许实验室主任布莱克做了一件让大家当时都痛骂他的事情，说他背叛了恩师卢瑟福，把如此有名的研究基本粒子理论的方向失掉。但20年以后，当初骂布莱克的人知道了，即使卢瑟福还活在世界上，也无力改变这样的趋势，因为再要搞基本粒子的研究所需要的投入是当时英国国情无法实现的，布莱克早已看到这个趋势，他抓住机会，鼓励年轻人开辟新天地，取得了杰出的成绩。所以，实际上扶植年轻人是一种历史规律。

李启明是北京一家著名房地产公司的总经理，也是一位精于授权的领导者。他很少介入具体的管理工作，公司的经营管理、具体业务方面的事情他出面的时候很少，甚至厂商都不认识他，李启明也很少和厂商打交道。他倾向于把人员组织起来，把责、权、利充分地授权下去，考核结果。只有发现结果不大对劲的时候，才去看一看这人有没有选对。李启明很不喜欢介入到具体事情的过程里面去。

李启明有七个知根知底、合作多年、十分能干的副总，所以，他就可以“啥具体事也不用管”，“我不可能帮他们做他们分管业务的事，我的思路可能和他们不一样。我做浅了，他们不满意；我做深了，又可能会对他们的风格产生影响，这样更麻烦。”

李启明经常出差，去各专卖店转转，“不是具体指导他们做什么，就是和经理们聊聊，也不解决什么问题，别人一提什么问题，我就说，好吧，你这事跟副总经理李为说说。我要做的主要是人际方面、理念方面的沟通，以及看看不同城市市场的变化情况。”真正需要李启明做的事，通常是晚上和人吃饭、谈贷款、谈合作、沟通联络，等等。白天，李启明没有具体明确的事要做，就可以自由安排自己想做的事，给专卖店经理打打电话，上网逛逛，或者看看报，李启明有时一看报纸就看半天。

李启明总能如此潇洒清闲？“有些事情急的时候也很急，贷款没有如期下来，那也是焦头烂额的，但这个急不是企业具体事务的急。我所做的都是单件事情，而且是由我来出面相对比较好的；他们出面比较好时，我肯定不管。出了问题，肯定是他们的事，我一管，他们的责任心反而下降了。”

当然，没有副总们的精明能干，不会有李启明这般超脱，也不能如此超脱。但企业发展到一定规模的时候，确实需要领导者从具体烦琐的事务性劳动中解脱出来，去考虑更为宏观的事情。

只有当事情没法分派给别人做的时候，李启明才亲自做。李启明十分推崇一句话：“能不能随时离开这个部门，是你是否已经管理好这个部门的唯一标准；能不能随时离开这个公司，是你是否已经管好这个公司的唯一标准。”

李启明对自己的长短认识得非常清楚，他是比较少见的承认自己有能力缺陷的企业家。他认为自己并不是一个最好的领导者，所以愿意寻找能力互补的人建立职业管理团队。虽然业内提起公司对李启明的知之甚少，对其下属的名字更熟一些，但这正是李启明要求的效果，他善于找到每项业务的最佳管理者并使该项业务达到极致。

李启明善于授权的事例告诉我们，他的成功诀窍就是“让别人成为英雄”。如果要用一句话去形容何谓增强别人力量的哲学，这句话最恰当不过了。

领导者必须有这样一种胸怀，为别人的成就打上聚光灯，而不是为自己的成就打灯。他们应让别人成为组织里人人皆知的英雄。正如一位成功企业家所说的：“如果最高领导者从来都不让他的副手分享领导权力，分享成功荣誉，而是把功劳全往自己身上堆，那谁还会跟着他干呢？除非是傻瓜。”

领导者可以通过下面几种方法帮助下属取得成功。

（1）告诉公司内部或外部的人，你们公司的领导者正在做什么。

（2）将公司的工作内容公之于世。

（3）让你的下属参与公司重大决定的讨论。

（4）张贴优秀员工的相片。

（5）在通讯或广告中，刊载员工的故事和成就。

（6）在私下的会谈或公开演讲中，经常提及你下属的名字。

（7）写感谢信给你的支持者。

（8）公开展示顾客对某些员工的感谢信。

（9）告诉你的员工，你比我更有能力找出解决方案。

（10）把成功的功劳归于你的副手。

（11）经常跟你的骨干说，你真棒，我不能没有你。

（12）让你的部属感到这项决定是由他们做的。

（13）给自己培养一个接班人，把更多的工作给他去做。

（14）“你真有天赋”“我知道你能行”之类的话要常挂在嘴边。

（15）设置奖牌展示柜。

领导者应当每天至少将聚光灯打在一名下属身上，找出这个人所做的正是你希望大家效仿的事，让这名下属做一些大家都看得见的重要工作，并且向大家展示你对他的支持。这些步骤可以使你的下属产生激情，促使他把工作干得更好。

四、明晰目标，有效发挥员工的合力

引导下属奔向共同目的

一个企业领导者的梦想不管如何伟大，假如没有下属的认同与支持，梦想依然只是梦想。领导者要赢得下属的拥戴就要认同下属的感受，找出他们的渴望，引导下属奔向共同的目的。一位知名的企业家曾经说过："假如说领导者需要具备什么特殊天赋的话，那就是感受他人目的的能力。领导者只有凭借了解下属、倾听他们、读懂他们、采纳他们的建议，才能够说得出下属的感觉，能够站在他们面前，信心十足地说：'这就是我所听到的你的愿望，这就是你的需求与抱负，只要你跟着我朝着正确方向走，这一切就都能在我们共同目标的实施中获得实现。'"

多少年来，不论刮风下雨，不论严寒酷暑，每个星期六的早晨7：30，当多数美国人还在梦乡时，在沃尔玛总部，五百多名沃尔玛高层管理人员，有的还带着孩子家人，穿着牛仔裤便装，来到并不豪华的沃尔玛会议大厅，参加企业的周末聚会。在"以人为本"的横幅下，五百多人为着共有的目的，振臂高呼"沃尔玛"。他们相信沃尔玛精神，为沃尔玛努力工作，不断创造着沃尔玛奇迹。

沃尔玛所谓的以人为本，包含着多层内容。首先是对企业员工的重视和信任。沃尔玛的响亮口号之一是：零售企业大同小异，所不同的是沃尔玛的员工。尽管沃尔玛雇员成千上万，遍布世界，企业也造就了多位亿万富翁，但时至今日，企业内各级员工间的关系仍犹如兄弟姐妹。雇员大多都被称为“合伙人”，因为他们几乎都拥有公司的股份，年底根据股份分红，既是雇员，又是雇主。这一制度从最早的老板山姆·沃尔顿开店时就开始实施，他当年采取的与众不同的措施是：同雇员利润共享，把供应商融入沃尔玛。

同雇员利润共享不但体现在共同拥有股份方面，还体现在对企业的管理权和决定权上。沃尔玛分店的部门经理如果看到同样的商品在其他地方价格更便宜，有权立即把自己管辖内的商品价格也降到同样水平甚至更低。更重要的是，部门经理可随时在内部互联网上看到相关商品的同步销售情况，并和过去的数据比较，从而使这些部门经理有权像经营一家独立的专门商店一样随时调整订货，因此大大提高了效率，适应了市场的需要。沃尔玛的库存流量速度是美国零售业平均速度的两倍。

沃尔玛的成功在于其领导者能够深入了解下属的渴望，发掘出企业和员工的共有目的。下放给部门经理管理权和决定权，称大多数员工为“合伙人”以及同雇员利润共享等形式极大地调动了沃尔玛全体员工的积极性。沃尔玛的领导者能够切实感受到他们的员工想要什么、看重什么以及梦想是什么。然而，对别人的敏感可不是一项普通的技巧，相反地，它是领导者的一种相当珍贵的能力。它要求领导者能了解、接纳、感受别人，并且愿意倾听他人的心声。

大量的有关成功企业领导者的研究表明：比较完美的领导者能善用人类对满足的向往，使得每个人都能了解在创造的过程中自己所扮演的角色，并让他们知道哪里有鱼，到哪里去钓鱼，怎样才能钓到鱼。当领导者清楚地勾画出一个公司共有的远景时，也就使那些要实现它的人变得更为勤奋。换言之，有助于振奋人们的精神。

著名管理咨询专家彼得·德鲁克说过：“一个成功的企业领导者对领导艺术往往有更新更深的领悟。在他们那里，领导才能就是影响力。真正的领导者是能够影响别人，使别人追随自己的人。他能使别人参加进来，跟他一起干。他还能鼓舞周围的人协助他朝着他的理想和目标迈进。”

在现实生活中，人们确实想有所奉献，只要有个共同的理由、召唤、任务、目的、展望或远景使他们结合一起，他们就能完成非比寻常的伟业。正如彼得·圣吉在《第五项修炼》书中所说的：“这是人们心中的一股力量，一股不容忽视的力量……几乎没有任何力量，会像共同的远景如此锐不可当。”

最令人钦佩的领导者是那些有热情、步伐有力、态度积极的领导者，他们相信自己是在参与一次生气蓬勃的旅行，在他们身上人们会时常感受到一种活力，即使他们是在工作之余也不例外。下属们更愿意追随“能做事”的领导者，而不是那些总是辩解事情为什么不能做的人。一个优秀的领导者总是相信能够做成事，而且他从不说“不可能”。他们会传达给每个跟他见过面的人一个只要他们想要就可以办得到的信息。

全力支持下属的工作

有这样一类不受下属欢迎的领导，他们不仅不能对下属的工作起到推动的作用，而且会妨碍他们的工作，不用说，这样的领导是无法赢得下属的信赖和支持的。因为他们只知道以妨碍别人的工作来显示自己的权威，来满足自己的虚荣心，而没有想到这样做正是在减少自己的工作业绩。

这种领导做事独断专行，他们往往对下属提出的意见，不顾好坏，只管一味否决。

“我没听说过这件事”。

“这件事现在不能跟你提起，因为现在经理正在发脾气”。

“这件事若要我突然地报告部长，他不会采纳的，而且还会责怪我胡乱请示，所以我不敢接纳”。

“这笔预算是不会批准，因为我没有信心去说服他们”。

这种领导就是这样，来一个建议就一棒子打死，时间长了，就失掉了下属对他的信赖和支持，而且还会积累越来越多的抱怨：

“哎呀，咱们的主任，老是独断专行。全是我要这样，我要那样，到头来把事情弄成一团糟，还老不听我们意见。”

“做项目经理的才可怜呢，时时要看上级的脸色，还总免不了挨训。”

“我们的经理也一定会和他趣味相投，不然怎能任命他做我们的主管。”

“暂且自认倒霉吧，听说单位里不少人正准备联名告他呢，说不准，我们很快就会见到晴天了。”

为了避免如此糟的局面，作为领导一定要注意隔一段时间，要有意识强制自己反省一阵子，不要只顾胡乱忙。要自我检讨，看自己是否经常妨碍下属的工作了。是否应给他们一些支持和帮助，精神上的鼓励，他们也是很需要的。如果答案是肯定的，就应立即改变立场，赶紧转妨碍为大力支持，切莫再固执己见，只有如此才能赢得你下属的支持和信赖。要知道作为一个领导，这些对你可是最最重要的，若是众人背叛了自己，自己成了一个光杆司令，奋斗多年取得的职位，也有失去的可能。

因此，作为一个领导要全力支持你下属的工作，这样才能赢得他们的信任和支持。

善用不同性格的下属

对于一个人来说，性情是很难改变的。作为一名领导者，如果能够“巧夺天工”地用好不同性格的下属，使他们能够扬长避短，通力合作，这对于提高企业的组织凝聚力和执行效率是很有益处的。这里我们介绍常见的12种下属的性格特点，供领导者借鉴。

1.性情鲁莽的下属。

这种人有勇力，但暴躁，认定“两个拳头就是天下”，恃强鲁莽，为人很讲义气，敢为朋友两肋插刀，属性情中人。他们的优点是为人单纯，没有多少回肠弯曲的心机，敢说敢作敢当，有临危不惧的勇气，对自己衷心折服的人言听计从，忠心耿耿，赤胆忠诚，绝不出卖朋友。缺点是对人不对事，服人不服法，任凭性情做事，只要是自己的朋友，于己有恩，不管他犯了什么错误，都盲目地给予帮助。因其鲁莽，往往会“制造”突如其来的坏事情。

随着社会的进步和文明化的增长，这类人的性情正在变化，理智的成分增强了，演变成敢拼敢闯的开拓型人才。

2. 品格坚忍的下属。

这种人性情硬朗，意志坚定，刚决果断，勇猛顽强，敢于冒险，善于在抗争性的工作中顽强拼搏，阻力越大，个人力量和智慧越能得到淋漓尽致的发挥。他们的缺点是易于冒进，骄傲于个人的能力，服人不服法。权欲重，有野心，喜欢争功而不能忍。他们有独当一面的才能，也能灵活机动地完成使命，是难得的将才。但要注意把握他们的思想和情绪变化，这可能是他们有所变化的信号。

3. 热爱交际的下属。

这种人交游广阔，待人热情，出手阔绰大方，处世圆滑周到，能获得各方面朋友的好感和信任。他们善于揣摩人的心思而投其所好，长于与各方面的人打交道，混迹于各种场合而左右逢源，适合于做业务工作和公关，能打通各方面的关节。但因所交之人龙蛇混杂，又有点讲义气，往往原则性不强，受朋友牵连而身不由己地做错事，很难站在公正的立场上论事情的是非曲直。

4. 富有行动力的下属。

这种人性格开朗外向，作风光明磊落，志向远大，卓尔不群，富有开创精神，凡事都想争前头，不甘落在人后，往往从中产生出莫大的勇气和灵感，不轻言失败，成功欲望强烈，永远希望自己走在成功者的前列。缺点是好大喜功，急于求成，轻率冒进，如果在勇敢磊落的基础上能深思熟虑、冷静应对，则能取得重大成就。又因为妒忌心强，如果不注重自身修养，会因为嫉妒而犯错误。如果将妒忌心深藏不露，得不到宣泄，则可能偏失到畸形的程度。

5.性格柔顺的下属。

这种人性情温和，慈忍善良，亲切和蔼，不摆架子，处事平和稳重，能够照顾到各个方面，待人仁厚忠诚，有宽容之德。如柔顺太过，则会逆来顺受，随波逐流，缺乏主见，犹豫观望，不能果决，也不能断大事，常因优柔寡断而痛失良机。

因与人为善又可能丧失原则，包容袒护不该纵容的人，许多情况下连正确的意见也不能坚持，对上司有随意顺从的可能。如果果决一些，正确的能极力坚持或争取，大事上把握住方向和原则，以仁为主又不失策略机变，则能团结天下人才共成大事。这就是曾国藩所说的“谦卑含容是贵相”。否则，只是幕僚参谋的人选。

6.性情固执的下属。

这种人立场坚定，直言敢说，也有智谋，可以信赖，行得端，走得正，为人非常正统，不论在思想、道德、饮食、衣着上都落后于社会潮流，有保守的倾向，也比较谨慎，该冒险时不敢，过于固执，死抱住自己认为正确的东西，不肯向对方低头，不擅长权变之术。

这种人是绝对的内当家，是敢于死谏的忠直大臣。

7.朴实正直的下属。

这种人胸怀坦荡，性情忠厚淳朴，没有心机，不善机巧，有质朴无私的优点。但为人过于坦白真诚，心中藏不住事，大口没遮拦，有什么说什么，太显山露水，城府不够，甚至可能被大家当傻瓜看，作为取笑的对象。与这种人合作，尽可以放心。但因缺乏心眼，办事草率，有时又一味蛮干，不听劝阻，如果能多一分沉稳，多一点耐心，正确运用其诚恳与进退谋略，成就也不小。“傻子”的聪明之处正在于知道如何运用他的“傻”。

8. 办公拘谨的下属。

这种人办事精细，小心谨慎，很谦虚，但疑心重顾虑多，往往多谋少成，不敢承担责任，心胸不够宽广。他们驾轻就熟，在力所能及的范围内很圆满地完成任务。一旦局面混乱复杂，就可能头昏脑涨而无法做出果断、正确的抉择，难以在竞争严酷的环境中生存。他们生活比较有规律，习惯于井井有条而不愿随便打乱安静平稳的节奏。适合于做办公室和后勤等按部就班、突变性少的工作。

9. 稳重沉静的下属。

这种人性格文静，办事不声不响，作风细致入微，认真执着，有锲而不舍的钻研精神，因此往往成为某一个领域的专家和能手。缺点是过于沉静而显得行动不够敏捷，凡事三思而后行，抓不住生活中擦肩而过的机会。兴趣不够广泛，除兴趣所在之外，不大关心周边的事物。尽管平常不大爱讲话，但看问题又远又深，只因不愿讲出来，有可能被别人忽略。其实仔细听听他们的意见是有启发的。

10. 能言善辩的下属。

这种人勤于独立思考，所知甚博，脑子转得快，主意多，是出谋划策的好手。但因博而不精，专一性不够，很难在某一方面做出惊人的成就，不愿循着前人的路子，因此多有标新立异的见解；口才往往也很好，加上懂得多，交谈演讲时往往旁征博引，让一般人大开眼界。如能再深钻一些，有望成为百科全书式的人物。为人一般比较豁达，因此也能得到上下之士尊敬。

11. 清廉正直的下属。

这种人清廉端正，洁身自爱，从本性上讲不愿贪小民之财，富有同情心和正义感，因此看不惯各种腐败而不愿为官，即使为官也是两袖清风，不阿谀奉承，偏激的人就此辞官不做，去过心清神静的神仙日子。由于他们原则性极强，一善一恶界限分明，有可能导致拘谨保守，又因耿直而遭奸人嫉恨陷害，难以在政治上取得卓越成就。有狂傲不羁个性的反而在文学艺术上会有惊人的成就，在那个天地中可以尽情自由地实现他的理想和抱负。

12. 富有心计的下属。

这种人机智多谋又深藏不露，心中城府深如丘壑，善于权变，反应也快。如果立场不坚定，易成为大奸之人，往往见风使舵，察言观色确定自己的行动路线，诡智多变。

这类人办事往往能采取比较得体的方法，表面谦虚，实际上不会吃哑巴亏，暗藏着报复心。

用人讲求乱世用奇，治世用正。这种人不论在乱世还是治世，都能谋得自己的一席之地，是懂得变通的、善于保全自己的一类人。因诡智多变，可能节气不够，不宜选派这种人掌管财务、后勤供应等事。

引导下属进行良性竞争

每个领导者都明白下属之间总会存在竞争，但竞争分为良性竞争和恶性竞争，良性竞争可以提高下属的工作热情，提升工作业绩。恶性竞争会破坏组织成员之间的合作，造成“内耗”，严重的甚至会导致优秀人才的流失。要更好地激励下属工作，领导者就要遏制下属之间的恶性竞争，积极引导下属的良性竞争。

心理学家认为，每个人都有自尊心和自信心，其潜在心理都希望“站在比别人更优越的地位上”，或“自己被当成重要的人物”，从心理学上来说，这种潜在心理就是自我优越的欲望。有了这种欲望之后，人类才会努力成长，也就是说这种欲望是构成人类干劲的基本元素。

这种自我优越的欲望，在有特定的竞争对象存在时，其意识会特别鲜明。

只要能利用这种心理，并设立一个竞争的对象，让对方知道竞争对象的存在，就一定能成功地激发起一个人的干劲。

被称为现代科学管理之父的德里克·泰勒在费城米德维尔钢铁厂当

工程师时，管自己的下属，就是用了“竞争”的方法。有一次他对一个一向很努力的熟练工人说：“杰克，为什么我叫你做的一件工作这么慢才做出来呢？你为什么不能像汤姆那样快呢？”

他对汤姆却这样说：“汤姆，你为什么不以杰克为榜样，像他那样做事很快呢？”

过了不久，汤姆因为公事出外旅行刚回来，泰勒便留下一张纸条叫他做好一个铸件，马上送到铁道开关及信号制造厂去。

这张条子是星期六写的，但是星期日早上汤姆便把这件事办好了。星期日早晨，泰勒在制造厂里看见了汤姆便问：“汤姆，你看见我留下的纸条了吗？”

“看见了。”

“你何时去铸呢？”

“已经铸了。”

“啊，什么时候可以铸好呢？”

“已经铸好了。”

“真的吗？现在在哪里呢？”

“已经送到制造厂里去了。”

泰勒听了十分高兴。他看到这种用竞争的方法激励工人赶快做事的效果如此之好，实在感到很惊奇。而对汤姆来说，他看见上司泰勒那种嘉许的态度，自己也感觉非常快乐！

有时，竞争对象是不容易找到的，这时，你可以“设立”一个“竞争对象”。

对于没干劲的下属，只要告诉“你和A先生两个人，成功是指日可待的”，就等于暗示了他竞争对手的存在。

日本有一家铸造厂的经营者经营了许多工厂，但其中有一个厂的效益始终徘徊不前，从业人员也很没干劲，不是缺席，就是迟到早退，交货总是延误。该厂产品质量低劣，使消费者抱怨不迭。虽然这个经营者指责过现场管理人员，也想尽办法，想激发从业人员的工作士气，但始终不见效果。

有一天，这个经营者发现，他交代给现场管理员办的事，一直没有解决，于是他就亲自出马了。这个工厂采用昼夜两班轮流制，他在夜班要下班的时候，在工厂门口拦住一个作业员，他问：“你们的铸造流程一天可做几次？”作业员答道：“六次。”这个经营者听完一句话也不说，就用粉笔在地上写下“六”。紧接着早班作业员进入工厂上班，他们看了这个数字后，竟改变了“六”的标准，做了七次铸造流程，并在地面上重新写上“七”，到了晚上，夜班的作业员为了刷新纪录，就做了十次铸造流程，而且也在地面上写上“十”。过了一个月，这个工厂变成了他所经营的厂中成绩最好的。

这个经营者仅用一支粉笔，就提高了工厂的士气，而员工们突然产生的士气是从哪里来的呢？这是因为有了竞争的对手所致。作业员做事一向都是拖拖拉拉，毫不起劲，可在突然有了竞争的对象后，就激发起了他们的士气。

让下属被动地服从去实施决策目标，带来的结果只能是低效，甚至无效、负效。只有想方设法激励他们主动地去干，才能充分发挥人的主动性、创造性，获得高效益。

由此可见，良性竞争对于组织是有益处的，它能促进员工之间形成你追我赶的学习、工作气氛，大家都在积极思考如何提高自己的能力、如何掌握新技能、如何取得更大的成绩……这样一来公司组织成员之间的凝聚力和工作热情就会大大提高。

一般说来，公司领导者可以通过下述几种方式来引导下属的良性竞争：

1. 领导者要创造一套正确的业绩评估机制。要多从实际业绩着眼评价员工的能力，不能根据其他员工的意见或者主管自己的好恶来评价员工的业绩。总之，评判的标准要尽量客观，少用主观标准。

2. 领导者要在公司内部创造出一套公开的沟通体系。要让大家多接触、多交流，有话摆在明处讲，有意见当面提。

3. 领导者不能鼓励员工搞告密、揭发等小动作。领导者不能让员工相互之间进行监督，不能听信个别人的一面之词。

4.领导者要坚决惩罚那些为牟取私利而不惜攻击同事、破坏公司正常工作的员工，要清除那些害群之马，整个公司才会安宁。

作为公司的核心和制度的缔造者，领导者的所作所为对于公司的风气形成起着至关重要的作用。

在员工激励方面，领导者应当从制度上和实践上两方面入手，遏制员工的恶性竞争，积极引导下属之间的良性竞争，让大家心往一处想，劲儿往一处使，这样才能将公司工作越做越好。

手心手背都是肉

作为领导者应当善于解决组织内部的冲突。当下属之间发生矛盾纠纷时，能够化干戈为玉帛，为下属创造一个和谐的工作环境。

美国首任总统华盛顿就是一个处理下属矛盾的高手。华盛顿在组阁时，一方面让起草过《独立宣言》、精通国际关系、深受国民仰慕的杰斐逊任国务卿，同时又让具有卓越的法律、行政才能的汉密尔顿任财政部长。但是，杰斐逊和汉密尔顿却像是“一根木桩上的两头驴子”，相互使蹄子踹对方。俗话说，“一根木桩上拴不住两头叫驴”。杰斐逊和汉密尔顿分别代表了北方的工商业资产阶级和南方的种植园主，由于双方利益不同，在制定政策时分歧迭出。政府的权力分配又加剧了两个人之间的矛盾。汉密尔顿为财政部长，实权却相当于“首相”，并插手外交事务；在外交上汉密尔顿亲近英国，而杰斐逊亲近于法国。英、法两强之间又是矛盾重重。他们之间的巨大分歧，使两人像两只好斗的公鸡天天在内阁里打架，后来竟发展到在报刊上相互攻击。华盛顿这个“头儿”，就夹在这“两头驴子”的中间，还要有效地驱使他们，没有一点用人的点子谈何容易！

华盛顿的点子是：在对立与不和中寻求“中间通道”。用他们两人目标的相同点来消除他们手段上的差异，始终把内阁维持在一个统一体中而不至于破裂。

华盛顿就是这样把两个第一流的人物团结在他的身边，使内阁的力量始终维持在第一流水平。

无独有偶，历史上著名的女皇帝武则天也是一个善于调解下属矛盾的高手。武则天在位时，狄仁杰和娄师德同朝为相，二人都是武则天的左膀右臂，深得武则天的重用。可是二人素有矛盾，在武皇面前倒还和气，可一下了朝就仿佛仇家，常有冲突。武则天看在眼里，急在心里。的确，这个问题要是解决不好，自己的左右手打起架来，左右腿也不会闲着啊，自己这张脸打青了肿了还是小事，万一弄出个内伤来，整个朝廷不就乱了套嘛，朝廷瘫痪了，还怎么治理国家啊！

武则天心里虽然急，可是并没有让自己一下子陷入二人的具体矛盾之中，而是超脱物外，从不评论谁是谁非，暗自琢磨矛盾产生的原因。后来武则天发现，问题的症结在于狄仁杰太恃才傲物，根本看不起娄师德，总是想方设法地排斥他。娄师德虽多番忍让，旁人都替他打抱不平，他自己心里自然也是打着结，通畅不了。

有一天，武则天把狄仁杰找来，问他："朕很重用你，任你为相，你知道是为什么吗？"狄仁杰不以为然地说："我是以自己的能力和学识来晋取官爵的，不像有的人是依靠拍马屁而当官的！"武则天微微一笑，说："可是朕原来也不了解你的德行和才识啊！你之所以官至宰相，是因为有人向我大力推荐你。"狄仁杰很奇怪，说道："我从来没听说过这件事，不知道是在下的哪位好友如此看中臣，我一定要好好谢谢他，以报知遇之恩！"

"当初是娄师德多次向朕鼎力推荐，说你学识渊博，才思敏捷，刚正不阿，堪担大任，是个不可多得的人才，朕这才下定决心委你重任的，娄师德不愧是朕的伯乐啊！"说完，武则天命令左右拿来装着大臣们奏折的箱子，从里面找出了十几本娄师德推荐狄仁杰的奏折给狄仁杰看。

狄仁杰一一仔细阅读，不禁汗颜。他很后悔自己刚才恃才傲物而说的话，为自己以前对娄师德怀有成见感到非常内疚，一时不知如何是好。武则天从他的表情中，已看出他惭愧的心思，知道自己的目的达到了，不禁会心一笑。

此后，狄仁杰见人就说：“没想到娄师德不但不念旧隙，反而推荐我为官，从未对我透露过一点不满，以前都是我太目中无人了！没有他，我也不会这么快就得到施展才能的机会，说起来他应该是我的恩人啊，没有他这个伯乐，再好的马也只是用来驮货而已！”这些话传到娄师德那里，从前的委屈也都全没了，气也就自然通顺了。从此两人齐心协力，共同为朝廷出力，为一代圣朝立下了汗马功劳。

如果两位下属发生了矛盾，很可能是“公说公有理，婆说婆有理”。对于上司来说“手掌是肉，手背也是肉”，领导者有时也不便指明谁是谁非，在这种情况下，如果领导者能够“置身事外”，从整体利益出发，以“和”为手段，解决矛盾，化干戈为玉帛，就能降低组织“内耗”，塑造一个向心力强的团队。

一碗水端平

领导者维护着公平公正的组织原则，只有处事公正，一视同仁，才能顺应下属意愿，得到大家的认同，与大家同舟共济。

由于上下级之间是一种相互依赖、相互制约的关系，这一关系处于良好的状态，则双方的需要可以得到满足。一般来说上级希望下属对工作尽职尽责，勤奋努力，以便圆满地、有创造性地完成任务，而下级则希望上级对自己的工作给予重视，对自己的工作能力及成果给予认同，并在待遇上合理分配，在生活上给予关心。最伤害下级的是有了功劳上级代为领取，而有了过失则由下级自己承担，这样会使员工心理失衡。

在处理与下级的关系上，领导者要同等对待，不分彼此，没有亲疏，不能因外界或个人情绪的影响，表现出冷热无常。当然，在实际工作中，有些领导并没有厚此薄彼的意思，但又难免愿意接触与自己爱好相似、脾气相近的下属，无形之中冷落了另一些下属。这时领导者要适当地调整情绪，增加与自己性格、爱好不同的员工的交往，尤其对那些曾经与自己意见相左的人，更应该加强沟通，增进了解，防止有可能造成的不必要的误会和隔阂。有一些领导将与下属建立亲密无间的感情和迁就错误混淆起来，对于下属的一些不合理的，甚至无理的要求也一味迁就，用感情代替原则，使纯洁的情感庸俗化。实际上，这是把下属引入了一个误区，对工作、对下属都不利。

领导者在表扬下属时也应当遵循公平、公正的原则。公司中每个人机会应当是相等的，干得出色的下属，当然值得表扬，该评功论赏的也要给予奖赏，但平时应该和其他员工一视同仁，因为奖赏是对出色工作的回报，他已经得到了回报，其他方面仍然和大家一样。因为工作中强调的就是公平。假若给予某人以特权，甚至对他做错事进行包庇，如何让别人模仿他，向他学习？

因此，在管理中，领导者一定要给员工一种公平合理的印象，这样才能激发下属努力工作，同时也使做出成绩的人戒骄戒躁，不断上进。同样，对于犯了错误的员工也应该撇开私心，进行惩罚。每个人在规章面前都是平等的，无论什么原因，首先要以一个相同的标准去衡量考核。

当然对于体弱的员工和女性员工也不能另眼看待，的确不适合女性的工作岗位，就不要安排女性，但如果安排了，就要同工同酬，不能留下什么把柄，让员工有所议论。体弱员工也应如此，在规定的工作时间内，他们与其他职工是一样的，不享有任何特权，因为企业是一个集体，需要一个良好的工作氛围。

当然，领导者对下属的管理也不应当墨守成规。任何规定在制定之初都有它制定的背景，随着时代环境条件的变化，背景也随之改变，既然如此，所有的规定和法规也应该跟着发生变化，领导者应该切实了解这一点。

促进下属之间的互补工作

很多领导者总是抱怨自己的手下能人太少，恨不得自己的下属变成能杀能闯的“猛将”。

不用说，这种想法是不切实际的，如果单位里的每一个人都技艺超群，领导者的命令就没有威力了。其实每个人都有他的长处，如果你能很好地掌握他们的特点，把他们放到最能发挥其作用的位置上，你就会变成卓有成效、人人爱戴的领导者。

在一次战役中，由于战争的需要，临时招募了许多各行各业的人参军打仗。有这样一支小分队奉命驻守在一个小岛上，他们当中有大学教师、机械工程师、政府机构的办事员，也有泥瓦匠、小饭馆老板、裁缝铺的学徒，还有消防队员、小提琴手、汽车修理工，等等。他们一到岛上，就都行动起来了。有的用捡来的木条、干草搭起了简陋的帐篷，有的用自制的工具支起了炉灶，还有的忙着施展烹饪手艺，人人都施展自己的拿手戏，在各自擅长的方面尽情地发挥。一顿丰盛的晚餐过后，还举办了一场热闹的晚会，大家有说有笑，有唱有跳。

几天过后，小岛遭到敌人的攻击。在枪林弹雨的战场上，大学教师和小饭馆老板便显得手足无措，失去了用武之地，而消防队员和汽车修理工则能够临阵不乱，熟练地使用手中的武器，对敌人进行了狠狠的打击。

从这个例子中我们可以看到：大学教师受过高等教育，掌握的知识较多，可以说是比较有才华的人了，可是一打起仗来，他却不如一个只念过几年书的消防队员。这就是所谓未在其位，能力就不能得以施展，“英雄无用武之地”即是如此。

对于一个领导者来说，组织就好比上述的那个小分队，也是由各色各样的人组成，他们都有自己的看家本领，身为领导者，你就要做到对下属的特点、能力，甚至个人的性格了如指掌，做到唯才适所，使内在的潜力得到充分发挥。唯有如此，你才能赢得下属的信任和支持。

例如，对于只求进取、做事马虎的下属，做领导的若要求他事事精确、毫无差错，那几乎是不可能的。这种人最适合做临时性工作，如果你手下有一件需要迅速处理的工作，交给他是比较合适的。而你莫忘了，当然，最好还应当找一个做事谨慎的职员加以审核。相反地，若有充裕的工作时间，就可以交给谨慎型的职员，以求完美无缺。万一你的下属都属于快速型的，这说明你以前在用人上没有充分考虑这个问题。首先，你可以有重点地训练你的下属，让他们往谨慎上转化一些。诚然，这是需要花大工夫的。其次就是运用领导者的权力，可以换掉几个人。

再譬如说对于那些爱表现而又才能不足的，你可以在无关紧要的事上给他一个表现的机会，也不要去批评他、压抑他，也可以让他管理卫生、抓职员纪律等，对他实行低薪大工作量，这样不亏公司，还会使他感到满意。对于那些默默奉献、不爱表现的人，最好就给他们以高职称高工资，也没有必要非提拔他们当个“主管”之类的小官员不可。而对于那些做事谨慎小心又善于处理人际关系的，则应该把管理的位置让给他们，他们或许会做得比你想象中的更好。

总之在一个企业里工作很多，人也多种多样，让每个人对应好一项工作，这是一个领导者的职责。等你把这些处理得井井有条了，你就会发现组织的战斗力大大增强了。

重视下属的意见

“兼听则明，偏听则暗”，领导者要主动听取下属的意见，这样才能全面客观地了解事物，做出正确的决策。从管理角度来说，领导者全面听取各方意见，尤其是听取下属的反面意见，可以团结有不同意见的下属，让他们找到一定的渠道宣泄意见，这就能赢得下属的尊重和信任，提高组织的凝聚力。对于有能力的下属来说，领导乐于听取不同意见会更加有意义，因为他们有自己的纳谏之门，就会更积极、更大胆地献计献策，会更勇敢地纠正领导的过错，更自觉地提出改进工作的建议。

反之，如果领导一听到反面意见就大皱眉头，甚至对献策的人假以辞色，乃至打击报复，不接受部下的建议或批评，势必会人心向背，失去下属的信赖和拥戴。

秦始皇执掌大权后，除掉了原来垄断朝政的吕不韦，并将吕氏门下的三千多门客全部驱逐出境。紧接着，又下了一道命令：凡是从别的国家来秦国的人都不准居住在咸阳，在秦国做官任职的别国人，一律就地免职，3天之内离境。他这样做，主要有以下几方面的原因：一是担心从别国来秦的人太多太复杂，恐怕会对秦国有所损害；二是认为自己英明无双，有能力治理好秦国，不需要其他国家所谓的人才；三是某些大臣为了排挤别国来做官的人，进谏秦始皇，劝其驱逐别国人，以争权夺利。

驱逐人才是历代君主的大忌，秦始皇草率做出如此决定，势必引起一些有见识的大臣的不满。李斯是当时朝中的客卿，来自楚国，也在被逐之列。他认为秦始皇此举实在是亡国的做法，因此上书进言，详陈利弊。他说，从前秦穆公实行开明政策，广纳天下贤才，从西边戎族请来了由余，从东边宛地请来了百里奚，让他们为秦的大业出谋划策。而当时秦国的重臣蹇叔来自宋国，丕豹和公孙枝则来自晋国，这些人都来自异地，都为秦国的强大做出了巨大贡献，收复了二十多个小国，而秦穆公并未因他们是异地人而拒之门外。

李斯又举出大量历代有作为的秦王广招贤才、多方纳谏的事例，并直言指出，秦始皇的逐客令实在是荒唐至极，把各方贤能的人都赶出秦国就是为自己的敌国推荐人才，帮助他们扩张实力，而自己的实力却被削弱，这样不仅统一中国无望，就连保住秦国不亡也是一件难事。

这一系列的肺腑之言虽然尖锐刻薄，但都是逆耳之忠言，使得秦始皇如醍醐灌顶，恍然大悟。他意识到自己由于听了某些狭隘大臣的愚见，更是出于自己的骄横，做出了这样错误的决定。自己如此不明事理，哪里还能得到其他贤能之士的辅佐呢？秦始皇立刻传令四方，告知众人，秦王收回了逐客令，挽留各方的人才。同时派人请回李斯，“为其复职，当面谢罪”，同他共同商讨统一六国的大业，并决定此后要广招各方志士，争取他们为秦国的强大做出贡献，为自己效力。

正因为秦始皇听取了李斯的建议，不仅原来其他国家的人留下不走了，还有越来越多的外地人也来投奔秦国，四方的百姓都来归顺了，秦王朝的实力一天天地增强起来，为实现统一奠定好了雄厚的物质基础。李斯见秦始皇善于纳谏，知错即改，实为明君，值得辅佐，也献计献策，为他统一天下而效力。这样，经过秦国上下一心的发愤图强，十年之后，中国历史上第一个中央集权制的封建国家终于形成了。

古往今来，成功的领导者都非常重视听取下属的意见，尤其在现代企业管理界这种现象更为常见。很多卓有成效的领导者有认真听取员工对工作的看法、积极采纳员工提出的合理化建议的习惯。员工参与管理会使工作计划和目标更趋于合理，并且还会增强他们工作的积极性，提高工作效率。

1880年，柯达公司创始人乔治·伊士曼首先研究成功一种新的感光乳剂。这一发明引起人们的重视，他的研究开始得到别人的赞助。经过六年时间他终于研制出卷式感光胶卷，即“伊士曼”胶卷。新型感光胶卷的出现，结束了用湿漉漉的、笨重易碎的玻璃片做底片的历史。又过了两年，他又研究出手提式小型照相机。这种照相机命名为“柯达一号”。摄影爱好者从此结束了用马车装载照相器材的日子。

伊士曼的一系列发明，为他赢得了可观的财富。这时，他成立了“伊士曼——柯达”公司，专门生产照相器材。

为了改善公司的经营管理，伊士曼很重视听取员工的意见。他认为公司的许多设想和问题，都可以从员工的意见中得到反映或解答。为了收集员工的意见，他设立了建议箱，这在美国企业界是一项创举。公司里任何人，不管是白领还是蓝领，都可以把自己对公司某一环节或全面的战略性的改进意见写下来，投入建议箱。公司指定专职的经理负责处理这些建议。被采纳的建议，如果可以替公司省钱，公司将提取头两年节省金额的15%作为奖金；如果可以引发一种新产品上市，奖金是第一年销售额的3%；如果未被采纳，也会收到公司的书面解释函。建议都被记入本人的考核表格，作为提升的依据之一。

柯达公司的“建议箱”制度，从1898年开始实施，一直沿用到现在。第一个给公司提建议的是一个普通工人，他的建议是软片室应经常有人负责擦洗玻璃。他的这一建议得奖20美元。设立建议箱一百多年来，公司共采纳员工所提的七十多万个建议，付出奖金达2000万美元。这些建议，减少了大量耗财费力的文牍工作，更新了庞大的设备，并且堵塞了无数工作漏洞。例如，公司原来打算耗资50万美元，兴建包括一座大楼在内的设施来改进装置机的安全操作。可是，工人贝金汉提出一项建议，不用兴建大楼，只需花5000美元就可以办到。这建议后来被采纳，贝金汉为此获得50000美元的奖金。

进入20世纪80年代以后，柯达公司的员工向公司建议更为积极。1983、1984年两年有三分之一以上的员工提过建议，公司由于采纳员工建议而节省了1850万美元的资金，为提建议的员工付出370万美元的奖金。柯达公司设立“建议箱”所取得的成果，吸引了美国不少企业。目前，相当多的企业已仿效柯达设立建议箱来吸收员工意见，改善经营管理。

领导者重视下属意见，不仅有利于领导者进行决策与管理，而且还可以团结有不同意见的下属，赢得下属的尊重和信任，提高员工的忠诚度。因此，如果你想要做一名人人拥戴的领导者，就必须重视听取下属的意见。

与下属搞好合作

俗话说：“一个好汉三个帮，一个篱笆三个桩。”领导者要发挥团队的合力，做出一番业绩，就要善用下属的智慧和力量。

唐太宗评价隋文帝时，曾经有过这样一番言论：“此人秉性极为精细，可是头脑并不明智。头脑糊涂则思考问题就阻塞不通，过分的精细就对事情多有怀疑。所以他会以为天下人都不可信，凡事都亲自决断，既劳心费力，又没有把事情办得全都合理。大臣们既然知道了皇上的心意，也就不再敢直言不讳，天下这么广大，事务如此繁多，怎么能由一个人独自决断呢？”可见，在那时候唐太宗就已经深深体会到：要想成就一番大事业，光靠自己孤军奋战是行不通的，还必须善于借助别人的智慧和力量。

其实，综观历史，像隋文帝一样“费力不讨好”的人大有人在。比如，秦始皇就曾经用衡器称量奏章，魏明帝也曾经亲自检查下发的文书。而唐太宗的高明之处，就在于他不但能够认识前人的谬误，而且能够在吸取他们的教训的基础上，采取“选天下之才，为天下之务”的用人治国之道。他认为，国家如同一部机器，各个职能部门中的官员是这架机器上的各个部件。只有各级官员各司其职，各负其责，国家机器才能运转良好。因此我们说，有了唐太宗的英明，贞观之治才能在历史的长河中发出璀璨的光彩。

其实，大到一个国家，小到一个企业、一个单位，都是如此。善于借助下属力量和智慧的领导者，影响力大，人气旺盛，事业成就也大；反之，凡事都不放心，凡人都不放心，最后必然成为孤家寡人，难成大事。

可见，领导者只有充分借助各种人才的智慧和力量，使他们各司其职，各负其责，才能把一个国家、一个企业、一个单位建设好。当然，这里绝对不是说“一把手”可以图清闲、求安逸和不干活，而是想让“一把手”能够真正领悟“一个人浑身是铁能打几颗钉”的道理，最大限度地发挥下属员工的智慧和力量。借力而行，比起只相信自己，只靠自己劳神苦思的孤家寡人策略要高明得多。

领导者要与下属搞好合作，需要从下面几点入手：

1.藏起锋芒，给下属表现的机会。

郑板桥“难得糊涂”一语甚是精彩，它道破了聪明领导的为人策略。你装你的糊涂，这就给了下属表现机会，谁不想在上司面前邀功请赏？他必然会贡献出忠言与智见，你只需从中细辨真伪即可，这样也好上下一心，齐心合力，共创大业。

2.鼓励下属多尝试。

部下每天反馈回来的建议会很多，尽管不能一一采纳，但千万不要告诉他们说不行，一棍子打死，最后吃亏的还是自己。领导者应抓住时机，绝不能浇灭其热情的熊熊烈火，适当鼓励引导，壮大他们智慧的火花，一而再，再而三，星星之火必可燎原，最终必有一个令你满意的好点子。

3. 敢于承认下属比自己强。

中国人最怕说自己不行，更不愿承认别人行，到头来只是整个企业都不行。因此要大胆起用有能力的部下，让他们各尽所能。因为你的目标只有一个：建功立业。用众人的智慧建成你的功业，何乐而不为？

因此，做一个成功的领导者，应当活用众人智慧，创造出一个群策群力的组织氛围，这样才能上下一心，建立一番功业。

五、管得少，才能管得好

管得少才能管得好

一个高明的领导者应当懂得“无为而治”的道理。从某种意义上来说，管理少才能够管理好。

一位非常认真负责的领导，每次分派工作，从开始到结束，事无巨细，指示得非常具体详细。如布置会议室，放多少把椅子，买多少茶叶、水果，会标写多大的字，找谁写，用什么纸，等等。开始下属尚能接受，时间一长，大家就不太情愿了，感到他跟个喋喋不休的老太太一样，管得太细、太严了，别人一点权力都没有，挺“没劲”，有时他的主意并不高明，但他是领导也得照办。

其实，有很多事只要告诉下属事情的结果就可以了，不必告诉全过程。如让下属推销一批商品，领导者只要告诉他销售定额和经济合同法的一些知识就可以了，没必要告诉他到哪家商店去，进门怎么说，出门怎么道别。叫下属编制一套管理软件，只提要求就可以了，没必要告诉他使用哪种语言、怎么编。管理到一定程度就可以了，过度的管理反而弄巧成拙。

首先，过度管理妨碍下属积极性的发挥。事实上，解决问题的途径有很多种，领导者的方法不见得是最好的，下属有一套好主意、好办法，但领导者早安排好了一切，也只有照办。下属失去了参与和发挥潜能的机会，势必挫伤积极性。时间一长，就会养成不动脑子、一切依赖领导的“阿斗”作风。只有没有进取心的下属才欢迎这种领导。一位心理学家说过："对创造者来说，最好的刺激是自由——有权决定做什么和怎么做。"领导者越俎代庖无异于一把心锁，锁住了下属的想象力、创造力，锁住了下属做事的积极性。

其次，过度管理不利于培养锻炼下属的实际工作能力。许多领导者不信任下属的能力，怕下属把事办糟了，像溺爱子女的父母，左嘱咐，右嘱咐。这不利于下属成长锻炼，不利于提高他们的工作能力。因为人不在大风大浪中摔打一番，是不会成熟提高的。一般来说，领导者的水平、工作能力要比下属高，指令也科学、合理。领导者详细地指令能够让下属少走许多弯路，可下属绝对感受不到领导者为开辟捷径付出的代价，或者说，下属感受不到通向捷径路上的荆棘坎坷。没有这些感受，下属就是没有受过风雨考验的"温室花朵"。

一位年轻人学做西服，师傅只简单地告诉他一遍怎么做，遇到困难问师傅时，师傅轻易不告诉他。师傅说："你自己想一天半天的，实在没法了我才告诉你，这样印象深。我马上告诉你，你明天就忘了。"这位师傅就很懂培养徒弟独立思考工作的能力。

作为领导者，要潇洒些，少操点心，少管点事（只管大事），做到既让下属发挥积极性，又能"遥控"，从某种角度来说，管理少才能管理好。

放下架子才能指挥别人

如果领导者能让自己的下属从内心赞赏自己的品格，那么他就可以轻轻松松指挥任何人。要达到这种境界，领导者必须塑造自我品格，贴近下属，不摆官架子。

李江是广东一家合资企业的一位董事长，在他年轻时，因为自己工作上急于求成，遇事常急躁冲动，把事情办得很糟，结果被贬到一家分公司去担任营销经理。到职时，在欢迎酒会上，由于他一不善喝酒，二不善辞令，以致被老职员们认为是一个不讲人情的上司，年轻的职员对他更是敬而远之。因此，他在分公司一度很被动，工作开展不起来。

这样过了大半年后，在过年前夕，举办同乐会，大家要即兴表演节目。这时他在同乐会上唱了几句家乡戏，赢得了热烈的掌声。连他自己也没想到，那些一向对他敬而远之的部下，会因此而对他表示如此的亲近和友好。此后他还在矿上成立了一个业余家乡戏团。从此，他的部下非常愿意和他接近，有事都喜欢跟他谈。他也更加与部下贴心了，由过去令人望而生畏的人变成了可亲可敬的人。在矿上无论多难办的一件事，只要经他出面，困难就会迎刃而解，事情定能办成。由此这个矿的生产突飞猛进。因为他工作有能力，而且如此得人心，后来他荣升为这个公司的董事长。

他升为董事长后，有一次在工厂开现场会，全公司的头面人物都出席了。会上大家都为本年度的好成绩而高兴，于是公司总裁的秘书小姐提议使大家在高度欢乐的氛围中散会。她想出一个办法，把一个分公司的副经理抛到喷泉的池子中去，以此使大家的欢乐达到高潮，总裁同意这位小姐的提议，就和这位董事长打招呼，董事长表示这样做不妥，决定由他自己——公司最高领导者，在水池中来一个旱鸭子游水。

董事长转向大家说："我宣布大会最后一个项目就是秘书小姐的建议：她叫我在水池中来一个旱鸭子戏水，我同意了，请各位注意了，我就此做表演。"于是他跳入池中，游起泳来，引得参加会议的几百人哄堂大笑……

事后总裁问他："那天你为什么亲自跳下水池，而不叫副经理下去呢？"

董事长回答说："一般说来，让那些职位低的人出洋相，以博得众人的取笑，而职位高的人却高高在上，端着一副架子，使人敬畏，那是最不得人心的了。"董事长一席话唤醒了总裁，使他和董事长一样平时注意贴近部下，学到了办好企业的招数。

作为领导，在下属面前，如果你认定了"我"是经理，"你"是下属，应当各尽其职，这样，下属就不可避免地要对这样的上司采取疏远的态度，也要和他所代表的公司疏远。这样上级也就很难使下属尽力工作了。

用建议代替命令

工作中，作为领导者，对下属下达任务，发号施令是很常见的事情。领导者注重下达命令的艺术，不仅可以消除下属的逆反心理，提高执行效率，而且有助于团结下属，鼓舞团队的士气。

可是，怎样下达命令才会使你的计划能得到彻底的实施呢？才能使你的下属乐于积极、主动、出色、创造性地去完成工作呢？

一些不注意自己下达命令方法的领导者经常这样说："小李，把这份材料赶出来，你必须尽你最快的速度，如果明天早上我来到办公室，在我的办公桌上没有看到它，我将……"

或者是："你怎么可以这样做？我说过多少次了，可你总是记不住。现在把你手中的活停下来，马上给我重做……"

这样的话，你的下属一定会面色冰冷、极不情愿地接过你派给他们的任务，去完成它，而不是做好它。

可是等工作交上来后，你大为失望，不禁有些生气："好了，看来你只是个平平庸庸、毫无创新的人而已！我对你期望很高，可你总是表现得令人失望！就凭你这个样子，永远也别想升职……"

这样，你与下属的关系就完完全全地进入了一种"恶性循环"。

问题出在哪儿？

就出在你下达命令的方式上！

因此，不要认为自己是领导，就有权力这么做。公司中每个人，无论是总经理，还是小职员，在人格上都是平等的。所不同的，只不过是大家的分工不同，职务不同，而不是在领导者和下属之间存在着什么高低贵贱的区别。就算是"经理"比"职员"具有更多的权力或是其他什么，那么是由"经理"这个职务带来的，而不是你自身与生俱来的！如果出现了什么问题，只能是你的这种趾高气扬、自傲自大的态度激怒了别人，而不是工作本身使人不快！

所以，你想让别人用什么样的态度去完成工作，就应当用什么样的口气和方式去下达任务。

多用“建议”，而不用“命令”。这样，你不但能使对方维持自己的人格尊严，而且能使人积极主动、创造性地完成工作。即便是你指出了别人工作中的不足，对方也会乐于接受和改正，与你合作。

有一个秘书这样说自己的经理：他从来不直接以命令的口气来指挥别人。每次，他总是先将自己的想法讲给对方听，然后问道：“你觉得这样做合适吗？”当他在口授一封信之后，经常说：“你认为这封信如何？”如果他觉得助手起草的文件需要改动时，便会用一种征询、商量的口气说：“也许我们把这句话改成这样，会比较好一点。”他总是给人自己动手的机会，他从不告诉他的助手如何做事；他让他们自己去做，让他们在自己的错误中去学习、去提高。

可以想象，在这样的经理身边供职，一定会让人感到轻松而愉快。

这种方法，维持了部下的自尊，使他以为自己很重要，从而希望与你合作，而不是反抗你。

杰克是一家小厂经理，有一次，一位商人送来一张大订单。可是，他的工厂的活已经安排满了，而订单上要求的完成时间，短得使他不太可能去接受它。

可这是一笔大生意，机会太难得了。

他没有下达命令要工人们加班加点地干活来赶这张订单，他只召集了全体员工，向他们解释了具体的情况，并且向他们说明，假如能准时赶出这张订单，对他们的公司会有多大的意义。

“我们有什么办法来完成这张订单？”

“有没有人有别的办法来处理它，使我们能接这张订单？”

“有没有别的办法来调整我们的工作时间和工作的分配，来帮助整个公司？”

工人们提供了许多意见，并坚持接下这张订单。他们用一种“我们可以办到”的态度来得到这张订单，并且如期出货。

让下属去接受命令，主动地接受，而不是被动，把你“要他做的事情”，变成“他要做的事情”。

所以，如果你要向下属下达命令，让他做你想要他做的事或是要他改正错误，那就避免使用“命令”的口吻，不妨试试“建议”的方法和“激将法”。

不要让命令打折扣

命令是领导者指挥下属的常见的表现形式，它可以以文件的形式间接下达，也可以以口述的形式直接下达。“有令必行”是管理工作的通则；反之，在执行过程中，命令被打了“折扣”，必定达不到预期的效果。

某位经理，因为得不到下属的协助而痛苦，他向前辈诉苦，前辈提醒他：“你在命令下属时，是否明确地指出了命令的内容和目的呢？”经前辈的提醒，这位经理才突然醒悟，原来在这之前，他从未对下属说明命令的目的，于是他改正了缺点。

“这个资料必须在下周举办的员工大会提出，所以，你必须在会议举行的前三天完成它。这则求才启事除了登报纸，还可以刊登在求职杂志上，你要考虑到这一点，并且尽快把它做好。”如果命令下达得清楚明确，执行任务的热情和效率就会有很大的提高。

19世纪英国著名的政治家迪斯雷利在总结控制别人的行为时说：“人是被话语统治着的。”作为一个领导者，你可以让话语为你的思想和感情服务，你也可以用你的方式去指挥别人，并按照你的意志行事，为你的目的服务。

1.向下属正确地陈述指令。

领导者给下属发布命令时有以下几个具体的技巧：

(1) 命令要重点突出，不要面面俱到。如果你要把命令讲得过于详细和冗长，那只会制造误解和混乱。

(2) 为了使命令叙述得简要中肯，你要强调结果，不要强调方法。为了达到这个目的，可采用任务式的命令。一种任务式的命令是告诉一个人你要他做什么和什么时候做，而不告诉他如何去做。

“如何做”那是留给他去考虑的问题。任务式的命令为那些做替代工作的人敞开了可以调动他们的想象力、主观能动性和独创性的大门。不管你的路线是什么，这种命令的方式都会把人引导到做事的最佳道路上去。如果你是在为你自己做生意，改善了方式和方法就意味着增加利润。

(3) 当人们准确地知道你所需要的结果是什么的时候，当他们准确地知道他们的工作是什么的时候，你就可以分散权威和更有效地监督他们的工作。如果你经营的是商业或工业，或者是搞销售，甚至是在军队中服务，当你能确保人们准确地知道他们的工作任务时，至少你会享受到减轻你的工作压力和更有效地监督你的下属这两种具体的好处。

(4) 当你发布使人容易明白的简洁而清楚的命令时，人们就会知道你想做什么，他们也就会马上开始去做。他们没有必要为了弄清楚你说的话而一次一次地回到你那里。在多数情况下，一个人没有为你做好工作的主要原因就是他没有真正弄明白你要他做什么。如果你希望别人丝毫不走样地执行你的命令，那么简单扼要的命令是绝对必要的。这是你必须要遵从的一个牢固的规则。

(5) 命令不要太复杂，要尽量简单。最好的计划应该是在制订、表达和执行上都不复杂的计划。这样的计划也更便于大家理解。一个简单的计划也会减少错误的机会，其简洁性也会加快执行的速度。

在商业上，那些利润最多的公司都是在各方面力求简洁的公司，他们有简洁的策略思想，有简单的计划和执行纲领，对做决策的责任也有专门的安排，同时简化行政管理程序，取消繁文缛节，采用简单的直接联系。成功的商业公司各个方面都尽可能地保持着简单朴素的工作作风。

掌握了以上五种技艺，你下达命令时便会胸有成竹，下属找不出任何理由不贯彻执行你的命令，这样你就会指挥到位。

2. 说服下属执行命令。

领导者的工作意图和方案，必须通过下属来贯彻执行。可是往往上级领导者的工作意图和方案得不到下属的支持和赞同，这样，就需要上级领导者耐心地说服下属，使下属真正在思想上想通了，才能保证上级领导者的工作意图和方案得到顺利的贯彻、执行。那么，上级领导者怎样才能有效地说服下属呢？

（1）要了解对方，“对症下药”。

每个人的性格、思想、经历等都是各不相同的，因此，对于一个领导者来说，对一个下属了解的内容必须包括对对方的真实思想、性格特点、长处与短处、工作中的困难等，做到真实彻底地了解。只有全面、彻底、真实地了解下属，才能有针对性、巧妙地打通他的思想。举例来说，一个领导者准备实施一项新的规章制度，某位下级有不同意见怎么办？这时，领导者一定要搞清楚其反对的原因，是因循守旧的思想在作怪，还是害怕新制度对己不利，或是其他原因呢？如果是担心损害切身利益，说服他时，就要着重阐明新旧制度的利弊，并可以就新旧制度的细则征求他的意见，使他从具体内容中深深体会到领导者是如何全面考虑各方面利害关系的。这就比一般地讲“要勇于改革”“你要支持改革”等大道理更有说服力。这是说服下属的重要一环。

（2）要平等亲切，以心交心。

下属和领导有意见分歧时，下属本来就有猜疑、戒备、不满等心理，如果领导者不能亲切相待，满脸怒气或是冷若冰霜，交谈便难以进行。所以，领导者说服人，首先要努力创造和谐、亲切的气氛，通过热情的招呼、坦率直爽的态度、商讨式的语气，使对方受到感染，觉得你就像一位老朋友，值得信赖，可以无话不谈。这是保证说服成功的最主要的条件。即使第一次交谈不能取得一致意见，也为今后继续做工作打下了良好的基础。

为了创造和谐亲切的气氛，从交谈开始，领导者就要注意说话的艺术。例如：“我知道你不同意。”“我不怕你反对我的意见。”等等，虽是实情，但其效果是把自己放在正确的位置上，把对方放在了错误的位置上，以我对你错的架势批评人家，对方往往难以接受。不如说：“我相信你一定能理解我的用意。”“下边的情况，你更清楚，我很想听听你的见解。”等等，这种充满信任的话语，有助于消除下级的不满、对立情绪，自然而然地诱导他说出心里话。

（3）要策略灵活，方法得当。

说服人要像练武术那样，灵活巧妙，讲求策略，不能一条道走到黑。正面讲道理，对方听不进去时，可以寻找他的心理弱点，打开突破口，再彻底说服他，这叫“迂回说服”；有些人坚持己见，十分固执，领导者不要性急，可等待一个时期，让他经过一定的实践和冷静的思考，再找他谈话，这样比较容易解决双方的分歧，这叫“等待说服”。总之，说服的方法是各种各样的，只要领导者善于因人而异，方法得当，再加上有信心，多数人都是可以说服的。

站着指挥，不如干着指挥

领导者在指挥下属工作的时候，“干着指挥”比“站着指挥”更能够有效调动下属的积极性。“干着指挥”是一种无声的命令。这种命令，甚至比有声的、文字的命令更有效，更有威力。这种威力，不是靠领导者手中的权力，不是靠强制力，而是靠领导者自身的模范带头作用，艰苦实干的作风，这是一种威望之力，也是一种最神圣的指挥。

本来，领导者与下属之间，就是组织、指挥和服从、照办的关系。如果你组织得好，指挥得当，你就是一个好的领导者，一个让下属乐意效力的人。你对下属就会产生一种吸引力，下属就会自觉地跟着你奋斗，无声的命令就是这么产生的。领导者所负的责任越大，“调摆”的任务也就越大，所以，越是高级的领导者越爱采取“干着指挥”，也就越能激发下属的积极性。

历史上正义的民族的战争，如果主帅亲征，也能极大地鼓舞士气；如果“御驾亲征”，就更是非同小可。这个亲征，如果不仅仅是督阵，而是亲自上阵杀敌，战士们必能舍生忘死，所向无敌，为亲征者冲锋陷阵。

身为领导如果仅仅是“站着指挥”，慢慢与下属就会产生一种无形的距离，甚至一道鸿沟，指挥就会失去威力，甚至会完全失灵。特别是“调摆”任务不大的领导者更不能“站着指挥”。试想，一个十几人甚至几十人的单位，那里的“小萝卜头”主任也仅仅是发号施令，不亲自动手，下属会拥护他、亲近他吗？

“干着指挥”对下属的影响，在两种情况下力量最大：一种是在领导者担子最重的时候能选择最艰苦的工作与下属一起干。这道理不言自明；另一种是领导者能参加一些极平常的劳动，比如，打扫卫生、装订文件、整理报纸等，或者一些突击性的活动。从分工来说，这些活当然属于下属工作人员，但你绝对不要认为与自己无关。当你有时间的时候，或者“就势”帮助下属做这些事情，你会给下属一种自重感，使他们感到你看重他的工作、尊重他的人格。同时，你又会给下属一种亲切感，使他感到你没有架子，平易近人而愿意在你的手下工作。反过来，如果机械地看待自己与下属的分工，本来有空，一些突击性的活动也不参加，甚至一些“举手之劳”也懒得动手，下属就会觉得在你的手下工作不是滋味。即使目前仍在你的手下工作，也只是暂时性地混着日子，等待跳槽时机。

下达命令时，让下属站着听

一般人在听人说话或接受指导时，往往会将心情表现于态度上。例如，当不想听对方的谈话时，多半会将视线转移到其他地方，或将双手交握胸前，希望对方赶快结束谈话；如果很想聆听对方的谈话，则通常将身体向前倾斜，以便一字不漏地听完，或眼睛盯着对方的脸不放。

基于此种现象，我们大可将此种情形反过来加以利用，以达到灌输对方谈话内容的目的。也就是说，领导者在指挥下属工作时，不妨要求他们采取某种形式，使他们不得不专心听取上司的话。

事实上，我们不难发现，无论任何性质的会议，绝大多数上司除了要求与会者正襟危坐外，发言者也往往必须站立讲话，这些正是形式的利用。也许有人会认为，只讲究形式未必真有效果，殊不知此类的形式，却能使工作场合产生紧张气氛，并可借以增强效果。

其实，凡是采取超乎平常习惯的方式来从事某种活动，都可视为一种特殊的形式，并会在参与者的心理上产生作用。

例如，一般公司职员大多坐着工作，但是，如果在上司训话时刻意让他们站着听，通过这种方式，他们不仅得听，而且本身极易兴起想听的心理。同时，对听到的事情也往往能留下深刻的印象。

由此可见，上司在指挥下属工作时，如果让他们站着听，至少在形式上可以使下属处于被教导的地位，这样命令的效果就会更为显著一点。

给下属施加适当的压力

工作中，很多领导者给下属下达命令时经常说："这件事我也不太清楚，但既然是上司交代的，所以就只好照着做吧！"

不少领导者虽然认为"这样的要求不合理"，但还是强迫下属要努力完成目标，即使是共同加班加点也要如期完成上司交给的任务。

很多公司大部分的工作量，就是在这种上对下施压的情形下完成的，但这种做法却绝对无法提高员工的士气。虽然领导者自己认为不合理，却还要求别人去做，这样的管理当然无法取得理想的效果。

人在无压力的情况下，很容易放纵自己，所以一般说来，领导者可以希望下属提高工作量，但所认定的目标，一定要和下属的能力相一致，两者差距过大，则必定会出现不该有的麻烦。

要解决这个问题，领导者首先要确保自己对下属的"要求"必须是合理的。聪明的领导者平常就要和下属多进行沟通，重要的是要做到以下两点：

(1) 领导者要把握下属的能力，以目前下属的努力标准来看，他已具备了多大销售能力，或者是生产、处理其他业务的能力如何，等等，确定下属的标准工作量。

(2) 如果稍微施加压力，下属的工作能力可以达到什么水准？这叫作增加的工作量。对下属施加适当的压力，主要就要看一下他们到底能承受多少压力，不能把压力增大到超出他们的承受范围。

此外，领导者还要注意搜集有关下属工作现状和工作能力的资料，对于他们工作能力的现状了如指掌，只有这样才能更好地把握需要给下属施加多大的压力。

的确，现实生活中有不少这样的情形发生，在知道自己的下属员工的能力后，员工被迫要求完成超出能力的事。对于这些不合情理的目标，也许是有理由的，所以，领导者要有向下属员工的能力极限挑战的心理准备。

领导者可以先让下属在心理上做调适，再寻求下属的合作。如果强迫下属去做连自己都无法认同的事，那么上司的指示就无法传达，更别提要达到什么目标了。

让下属时时感到工作上的压力不是坏事，可以促使他发挥潜能，挖掘出不为自己所知的潜力。施加压力的方法有多种，可以增加工作量，或者缩短工作时间，也可以交给一项棘手的事情去办，不管采取什么办法，对于下属施加的压力要适当，不可触发下属的逆反心理，超出他们的承受能力。

同时，施加压力前要和下属交代清楚，让他明白你的良苦用心，而不是一味地榨取下属的血汗。他的付出必会得到同等的回报，甚至超额的回报。

请将不如激将

一个成功的领导者，善于用语言和行动激发下属完成任务的热情、信心、勇气和决心。中国有句俗语：“请将不如激将。”成功的领导者在调动下属执行任务的时候善于运用激将法，激发下属的斗志，取得良好的执行效果。

愚蠢的激将法，往往是用嘲讽、污蔑的语言将对方激怒，拼死一搏。而一个优秀的领导者善于运用激将的艺术，既能够激发下属的士气，又维护了领导者与下属之间的关系。具体而言，成功的激将法主要有以下几种：

1. 对比激将法。

这是要借用与第三者的对比反差来激发人的自尊心、好胜心和进取心。用对比法激人，选择对比的对象很重要。一般来说，最好选择被激对象是比较熟悉的人，过去情况与他差不多，各方面条件现在则相差很大，而且对比的反差越大，效果越好。

2. 绝路激将法。

军事家都懂得一个道理，人到了没有退路的时候，往往特别勇敢。中国历史上破釜沉舟、背水一战而获全胜的战例不胜枚举。如果企业领导者懂得这个道理，在出现危机时，激励下属背水一战，也可以大获全胜。

俗话说：“置之死地而后生。”所以，一个企业领导者若想让一个临死的企业“活”起来，就要想办法让下属们知道自身企业处于“绝地”的处境。

3. 煽情激将法。

这种方法需要用具体的有感染力的描述，用富有煽动性的语言激起人们心中的激情、热情。所用的可以是严酷的现实，也可以是轻松的远景，完全由自己选择。

4. 巧妙激将法。

这可以根据年轻人争强好胜的特点，也可以利用老年人自尊心强的特点，你越说他不中用，他越不服老，越能表现出勇敢。所以，当别人指责他放弃责任、隐退不出，嘲笑他不负责任、胆怯后退时，他身上的能量就激发出来了。

领导者在运用激将法调动下属时，要注意以下几个方面：

(1) 要使下属有责任感。

你若对属下说：“这件工作拜托你了！希望你能好好地完成它，大家都拭目以待。”如此，他们会深受感动，并且努力振作，全心投注于工作中。

(2) 要能激起下属的英雄气概。

你与下属商讨：“这个问题不知道该如何解决，真伤脑筋。你有没有什么好的点子？”此时，下属多半会说：“如果这么办，应该可以！”你就可以趁势追击，把任务交给他去处理。

(3) 要唤起下属的自尊心。

激将法的另一个重点就是唤起下属的自尊心。假如你对下属提出：这件工作太难了，我看算了！然后询问他的意见，此时若对方是一位自尊心强的人，相信他会拍胸脯保证说：“什么？那种工作我完全可以干好。”

这些方法都是为激起下属的意志力而使其听命于上司的策略，可以认同对方的立场、想法，并且给予高度的评价，这与激将法有着异曲同工之妙。

俗话说：“猪受到鼓励也会爬上树。”激将法是促使人们卖力工作的有效方法，你可以将此原则灵活地运用于各种场合，以达到用好下属的目的。

既坚持制度，又不伤害感情

领导者要注意管理中的弹性，既坚持制度，又不伤害下属的感情，这样既可以约束下属，又不至于因为处罚而伤了下属的心。

福特公司的创始人、“T型车”的发明者亨利·福特不仅善于钻研，精通技术，而且在管理上也是一个全才。他几十年的企业生涯，历尽起落沧桑，但是他以他那全才的素质，屡屡赢得了成功。

作为产权人公司的大老板，福特虽然掌握着公司的所有大权，有权左右员工的命运，但他却从不滥用职权。他经常为员工设身处地地着想，在实际工作中，既坚持制度的严肃性，又不伤员工的感情。

有一次，一个老员工违反了工作制度，酗酒闹事，迟到早退。按照公司管理制度的有关条款，他应当受到开除的处分。管理人员做了这一决定，福特表示赞同。

决定一公布，这个老员工立刻火冒三丈。他委屈地对福特说：“当年公司债务累累时，我与您共患难。3个月不拿工资也毫无怨言，而今犯这点错误就把我开除，真是一点情分也不讲！”听完老员工的叙说，福特平静地说：“你知道不知道这是公司，是个有规矩的地方……这不是你我两个人的私事，我只能按规定办事，不能有一点例外。”

后来，福特了解到这个老员工的妻子去世了，留下了两个孩子，一个跌断了一条腿，一个因吃不到妈妈的奶水而啼哭。老员工是在极度的痛苦中，借酒浇愁，结果误了上班。

了解到这个情况，福特为之震惊，他立即安慰他说：“你真糊涂，现在你什么都不要想，赶紧回家去，料理你老婆的后事，照顾孩子们。你不是把我当成你的朋友吗？所以你放宽心，我不会让你走投无路的。”

说着，从包里掏出一沓钞票塞到老员工手里，老员工对老板的慷慨解囊感动得流下了热泪，哽咽着说：“我想不到你会这样好。”福特却认为，比起当年风雨同舟时员工们对自己的帮助，这事儿简直不值一提。他嘱咐老员工说：“回去安心照顾家吧，不必担心自己的工作。”

听了老板的话，老员工转悲为喜地说："你是想撤销开除我的命令吗？"

"你希望我这样做吗？"福特亲切地问。

"不，我不希望你为我破坏了规矩。"

"对，这才是我的好朋友，你放心地回去吧，我会适当安排的。"事后福特安排这个老员工到他的一家牧场当了管家。

亨利·福特处理工作不感情用事，能够做到既坚持制度，又不伤害下属的感情。例如，有几个一起工作多年的员工，在公司遇到困难的时候背离了他，十几年后，公司状况得到好转，这几个人又找上门来了。

对于这样的人任何人都是难以容忍的。即使在当时，福特也为此深感痛心，并气愤地说："我希望永远不再见到你们！"福特公司兴隆，事业大振时，福特早已把自己的誓言放在脑后，他欣然接受了这几名员工。这件事使这几名员工深受教育，老板不念旧恶。从此以后，他们同福特同心协力，为公司的强盛做出了自己的贡献。

松下幸之助认为，情感管理和制度管理是有效管理的两个方面。留住人才是每一个领导者所希望的，但要留住人才必须要做到情感管理与制度管理"双管齐下"。情感管理旨在从人之常情出发，关心员工生活，努力为其营造宽松和谐的工作环境，增强企业的亲和力。情感管理能有效弥补制度管理的不足，变消极为积极，化被动为主动。情感管理与制度管理，前者为柔，重在"布恩"，后者为刚，重在"立威"。刚柔相济，恩威并举，才能使员工心悦诚服。

帮助下属养成良好的工作习惯

最近你在下属中进行了一次突然抽查，结果发现，能把工作制度说上三五条的人寥寥无几。看着自己下属工作起来敷衍搪塞的样子，你一遍一遍地给他们纠正，也看见他们努力了，却总是没有多大进展。面对这种大面积的混乱，你该怎么办呢？

一个最根本、最有效的办法就是从小处入手帮助下属养成一个良好的工作习惯。

从前的木匠师傅，总是不厌其烦地交代学徒要保养好刨子、斧子、磨刀石等这一套工具，为什么呢？他爱上了这些工具，自然就爱上了他的本行。磨刀石的功用不只是能磨出锋利的刀刃，更重要的是它能磨出学徒的耐力和毅力。做事马虎者，其磨刀石必然长满了红色的铁锈，反之，一位名匠的磨刀石，应当光泽明亮才是。

在你的单位中，你下属的办公人员对他用具的整理工作又做到了多少呢？你若突然去采访一个下属的工作场所，你可能会发现：

椅子或桌子上，文件放得乱七八糟，有的上面还带着模糊的脚印。

桌子、椅子上，用手一摸，尽是灰尘。

复印机忘了关，连续一小时在空转。电灯不关，还没有人敢说。因为他有理由："忘关电灯多得是，为啥你只说我。"

尚可利用的铅笔，过早地扔进了废纸篓里。

下属们的这些表现，不仅表现了他们对办公设备的不珍惜，也间接地说明了他们工作态度的不慎重。从这些小地方可以直接看出一个人的内心与修养。因此作为一个领导只要懂得从这个地方入手，就可以很好地培养下属的修养。

要培养下属良好的工作习惯，最好的地点是在办公室。例如领导者可以在办公室制定各种各样的规章制度，制定后，不能只挂在门后边的墙上，要定期且及时地落实执行。遇到有些下属能做到又故意不做的事，可以狠批其一顿。良好的办公室秩序，若能保持下去，对于培养下属循规蹈矩的习惯是很有效果的。

就是这种从小处培养好意识、好修养的方法，对于治理组织内大面积的混乱，效果特好。一个领导若只会就事论事，那效果与此是大不一样的。比如下属不遵守纪律了，你精力花在了要他死记硬背规则、条例上，即便他背得一字不差，对他不负责任的心理意识，也不会有多大帮助。如果面对下属工作上的马虎，你只懂面对面与其谈心，那也不会收到好的效果。很多下属面对自己的缺点也很想改正，可是由于没有方法，他们自己也会拿自己没有办法。你若也不能替他们拿出方法的话，他便只能等着你骂“不可救药”了。

因此，领导应重视下属良好工作习惯的培养，这是培养忠诚下属的必经之路。

六、务必做好奖惩和激励

帮下属确定工作目标

帮助下属确立目标是调动下属积极性的一个重要方法。确立目标有令人意想不到的效果，它会引导下属走向他们想达到的目标。如果人没有目标，就时时需要别人的激励。一旦有了目标，便会激励自己，自动自发地去做应该做的事。

英国一家教堂墙上有一块碑文，上面写道："干活如果没有目标就会枯燥乏味；有目标而没有实干只是一个空想；有目标再加实干就成了世界的希望。"基督教《圣经》箴言也讲道："凡没有远见的地方，人们必然毁灭。"

有效的团队必须具有一个大家共同追求的、有意义的目标。由于它的存在，使员工认识到这是"我们的团队"，而不是"他们的团队"，而且知道"我们要创造什么"，从而能够为团队成员指引方向，提供推动力，让团队成员愿意为它贡献力量。马斯洛晚年从事出色团队的研究，结果发现其最显著的特征就是具有共同的目标。他观察到：一个出色的团队，任务与员工本身已无法分开，或者应该说，当个人强烈认同这个任务时，定义这个人真正的自我，必须将他的任务包含在内。

因此，领导者如果想让自己下属积极高效地投入工作，就应当帮助下属确定工作目标，为他们构筑一个充满刺激而又富有吸引力的未来。

企业无论规模大小，属于什么行业，都会设立销售额、生产量等目标，并倾力获得必要的利润。

我们常常可以听到："本季度××产品的销售额目标500万。"

一个出色的领导者能够将企业整体目标予以细分，对分店、部门等下层组织给予一定标准，最后决定每个下属的目标。

领导者应当注意，下属的目标不可强行制定，最理想的方式是以整体目标为依据，由下属在一定范围内自行决定目标。

因此，领导者首先必须对下属详细说明整体目标的前瞻性与妥当性，以此为基础，再促使下属根据自己的能力与意愿建立个人目标。但是此项目必须有明确的根据。

不管是多伟大的目标，不将事实等列入考虑，最后仍是美梦一场。必须将过去的实力与未来的展望等做全盘性的考虑，再制定一个具体的、力所能及的目标。

把广泛的方向性的团队目标转为可以衡量的、具体的、现实可行的具体目标，是团队使共同目标对其成员产生意义的最重要的一步。

具体目标会使个体提高绩效水平，也能使团队充满活力；具体目标可以促进团队的沟通，还有助于团队把自己的精力放在有效的成果上。

1.具体目标有助于团队成员更好地交流。

如在24小时内回答所有客户的问题。这个目标的明确性迫使团队不得不集中全力，要么想办法实现这个目标；要么换个角度，认真考虑是否改变这个目标。如果这样的目标是明确的，团队的讨论就可以集中在怎样努力实现这个目标上。

2，具体目标可使团队知道自己的工作进度。

由于这些目标都是可以实现的，也是可以测量的，所以团队的工作进程完全可以估算出来。

3.具体目标具有强烈的吸引力。

它们要求团队成员全身心投入，一门心思创造出非凡的业绩来。假如我们的具体目标是：在半年时间内，把产品的生产周期缩短50％。那么每个人所各自拥有的头衔、特权和其他的“特点”全都无足轻重了，有的只是他为团队所做的贡献才是最重要的。

那么，我们要如何确定具体的目标呢？著名的效率管理大师查尔斯·菲尔德认为，具体目标实质上是一种当前的具体工作分析，它规定了每项工作的具体职责，员工需要为团队做出多大的贡献，等等。

每一个具体目标的确定，都必须符合SMART的要求，S即specific，具体的，M即measurable，可测量的，A即achievement，可实现的，R即realistic，现实的，T即timebound，时间限制性。各取第一个英文字母，组合在一起，就构成了SMART，在英文里，SMART的本来意义是聪明的、精明的。这也说明，如果我们在制定具体目标时，能做到SMART，我们也就真的成“精”了。

我们在制定一个降低成本的目标时，如果我们说，希望大家努力，争取把成本降下来。这样的目标太“宏观”，说明不了什么问题。如果我们这样说，力争在一年的时间内，削减成本40%，且次品率为零，就具体得多了。

确立了具体目标之后，接下来的工作就是要建立完成目标的计划。一个成功的计划可以保证企业各项业务活动更加有效地运行。

我们在制订计划时应当尽可能详尽地指出实现目标所需的时期、场所、理由、方法、费用等要素。如果此等要素不完备，无论建立多少计划，都无法完成目标。

我们在制订计划时，应当严禁凭空臆测或是感情用事。应当尽可能以客观、充分有效的资料为基础，以科学、合理的方法制订完整的计划。

通常，制订一个科学可行的计划应当掌握下述4种必要的资料：

(1) 过去的业绩（包括企业整体、组织、个人的业绩）。

(2) 业界的动向与发展。

(3) 未来社会与企业的变动预测。

(4) 企业、组织的各项计划与方针。

当然，工作计划只有中、长期是不够的，同时还要有每月、每周、每日的短期、超短期的计划。

平常即让下属养成建立工作计划的习惯，于月底或是周末建立下月、下周的行动计划。在一天结束前建立第二天的各项计划，是提高下属工作绩效的有效方法之一。

无论是目标或计划，在制定时都需要领导者的指导，但是不要忘了，仍需要下属亲自动手去做，领导者只是扮演辅助的角色。

让下属的利益与公司紧密相连

一个周末的晚上，一个可恶的恐怖分子在斯宾塞公司的橱窗里偷偷放置了几颗定时炸弹，相邻的几家商店也一起在爆炸中受到了破坏。

爆炸声引起了很大的恐慌，更惊动了这家公司的所有员工。第二天是休息日，按照惯例是商店营业的大好机会，该店的所有员工在没有人号召的情形下，不约而同地早早来到店里，清理一片狼藉的场面。在其他相邻的商店开始清扫现场时，斯宾塞公司已经开始接待顾客，正式营业了。

人们不禁要问，这家公司的员工们为什么会这样做？其实，只要我们了解了该公司的管理方法，便不难找到准确的答案。这就是让下属的利益与公司紧密相关，一损俱损，一荣俱荣，没有比这更能刺激员工的干劲了。

斯宾塞公司是英国销售服装和食品的大零售商之一，也是英国最注重员工福利的公司。然而，公司并不是将福利作为慈善机构的施舍硬塞给员工，而是为了激励他们去积极工作。

只要员工的利益与公司的兴旺发达紧密相关，员工才会把公司当作自己的生命所在，充分调动自己的积极性，最大限度地使公司壮大。

斯宾塞公司一贯重视和关心自己员工的福利待遇和福利的逐步提高。管理层把每个员工都看作是有个性的人，每个人事经理要对他所管理的员工的福利待遇、技能培训和个人的提高发展负责。这样使每个公司员工都能受到关注，真正做到了以人为本的管理，并且把福利的多少与公司效益紧密相连。

为了调动员工的工作积极性，公司建立了高质量的员工餐厅，工作时间中有多次休息、放松、喝茶的机会，也可以保证员工有充沛的精力投入工作。公司每年要拨巨资用于提高员工的奖金和福利，这是一笔相当大的数额，但经营者并不认为可惜。慷慨的付出只会使下属看到公司的关怀和体贴，让员工大为感动，觉得只有把公司经营好，才有自己的那一份高额收入、丰厚利益。正是在这一经营理念指导下，斯宾塞公司的业务蒸蒸日上。

公司董事长曾经对其部门经理说："你就是出差错，那也必须是因为过于慷慨。"这是把公司的收益与员工的利益紧密相连的做法。那些措施大大增强了公司的凝聚力，不论职位高低，工作轻重，收入多少，公司上下都以在斯宾塞公司工作而感到自豪，这是一笔丰厚的精神财富。

有一个很简单的道理，如果把一元钱存在一家银行，银行倒闭了，大家并不在意。如果把全部财产存在同一家银行，那么这家银行就是你的生命，你必会时刻关注。

这对于公司经营者是一个浅显的道理，只要员工的生活来源大多为公司所创，员工们必然把公司视为生命。所以，让下属的利益与公司紧密相关，就会充分获得员工们的热情和努力工作的回报。

用自己的好心情感染下属

领导者的言行往往具有很大的感召力，在必要的时候，领导者如果能够敞开胸怀，潇洒奔放，相信下属也会因此受到感染，增添无穷的力量，增加对自己上司的信任，齐心协力，风雨同舟，共同迎接严峻的事业挑战。

"三军可以夺帅，匹夫不可夺志。"情绪是私有的，但需要自己来控制。作为一名领导者，只要你的意识在努力，快乐的情绪就不难得到。排遣忧愁，化解烦恼，努力去改变自己对事物的悲观看法，凡事多向好的方面去想，你就会发现自己的情绪在一天天改变，心情也会一天天变好。

作为一名上级领导，需要时常保持乐观健康的心情，因为你的心情会影响到下属的心情，你的态度也会影响到大家的态度。如果不能驾驭自己的感情，那么你肯定也无法让自己的下属在工作中保持良好的情绪。

作为一名成功的领导者，应该多花一些精力去关心一下下属的感情，因为正是下属的好心情激励着他们做好工作，才使你今天的领导地位稳若泰山。如果每个下属的情绪都不是很好，或者难以控制，而你作为领导者却不去关注他们的心情，也不去做好一些根本性的工作，自己反而也情绪不佳，这样工作将会难以展开。

领导者需要时刻用自己的好心情去感染下属。为此，你需要做到以下几点：

(1) 当你走进公司的时候，别忘记清清楚楚地跟下属打声招呼。这会让人觉得你充满朝气，性格开朗。

(2) 不论你是男是女，对于初来乍到的下属，应该主动地跟对方握手，但用力不宜太重，也不能太轻，要能让对方觉出你的热忱。

(3) 作为领导，要尽量争取直视对方的机会，大家目光相接的一刻，很容易拉近彼此间的距离，令对方觉得你很尊重他。

(4) 人人都喜欢受别人的重视。应该多向下属提一些问题，以示你对他极感兴趣。不但可以问一些私人的问题，而且也可以问对方一些较深入的事情。

(5) 鼓励下属谈谈他个人的奋斗历程和成功的故事，这会使他眉飞色舞，越讲越兴奋，视你为他的朋友，而不仅仅是上司。

(6) 每一个人都有一些为其他人所不具备的长处，你应该努力发现下属与别人不同的地方，衷心地赞美他，他也必定会以同样的态度对待你。

（7）平时要多留意时事及人物新消息，使自己在与下属沟通时，能有更多的话题。这样一来，便会在下属的心目中树立一个博学的形象，令下属觉得跟你在一起眼界顿开，如沐春风。

有些领导者在工作期间总喜欢一本正经，面容严肃而认真。他们往往认为自己的身份是领导，领导就不能随随便便、嘻嘻哈哈。他们把与人沟通当成一项任务来看待，完成一项任务自然要规规矩矩地来做。但是工作也是一种生活，既然是生活，为什么不开朗活泼些呢？让大家放松一下，不仅不会影响工作，反而会使工作顺利地进行。

假如你在说服别人的时候，已经发觉气氛非常紧张沉闷，让双方都有些透不过气来，那么为什么不随口说一句幽默的话语或做一个轻松的表情呢？只是这样一点点很小的努力，死气沉沉的场面马上就会有所改观，紧绷的神经也就会立即松弛下来，说不定被劝说的对象这时的心理已经发生微妙的变化，已经开始动心了。

有一位致力于研究领导学的学者，曾长期对90位主管进行观察与交谈，结果发现这群优秀的领导者身上最明显的一个特征是他们有能力引起他人的注意。因此，一位善于激励下属的领导应该离开办公桌，走进下属的工作场所，起身视察，激发下属的工作热情，提高领导的魅力。

美国威名百货公司的主管办公室里通常没有人，他们是在马不停蹄地在各家分店视察。

威名百货公司的创始人山姆•华顿在做实习生时，就深深感到主管视察对员工的冲击。他在彭尼百货服务时，有一天公司最高领导者彭尼先生大驾光临，并走到他面前和他谈话，教他如何用“最少的绳子和最少的纸”做精美的包装。彭尼的一举一动都流露出对员工的关心，这深深影响华顿日后的领导理念。因此华顿创业之始，就立下决心要亲自到各家分店走动和视察，注意别人，也让别人注意到他的存在和关切，在大家面前讲述管理理念和自己的心得，求得大家的认可，同时也会使员工觉得为这样的领导工作是值得的，增强了企业的凝聚力。另外，自己也能够了解运营的状况，使员工充分了解和接受团队的目标，从而使资讯沟通更加顺畅，上行下效，下情上达。

成功的领导者必须学习传教士的精神，经常在人群中露面，不错过员工的聚会，不断用自己的热情和经营理念打动和鼓舞自己的下属。

和下属共同分享快乐

很多领导者一遇到高兴的事，总是喜欢找个角落单独享受，其实，如果不涉及个人隐私的话，把高兴的事拿出来与下属一起共享，更会激起下属的工作热情，同时，这也是拉近领导者与下属距离的一个好办法。

海因茨是美国亨氏公司的董事长，亨氏公司以生产酱菜而著称，海因茨被人们称为“酱菜大王”。亨氏公司年销售额高达60亿美元，是美国颇有名气的大公司之一。海因茨与下属们的关系非常融洽，亨氏公司的劳资关系被公认为是“全美工业的楷模”，该公司被誉为“员工们的乐园”。

有一段时间，海因茨的身体不太好，医生们建议他到佛罗里达去度假。下属们得知后对他说：“应该好好玩一玩，你太累了，一年到头也难得轻松那么一回。”海因茨听了下属们的话便到佛罗里达去度假，可是没过几天他就提前回来了。“怎么这么快就回来了？”下属们惊讶地问。海因茨说：“我一个人也没有多大意思。”

但下属们很快发现，厂区中央多了一个大玻璃箱。下属们好奇地走过去看，原来里面有一只短吻鳄，重达800磅。

“怎么样，这个家伙看起来还好玩吧？”海因茨胸有成竹地问。有些员工说：“从来就没有看到过这么大的短吻鳄。”还有一些员工说：“东西不在大小，而在于一片真心。”海因茨笑呵呵地说：“这大家伙令我兴奋，给我这次佛罗里达之行留下了最难忘的记忆。请大家工作之余一起与我分享快乐吧！”

原来，这只短吻鳄是海因茨从佛罗里达特意为下属们买回来的。“与下属们一起分享快乐”，这不仅是海因茨快乐的源泉，也是他赢得下属尊重和支持的一个绝招。

其实，人往往一有了快乐、荣耀就“忘了我是谁”地自我膨胀，领导者更是如此。这种心情是可以理解的，但下属就遭殃了，他们要忍受你的嚣张气焰，却又不敢出声，因为你是上司；可是慢慢地，他们会在工作上有意无意地抵制你，不与你合作，让你碰钉子。

因此领导者有了快乐和荣耀，要更谦卑；要不卑不亢，但“卑”绝对胜过“亢”，就算“卑”得肉麻也没有关系，下属看到你的谦卑，会说“他还蛮客气的嘛”，当然就不会找你麻烦，和你作对了。

其实不独享快乐和荣耀，说穿了就是不要威胁到下属的地位和利益，不要侵占下属的生存空间。因为你的荣耀会让下属变得暗淡，产生一种不安全感；而你的感谢、分享、谦卑，正好给下属吃下一颗定心丸。

因此，作为一个领导者，如果要让你的下属为你尽心尽力地工作，就应当像海因茨一样，养成和下属一起分享快乐的习惯。

与下属一起分担荣誉

美国著名的足球教练伦巴尔弟在谈到他的球队如何建立团队精神时说：“如果有什么事办糟了，那一定是我做的；如果有什么差强人意，那是我们一起做的；如果有什么事做得很好，那一定是球员做的。这就是使球员为你赢得比赛的所有秘诀。”

这是一种很高的领导风范，这种与下属共享荣誉的精神鼓励了球队的每一个人，能做到这一点，其团队精神是牢不可破的，球队每战必胜也是在情理之中。

在企业中，领导也要有这种和员工共享荣誉的精神和敢于为下属承担责任的勇气。领导被授权经营管理，无论获得成功还是遭到失败，都负有不可推卸的责任。即使是员工的失误，也有你失察、指挥不当、培训不够的责任。荣誉对你来说当之无愧，但通往荣誉的路途仍离不开团队的协作、配合。所以，与下属共享荣誉，是每一个成功的领导者都必须做到的。

共享荣誉，也就是说，领导者在获得各种荣誉后，如果不“贪污”，以各种形式让下属分享荣誉及荣誉带来的喜悦，会使下属得到实现自身价值和受到领导器重的满足，这种满足在以后的工作中会释放出更多的能量，也无形中冲淡了人们普遍存在的对受表彰者的嫉妒心理。

例如，不少主管拿到上级奖金后，请贡献大的中层干部、骨干员工到饭店“撮”一顿，实际上也是共享荣誉，这是物质的，更是精神的。一位获得上级表扬的厂长在全厂大会上讲话，他不是泛泛地说“成绩是归于大家的”的套话，而是颇有感情地把所有的工作中有突出贡献的员工的事迹一件件列举出来，连一位员工休假提前上班的事也提到了。

最后，他说荣誉是全厂员工的，没有你们的努力，就没有今天，并向大家表示深深的谢意，他一边讲一边向大家鞠躬，然后又提议全体员工高唱《十五的月亮》，当唱到“军功章啊，有我的一半，也有你的一半”时，厂长的眼睛湿润了，大家的眼睛也湿润了。可以肯定地说，厂长的话起到了巨大的激励作用。

试想，如果他将光环紧紧地罩在自己头上，将一切成绩归为己有，那不但容易树立对立面，而且也会失去员工继续努力的积极性。

与下属共享荣誉，而不是争功抢赏、将好处尽捞在自己手中，可以用自己的人格力量感召下属，鞭策和激励他们，调动员工的积极性，让他们最大可能发挥出自己的才智。而领导者最终也将赢得下属的感激和支持。

让下属参与管理工作

领导者让下属参与管理工作，可以提高他们的主人翁意识和工作热情，这既是一种有效的激励方法，同时也是提升组织凝聚力、鼓舞员工士气的重要途径。

韩国一家工厂，为了进一步加强工厂的凝聚力，培养员工的主人翁意识和责任感，实行了一项独特的管理制定，即让员工轮流当厂长管理厂务。

工厂每逢星期三就由一名基层员工轮流当一天厂长，负责管理工厂的业务。“一日厂长”上午9点上班，听取各部门主管的简单汇报，对整个工厂的经营情况有个全盘的了解，然后陪同厂长到各部门、车间去巡视工作情况。这样做，不仅让一日厂长熟悉其他部门、车间的业务，还可以开拓他的视野，了解工厂、车间之间相互协调的关系，以便自己更好地加强合作。

一日厂长可以对企业管理提出自己的看法，也可以对企业提出批评意见，并详细地记载在工作日记上，让各部门相互传阅，各部门有则改之，无则加勉。改进工作的部门要在干部会议中提出改进工作的成果报告，只有当干部会议认可后才算结束。

一日厂长有处理公文的权力，对各部门、车间主管送来的公文，他按自己的意见批示后，交送厂长酌定。一日厂长制经过一年多的实践，该厂的员工有四十多人当过厂长，并节省了成本200万美元，收到了显著的实效，工厂把这部分钱作为奖金发给全体员工，又一次增强了大家精诚合作的向心力，令同行羡慕不已。

让下属参与管理工作不仅能够提高员工的责任感，而且还可以鼓舞员工士气，提高员工参与工作的积极性。

美国通用电气在公司内部实施无边界管理，让各部门的各级成员都可以直接参与公司决策，结果大大提高了员工工作的热情和组织凝聚力，极大地鼓舞了士气，使公司迅速走出了发展的低谷。

经过一百多年的努力，通用电气公司现已发展成世界上最大的电气设备制造公司。产品种类繁多，除了一般的电气产品，如家电、X光机等，还生产电站设备、核反应堆、宇航设备和导弹。但到了1980年，这个巨大的公司却落到山穷水尽、难以维持的境地。

就在这危急关口，年仅44岁，出身于一个火车司机家庭的杰克·韦尔奇走马上任了，担任了这个庞然大物的董事长和总裁职务。

他上任后进行了一系列改革，其中最重要的一条就是，宣布通用电气公司是一家“没有界限的公司”，指出“毫无保留地发表意见”是通用电气企业文化的重要内容。

1986年，一位年轻工人冲着分公司经理嚷道：“我想知道我们那里什么时候才能有点‘管理’！”韦尔奇听说后，不仅不允许处分这个年轻人，还亲自下去调查，几周之后，分公司的领导班子被撤换了。

在通用电气公司里，每年约有2万到2.5万员工参加“大家出主意”会，时间不定，每次50到150人，要求主持者要善于引导大家坦率地陈述自己的意见，及时找到生产上的问题，改进管理，提高产品和工作质量。

员工如此，公司的各级领导层也在这个精神的指导下，更加注意集思广益。

每年1月，公司的500名中高级经理在佛罗里达州聚会两天半。10月，100名主要管理者又开会两天半。30～40名核心经理则每季度开会两天半，集中研究下面的意见、建议，做出准确及时的决策。

当基层开“大家出主意”会时，各级经理都要尽可能下去参加。韦尔奇带头示范，他常常只是专心地听，并不发言。开展“大家出主意”活动，给公司带来了生气，取得了很大成果。如在某次“大家出主意”会上，有个员工提出，在建设新电冰箱厂时，可以借用公司的哥伦比亚厂的机器设备。哥伦比亚厂是生产压缩机的工厂，与电冰箱生产正好配套。如此“转移使用”，节省了一大笔开支。这样生产的压缩机将是世界上成本最低而质量最高的。

开展“大家出主意”活动，除了在经济上带来巨大收益之外，更重要的是使员工感到自己的力量，大大鼓舞了士气。经过韦尔奇的努力，公司从1985年开始，员工减少了11万人，利润和营业额却都翻了一番。有调查说，通用电气是美国道琼斯工业指数设立以来唯一至今仍在榜上的公司。通用电气曾被《财富》杂志评为“美国最受推崇的公司”和“美国最大财富创造者”。

让下属参与管理工作，可以使他们迅速摆脱工作中产生的挫败感及消极情绪，使他们重新恢复参与工作的热情和信心。

一次失败的经历，往往会使那些意志薄弱者丧失振作起来的信心与勇气，他们很可能从此在脑海深处铭刻下“我是一个失败者”的消极暗示。对于一项具有挑战性的工作，一种莫名的潜意识会提醒他们：过去有过这样的痛苦经历，那么现在还会有什么两样呢？一旦员工被这样的消极的信条反复纠缠，那他以后也就注定会是个失败者。所以，作为领导者，最好的办法就是让那些意志薄弱者在学会坚强的同时，帮助他们寻找一个台阶，让他们觉得自己尚未失败，只是在某方面受挫，小小的不成功而已。

领导要给那些失败的下属参与工作的机会，一个比较可取的办法就是让他们直接参与公司的管理工作，例如可以让他们组成一个效率高的工作小组。

参与管理意味着领导并不是擅自做出决定，而是与相关的个人讨论，并听取了人们的意见之后再做决定。这样，领导或是考虑了员工的意见，或是部分地采纳了员工的意见，让员工有了分担管理、参与管理的感觉。领导者不这样做的话，就会挫伤员工的积极性，因为如果他不征求员工的意见员工会十分沮丧。他们其实想对别人有所帮助，找到自己的自重感。

如果领导听取了下属的意见，但又不准备采纳的话，他应该花点时间向下属解释他这样做的原因。许多研究都发现，是否对下属言明一切，很大程度上影响着他们的工作热情。如果你对下属说明了情况，那么，他们对工作结果产生的责任感要比那些始终蒙在鼓里的人强得多。

当然，并非对所有人来说都是如此。领导还应敏感地注意到，有些人会觉得如果上司拿不定主意，事事都要征求他们的意见，那么他凭什么拿比他们高的工资？让下属积极参与管理，但上下级之间还是要分清楚的。

能鼓舞人心的那些东西就是人们对某些回报的渴望，如果他们没有得到这些渴望的回报，士气就会低落。如果这种起激励作用的因素与领导自己有关，领导希望得到一些控制权，下属的士气就会低落。

如果领导者想取悦于最高领导而无视下属的优秀工作表现，下属的士气也会一落千丈。最后，如果这种起激励作用的因素与领导者有关，在充满竞争的情况下，作为组员卖力地工作却得不到尊重，这种结果肯定是比较糟的。

对于领导者而言，在征求大家的意见时，要注意不要偏信那些在工作小组中有较高权威的人。这类人多数为年岁较大之人。对那些年轻的员工，也应该给予同等的关注，而不因他们的年龄、经验等因素忽略。

利用开会调动下属的积极情绪

召开会议是领导者调动员工积极性、鼓舞士气的一个很好的途径。作为一个领导，能否在会场上把下属的情绪调动起来，在很大程度上也体现了他用人能力、做事能力的高下。在会场上调动下属的情绪是必需的，因为只有一个有活力的会议方能够真正做到思想沟通，才能真正发现问题、解决问题。否则的话，很难彼此说出真心话，开会就起不到任何作用。尤其是某些定期会议，若缺乏热烈情绪，会议只能流于形式。

那么领导者如何利用开会来调动下属的积极情绪呢？

1. 开诚布公，广开言路。

领导者首先要对下属开诚布公，鼓励其随便说，说心里话，反面的意见更好，不要使发言流于形式。不要让他们有条条框框，加以解释来当作报告，也不要他们只报告成绩，而不提到问题或意见，要鼓励下属不打草稿，不做事前准备，心里怎么想就怎么说。

这里非常重要的一点就是：要想使会议开得成功，领导要带头谈心里话，带头开诚布公，这样才能带动所有参加座谈会的人员吐出真心话；否则，会议只会流于形式。

例如，一个公司领导召集下属开会时，就有人事先告诉职员，你们说话要小心点，免得出问题，或者暗示他们不要乱说。如果会议真像这样的话，就是流于形式了。这样的会议开得再多也没有什么意义，因为下属没有一个说真心话，只是瞎扯一番，但心里对你这个领导的评价已打了一个折扣，会议越多，折扣越大，最后可能是领导者毫无权威可言。

2. 调动下属“讲真话”。

领导者要敢于批评下属避重就轻、不敢正视问题的报告方式，尽可能给他们当面指出来，如果听到“没有问题”“没有值得汇报的地方”时，就应该给予当面的指责，要搞清楚他们是由于真没发现问题，还是心里有话不敢说。要敢于说一些刺激他们的话，如“发现不了问题，就说明对工作不负责，不努力”，等等，以此调动他们说心里话。以这样的方式鼓励他们提出自己的意见和看法，便会增强他们的责任感，同时也会调动许多下属的会场情绪，激发大家认真工作、集思广益的热情。

3. 注重“收尾”。

领导者在召开会议时应当注意，每一次会议都要有一个圆满的结局才好，最好准备好时间，定下了会议的结论再结束会议，千万不要把这次会议的结论放在下次做，这样实在太吊人的胃口，也不可形成议而不决的坏习惯。如果一个会议结束了而没有结论，等于半途而废，你的下属甚至因此而对你的办事能力、领导能力产生疑问。

可以这样说，会议是工作的一面镜子，每一次会议，我们都应该立足现实，向前辈要经验，向晚辈要意见。作为领导者，在把经验和意见传达给下属时，也会从下属身上获得不少信息，这些对于一个领导是至关重要的。有些领导感到调兵遣将摸不着方向，就是因为他们对下属了解的程度不够。

总之，在会场上，把下属的情绪调动起来是非常重要的，每一次成功的会议，都会保证工作开展得更好，公司的事业也会更加发达。

多鼓励，少批评

在工作中，即使你遇到那些工作不称职的人，为了使他们把工作做好，也不要轻易地责怪他们，而应该发现他们的长处，赞扬他们的长处，鼓励他们克服困难，做好工作。

也许，这是作为领导者的一点小阴谋，但是，请记住：大多数人受到责备时，都会觉得不舒服。领导者要让下属改掉工作上的坏毛病，发挥工作潜能，就不能一味地只批评，不鼓励。

某公司的女经理，精明能干，手下一班干将做事干练、智勇双全。但不久前，她的一名助手调离到别处，接任的是一名刚刚毕业的女大学生。

这位新来的女大学生，做事马马虎虎，一些资料常常不加整理便递交上去，办公桌上的文件乱七八糟的。女经理批评了她许多次，她仍一切如故。女经理决定改变一下策略。以后，她就细心地去发现女大学生的优点，并且发现优点后就立即给予称赞。

这个办法果然奏效了，那个女孩慢慢地变得做事有条理了，也不再那么马虎，一个月之后，她的工作基本上能令经理满意了。

改变一个人的方法有多种，角度也不同，当一个角度不能奏效时，就应考虑改变角度寻找一个合适的方式。

作为一个领导者，责备、批评虽然都是由下属的过错或缺点引起的，但责备的轻重和形式大不相同，要因人而异。

有的职员由于本身的原因，常常缺乏干劲，缺乏热情，没有进取心，对任何事情都没有兴趣。在这种情况下，指责不但无济于事，有时还可能使他更趋于消沉，自怨自艾，以致一蹶不振。

此时，调动起他工作的主动性和积极性的最好办法，就是把指责隐含于鼓励之中。

例如，你的职员喜欢下棋，你可以将工作和下棋进行比喻，借以激发员工对工作的兴趣，调动起他的积极性。

因为他懂得下棋时一着不慎，就会全盘皆输，因而他也就会认真对待他的每一次工作，这样，他的责任心也被调动起来。

玛丽是美国加利福尼亚州的一名普通主管，她的职责之一是监督一名清洁工的工作。这位清洁工做得很不好，其他的员工时常嘲笑他，并且常常故意把纸屑或其他的东西丢在走廊上，以显示他工作的差劲。这种情形当然很不好，而且影响工作。

玛丽试过各种办法，但是都收不到好效果。不过她发现，这位清洁工也偶尔会把一个地方弄得很清洁。她就趁他有这种表现的时候在大家面前公开赞扬他。于是，他的工作从此有了改进，不久他就可以把整个工作都做得很好了。现在他的工作可以说再没有让别人可挑剔的地方，其他的人对他也大为赞扬。由此可见，真诚的赞美可以收到好的效果，而批评和耻笑却会把事情弄糟。

真诚的欣赏和赞美，更可以改善领导者与下属之间的对立，消除敌意关系，建立真挚的友谊。

有这样一个故事：

有一个学生对他的一位数学老师印象非常不好，因此这位学生处处留心老师在讲课中的差错，以备伺机报复，给老师难堪。

有一次，老师讲课疏忽，真的出了错误。这位学生立即站起来，毫不客气地指出来。这位老师意识到自己的错误，对这位同学并不恼火，相反却夸奖了他，并幽默地说：“这样一个大错误，其他同学为什么没有看出来？是不是都在打瞌睡啊？今天这位同学给大家树立了榜样，以后大家都要这样认真听讲，留心老师的错误。”不用说，这位同学对老师的敌意早已不知不觉地消失了，他正为自己受到夸奖而得意呢。

总之，领导者最有力的鼓励与赞许之言，等于是在对下属说：“你完全能够做，你完全具备这些素质。”这是一种感情的支持。当一个人面对一种考验时，不管是面试、签订一份合同、做一次演讲，还是面对一个不好相处的人时，这种感情支持都是十分重要而有效的。领导者要多赞赏，少批评，这样才易于吸引人才，培养人才，获得众人的拥护和支持。

适时提拔下属

适时提拔下属，让下属在工作中看见奔头，是对他们卓越表现最具体、最有效的肯定和奖励。提升得当，可以对下属产生积极的激励作用，让下属在得到实际利益的过程中，激励他们向优秀员工看齐，有利于培养积极向上的企业精神。

在提升下属时，领导者要讲究原则，不能凭个人的喜好而滥用大权，更不可只提升亲信，要根据某个员工过去工作业绩的好坏，这是最重要的提升依据，其余条件都是次要的。一个人在前一个工作岗位上表现的好坏，是可以用来预测他将来表现的指数。领导者不能把个人的好恶标准作为提升下属的标准。提升不是为了利用下属的个性，而是为了发挥他的才能。这也是最公正、最有效的办法，不但能堵众人之口，服众人之心，而且能堵“后门”，让众多“条子”失效，避免下属陷入钩心斗角的恶性竞争之中。

这个道理虽然简单明了，可是许多人往往做不到，主要是因为跟着感觉走，被表面现象欺骗，以致失去了判断力。很多时候，提升一个下属往往是因为他与领导投脾气，领导喜欢这个下属的性格。这必然会损害其他下属的积极性，最后得不偿失，起不到刺激员工努力干活的目的。

比如领导是快刀斩乱麻的人，他就愿意提升那些干脆利落的员工；领导是个十分稳当、凡事慢半拍的人，就乐意提升那些性格审慎小心、谨慎万分的员工；领导是爱出风头、讲排场、好面子的人，就不喜欢那些踏实、“迂”的人。这是一个误区。另外，还有一个现象，领导者普遍喜欢提升性格温顺、老实听话的员工，对独立意识强的员工不感兴趣。这样提升的结果，很可能用人失当。被提升者很听话，投领导脾气，也“精明强干”，工作都搞不上去，而且浪费了一批人才，一些性格不合领导之意而又有真才实学的人都报效无门。这样根本达不到激励下属的初衷。

领导在提升下属时，千万要记住，不管你喜欢他的个性也好，不喜欢也好，也不管他个性怪异也好，温顺也好，都不必过多地考虑，要把注意力集中在他们以前的工作业绩上，谁的工作业绩好就提升。当然，性格过分怪异的下属，也要考虑他的综合素质。

领导在激励下属时，可以利用提升的办法，让他们在工作中有成功感，提升本身也会使他们得到物质上的好处和精神上的满足，这对于公司的发展也很有好处。重要的是，领导者在提拔下属时，要把握标准，实事求是，不可让下属在虚设的职位上得到心理上的满足，这样会令下属极度反感。

以欣赏的眼光看待下属

领导的能力之一在于善于发现下属的优点，并且最大限度地激发下属发挥他们的优点。所以，一个高明的领导对自己的每个下属都应该了如指掌。

一位企业家在总结他的成功之道时，语重心长地说："身为一个经营者，如果总觉得员工这也不行，那也不行，以从鸡蛋里挑骨头的态度对待下属，不但他们做不好事，久而久之，自己也会觉得身边没有一个可用之人了。"

我们知道，如果一个人不管出现了什么小错误，总是挨训，他的情绪一定会大受挫折，信心也会在不知不觉中丧失殆尽。一旦一个人精神上萎靡不振之后，就算有高超的才能也是难以发挥出来的。因此，领导者如果能以欣赏的眼光来观察下属的优点，那么下属会因受人尊重而振奋，对上司交付的工作，也能愉快地去完成。如此，不但能激发员工的工作效率，甚至能在公司内部挖掘出优秀的人才，这对任何公司来说都是大幸。

从领导的角度来看，绝不能自炫才能和智慧，要知道个人的才能毕竟是有限度的。有些人喜欢赞扬下属的优点，有些人则喜欢挑剔别人的缺点，比较之下，往往是前者的工作推行得较为顺利，业绩也不会太差，而那些好挑剔下属的上司则正好相反。由此可见，唯有懂得如何欣赏下属，善于挖掘他们潜力的人，才能领导更多的人。

对于稳定型性格的下属，要着重培养其刚毅、富有自信的精神，对其弱点则多加保护，不宜在公开场合指责，不宜进行过于严厉的批评，可以通过鼓励他们多参加集体活动，培养友爱精神，增强他们的自信心。

对奔放型性格的下属，要着重培养他的热情和生气勃勃的精神，对其弱点的批评、帮助要有耐心，要容许他有考虑和做出反应的足够时间。

对于坚定型性格的下属，则要多培养他的自制能力和坚持到底的精神，不要轻易激怒他，可以对其进行有说服力的批评。

对于下属的过错，如果是经过慎重的决策和艰苦的努力之后，因为某些不能控制的因素而失败，即使出现大笔亏损，也不要去责备下属，而应该去安慰他、鼓励他，使他鼓足信心，迎难而上，反败为胜，将功抵过。成功的领导者往往不会拘泥小节而忽略大事，用人亦是如此，领导者对部下的缺点应详加了解，但不可斤斤计较，重点在于发挥他们的优势，挖掘他们的潜力，这才是真正积极的管人方法。

当下属完成工作任务时，要真心诚意地感谢他们，这可以让他们的工作进行得更加顺利。因为他们是可敬的，也是值得感谢的，能做到这些，怎么能不激发出下属的工作潜能呢？

给下属一点挑战感

有的领导常跟人诉苦：“现在公司里的员工真让人费心，工作一点主动性都没有，你必须要不断地提醒他该做这个，不该做那个。一天到晚跑来跑去，真累死人了！”这个领导的遭遇实在令人同情，可这都怪下属？主要问题恐怕还出在领导的工作方法上。

假若在公司中开展一场工作竞赛，事先定好：工作成绩突出的前10

名员工可以被评为模范人物。那么员工肯定会加班加点，争先恐后地去工作，根本不用别人监督。因为每个人都希望能进入模范员工的行列。

现在的人们渴望个人进步的心理并不比从前弱，但同时除了名誉上的奖励和称号外，他们希望能通过自己付出一定汗水的工作而收到实实在在的利益。比如个人能力的提高、生活条件的改善，或是因此而产生的有利于社会的效益，等等。

所以，当你为下属讲明这次工作的重要意义、最后将获得的效益以及如果该项工作出现失误将会给整个公司带来损失，等等，让下属们感到自己所从事的是一项很有意义的工作，而且责任重大，这样他们自然而然地会对工作产生兴趣，并会充满热情和干劲地投入进去。

如果领导在每次下命令之前，都指望下属能够全部投赞成票，这完全是错误的。只有让一部分下属满意才能让他们充满挑战感和使命感，领导者无须让所有的下属满意。如果所有的人都满意，自然就降低了事情本身的挑战意义，也不会更大程度地激发下属的斗志。

某位诗人一次把自己的诗作拿到广场上展览，很自信地对观众说，如果谁认为有败笔，尽可以指出。结果，一会儿工夫，人们挑出了无数他们认为是败笔的地方。诗人非常不甘心，他灵机一动，抄了一首完全相同的诗作拿到广场上展出，这一次请观众标出诗中的妙处。结果被别人指责为败笔的地方，如今都换上了赞美的记号。

这个故事的启发意义就是：不管我们干什么，只要使一部分人满意就够了，因为，在有些人看来是丑恶的东西，在另一些人的眼里，恰恰是美好的。这可以作为领导者对非难、诽谤的一种基本态度。

在领导过程中，无须让所有的下属都满意，只需要让权威来说话就够了。这不是我们的过错，而是不相信的人的过错。因为人的心理都是和自己一致的就赞成，不一致的就反对；和自己的看法相同的就说他对，和自己意见不同的就说他错。所以，领导者大可不必计较某些下属的意见。

在公司中，如果能让每个下属都充满挑战感是最好不过的，只是这是难以办到的，需要领导者的经营智慧。当你成为一个领导高手时，这些问题就会迎刃而解。

因势利导，激发斗志

有这样一个浅显的道理，木头和石头的特性是放在平坦的地方就安稳，放在陡斜的地方就容易滚动，方形的就稳定，圆形的就易滚动。而善于因势利导的将帅指挥作战，就像滚动木石一般，所造成的有利态势，如圆石从几千尺的高山上飞滚下来，不可阻挡，这就是所谓的“势”。

在人力资源的管理与开发过程中，善于利用这种“势”，因势利导，就会让下属焕发出惊人的力量。

1990年曾一度走红的日本理工公司，突然之间，生意冷清，毫无盈余，随后仅以3年的时间，公司再展雄风，这是和领导者因势管理员工分不开的。

最早的理工公司的老板村清把公司重建的责任，交给一群30岁左右的有活力的年轻人去做，充分调动他们的干劲和积极性。在发表经营计划的同时，宣布了年内薪水提高2倍，希望在员工中一扫萧条时的失望心理。

调薪水的用意是想激起员工的工作士气。后来，办法果然奏效了，原来对于调薪之事半信半疑的员工，突然之间士气高昂，工作充满了干劲，将原来低沉的气氛一扫而空。

实际上，员工的工资在两年内只调升了30%左右，但这对员工来说，愿望多数已经得到了满足，这主要是工作心态的问题。但是，股东并没有分到多大的利益，终于引起有往来业务的银行的抗议，可是村清仍然果敢地做下去。他不能将刚调动起来的员工的激情再浪费掉，只有把握住员工焕发出来的力量，才能管理好公司，才能激发出员工的热忱。

这种经历后来也发生在本田技术研究所。在1984年，它曾面临一次倒闭的危机，本田投下巨资增加设备，却碰上公司原本受欢迎的商品销路大减。种种困难，迫使本田公司难以负荷。在这种情况下，本田却宣布要参加国际摩托车赛，并宣称要制造第一流的摩托车，争取拿世界冠军。

本田期望这个决策可以激发下属的斗志。有些员工十分同情本田，认为他是被公司的困境扰得神志不清，才想参加这样的比赛。但是也有一部分员工并不这么想，相反，这种宣称使得他们精神振奋，虽然以他们当时的技术来说，还无法同欧洲相比，但是，这种挑战燃起了他们冲天的信心。

本田为了研究开发技术，改良摩托车性能，不分昼夜，取消假日，每天都到公司努力工作。或许是本田的敬业精神感动了员工，他们个个精神抖擞，忘我工作，终于如期制造出第一流的摩托车参赛，并取得了骄人的战绩，本田公司一举成名。

因势管理的前提是能在下属中创造出这种“势”能，然后投其所好，以此鼓励员工发挥自己的余力，达到干出新成绩的目的。因势利导才能因势而成，这里最关键的是不能中途变卦，热情方能持久。

及时适度地表扬下属

成功学大师卡耐基先生曾经这样说：“人性中最本质的愿望就是希望得到赞赏。期待赞许或尊重，这正是人类行为的原动力之一。”

美国商界有位年薪100万美元的钢铁公司总裁，他的名字叫查尔斯·施瓦布。像这样日均达3000美元的高收入，在西方世界也属少有的。那么，他究竟有什么样的本领呢？他的买卖成功经验又是什么呢？

他说：“我认为，能鼓舞起手下人的热情是我拥有的最大资本。而使人的能量得以最大限度发挥的办法就是赞赏与鼓励。

“上司的指责能扼杀一个人的抱负。我从未指责过任何人。我相信鼓励能使人工作，因此我寻求表扬而不愿意找错。如果我喜欢什么，我就真诚地表示满意并慷慨地给予鼓励。”

可见，查尔斯·施瓦布成功的奥秘就在于他掌握了一个真理：“赞美是所有声音中最甜蜜的一种。”

当然，夸奖的话应该注意分寸。话说过了头往往会引起相反的作用。

有这样一则寓言：

有一个很漂亮、虚荣心又很强的皇后，将朝中的文武百官召集起来宣布说：“我只知道我很美，可是究竟美到什么程度却不清楚。你们都是朝廷大臣，见多识广，请你们把我的美貌形容一下，谁形容得好，赏黄金铸造的宝剑一把。”

如此重赏，怎能不引起满朝文武的追逐。

一位大臣抢先说：“皇后是闭月羞花、沉鱼落雁之貌。”

另一位大臣忙接过话头说：“不，不！皇后之美，可谓天姿国色，倾国倾城呀！”

接下去溢美之词层层加码。有人说：“皇后的美貌天下第一，举世无双。”另一个说：“哪里，在天上也是第一，七仙女算什么。”

一位忠厚的老臣站出来说道：“老朽一生见过无数美丽的女子，我看就没有一个能比得上皇后。”

皇后听了这句话最为满意。最后这把黄金铸成的宝剑，奖给了这位老臣。

这则寓言告诉我们：赞许、夸奖必须恰如其分，应该切合实际。如果言过其实，吹捧过分，就会使人感到这是一种不怀好意的奉承，有时甚至会让人怀疑你是在嘲弄、挖苦他。

领导者在工作中常常忽视的许多美德中的一项，就是对别人表示欣赏和赞扬。不知怎么回事，当我们的下属递上一份精心策划的计划书的时候，我们竟然忽视掉，而没有对他加以赞扬；或者当他第一次成功地完成某项任务时，我们却没有给他一番鼓励。没有任何东西比员工对领导者这种关注或赞扬更能使他们感到快乐了。

表扬的激励效果大小，不仅取决于内容选择和方式，还取决于是否适度。适度表扬，才会收到最佳效果。

领导者要做到表扬适度应当注意以下两点：

1. 表扬要实事求是。

古语说，“誉人不溢美”。对被表扬者的优点和成绩，应恰如其分地如实反映，既不缩小，也不夸大，有几分成绩就说几分成绩，是什么样子就说什么样子，不能“事实不够笔上凑”，添枝加叶，任意修饰，人为美化，随意拔高。不实事求是的表扬，于被表扬者无益，会使其感到内疚、被动；于其他人则会不服气，议论纷纷；于领导者本人则损害其威信。

实事求是地表扬，还要求对象确定要公平合理。表扬谁不表扬谁，应完全根据下级的实际表现，而不应受到领导者个人好恶与亲疏远近的影响。有的领导者为了树立自己喜爱的人为“典型”，把别人的长处、事迹也记在这个人身上。这种“把粉全往一个人脸上搽”的做法，必然“高兴了一个人，冷落了一群人”，不仅典型立不住，而且会引起大家的不满，影响内部团结，被表扬者也会感到孤立。

2. 表扬要及时适度不能滥用。

领导者发现下属的良好行为就及时表扬，这是对的。如果时过境迁，人们印象已经淡漠，再提出表扬，效果就会差些。表扬要反复地、经常地进行，当上一次表扬的作用快要消失时，就要进行下一次表扬，以使表扬的作用长期保持下去，经久不衰地激励着人们的行动。但表扬却不能滥用，不能天天表扬，处处表扬，更不能没有什么值得表扬的良好行为时硬找点什么来表扬。表扬太滥，会使人们丧失新鲜感、严肃感，被表扬者也不会增加多少光荣感，其他人也不会重视。这种过度使用表扬的做法，只能使表扬固有的激励作用丧失殆尽，走向愿望的反面，劳而无功且有过。

高薪激发高效率

一家员工忠诚度较高的公司首先是员工的工资较高。让下属获得高薪也是领导者的责任。同时，用高薪可以吸引、挽留住一些关键人才，让员工们在利益的刺激下，安心工作。

一般情况下，支付工资较高，只要工作不是特别重，工作环境不是令人不可容忍，员工们大多是不会辞职的，毕竟物质利益是容易吸引人的。

而一家良好的企业工资也相对高些，这本身对员工也有吸引力，引发员工们的自豪感和自信心。

领导者在实施高薪激励时要注意不能把下属看成赚钱的工具，在用高薪激励下属的同时，不能忘记其他方面的改善。

有许多公司，利用两个条件来提高工资。一是提高劳动生产率。也就是把10个人的工作交给7个人干，而且不能加班加点，这就要改变乱干蛮干的现象，合理使用设备，科学组织生产，然后把节约下来的3个人的工资分摊到7个人的头上，工资自然也就提高了。

二是开发新产品，抢占市场份额，用高科技产品增加赢利。公司一面做批发商，一面兼做制造商，开发高附加值的新产品，这样方能增加收入，提高员工的工资。

对一个正在创业的企业来说，先增加利润还是提高工资？这个问题很像“先有蛋还是先有鸡”，但对现代企业来说，可以肯定的是要先提高员工的工资。即使暂时有困难，也要勇于克服，道路终会畅通。提高工资后，就会使公司上下抱着背水一战的决心，不达目的绝不罢休。没有高薪，现在是很难留住人才的，也不会使现有员工拿出干劲来。

有一家制造公司，经理决心扩大企业规模，但遇到了人才短缺的难题，于是痛下决心，用高薪挖人。人才来了之后不但委以重任，而且大幅提高员工的工资水平。一开始这是一个痛苦的决定，但是时间不长，这个决定使他的事业获得了很大的成功，投资短时期内就得以收回。他的这一高薪留人、高薪刺激员工的办法，可以说是雇用有经验员工的有效手段。

员工对于自己的报酬都是十分在意的，这实属正常，毕竟现在是一个物质的社会。上司应该把握住下属这一心理，施以适当的利诱，达到提高工作效率的目的。

当然，应当注意的是，这种做法并不是万能的，也不是无限度的。高薪首先要适度，也要以提升士气为目的，而不是一味地认为“工资至上”，其他一概不过问。人的需要是多层次的，应该分清员工的多样化需要，特别是自我尊重、自我实现的需要，有的放矢，激励下属认真工作。

赞美一个，带动一片

领导称赞下属，从很大意义上讲是手段而不是目的。当着大家的面称赞下属，一是为了鼓励被称赞的下属，让他意识到领导对他的肯定和赞赏；二是为了给其他人树立榜样，鞭策其他人努力工作，干出成绩。当众称赞某一位下属是一种驾驭和控制下属的有效方法。

但是，领导者应当注意的是，如果当众称赞某一位下属的成绩和优点不恰当，就可能引起其他人的不满或嫉妒，不仅对被称赞的下属造成坏的影响，还会损害领导的威信和形象，激化组织的内部矛盾。所以领导者当众称赞下属必须慎重。

第一，领导当众称赞下属，首先必须考虑控制住其他人的嫉妒心理。

秦始皇就吃过这方面的亏。秦始皇早就听说韩非有旷世之才，很想得到他，成为自己成就大业的辅佐者。终于一天机会来了。韩王派韩非为特使到秦国，实际上是做了秦国的俘虏。韩非来到秦国，受到秦始皇的高度礼遇。秦始皇赞韩非道：“公子真知灼见，旷世未有。”韩非口吃，支吾道：“陛下……非欲……诚……笃……自……见。”说了半天才吐出了一句话，脸涨得通红，就沉默不语了。秦始皇很觉遗憾，于是他又问李斯、姚贾等，说：“韩非才深学博，朕览其书，知其人泱泱风范，深明举国之理，治民之法。朕赏其才，不知卿等意为如何？”李斯、姚贾见秦王如此赞赏韩非，心里嫉妒得要死，恐怕秦始皇起用韩非，恨不能找个坑把韩非活埋了，于是群起攻击韩非，结果秦始皇的计划没有实现。

控制好下属的嫉妒心理并不是说完全杜绝嫉妒心理的产生，其实，当众称赞一位下属让其他人产生一点嫉妒和羡慕是正常的，关键在于领导能切实把握好、引导好，把这种嫉妒和羡慕心理朝着有利于工作和团结的方向引导。秦始皇没有能力也没有决心把大臣们的嫉妒心理控制住，结果反而导致了韩非之死，教训沉痛。

第二，领导者称赞下属应当有理有据。

当众称赞一位下属必须要说服大家，使其他人心服口服，这就要求领导的话有理有据。“有据”就是要有事实根据，铁证如山，谁也说不出个“不”字来。“有理”就是要求领导的话有道理，值得推敲。“有据”和“有理”必须结合起来才能起到教育和激励的作用。

在一个单位的会议上，处长老李在总结工作过程中提到发表文章比较多的小林时表扬道：“小林同志肯动脑子，好钻研，近来成果很多，发表了八篇文章，其他年轻同志要向人家学习，搞些成果出来。”话音未落，就有一位年轻的部下插话说：“水平不能以文章来定，文章的好差不能以发表的多少来定。发表文章多并不一定说明水平高，那有可能是文字垃圾多。有的人一辈子就发表一篇或几篇文章，影响却大，难道说水平低吗？”处长被问了个哑口无言，不得不解释一番。结果弄得谁都不高兴。

老李的尴尬不在于他没有根据，而是有据却无理，他的表扬也确实站不住脚，经不起推敲，所以其他人心里不痛快，把他的称赞给堵了回去。

曾国藩很善于当众称赞某一位下属以激励其他将士。有一次，曾国藩召集诸将议论军务，他先发言道：“诸位都知道，洪秀全是从长江上游东下而占据江宁的，故江宁上游乃洪逆气运之所在，现湖北、江西均为我收复，江宁之上，仅存皖省，若皖省克复，江宁则早晚必成孤城。”此时，一贯沉默寡言的李续宾从曾国藩的话中意识到了下一步的用兵重点，就试探着插话问道：“大帅的意思，是要进兵安徽？”“对！”曾国藩见李续宾猜出了自己的意图，以赏识的目光看了李续宾一眼接着说，“迪庵说得好，看来你平日对此已有思考。为将者，踏营攻寨算路程等尚在其次，重要的是胸有全局，规划宏远，这才是大将之才。迪庵在这点上，比诸位要略胜一筹。”其他将领也点头称是。

上面两个例子同样是当众赞扬下属，一个很不成功，一个则很成功，主要原因有二：一是当众赞扬某个下属不仅要有事实根据，更要有服人的道理。曾国藩抓住了李续宾的一句话就引申出大将之才的许多道理，事实清楚，道理深刻，谁能不服；二是要善于把握时机，赏不逾时。一旦发现下属值得表扬的地方，马上要发掘出表扬的道理当众表扬，不要拖拖拉拉，也不必攒到一块表扬。因为“夜长梦多”，当其他人看到某人的成绩或优点时，嫉妒心可能萌发，为寻求心理平衡可能会攻击或者达到攻击别人的目的，所以如果赞扬“滞后”，难度可能更大。曾国藩听完李续宾的发问后，立即予以大力赞扬，其他人是没有充分的心理准备的，也只能接受教诲。

第三，领导者当众表扬下属应当注重诚意。

有的领导在表扬下属时，只想着树自己个人的威信，收买人心，实际上并没有表现出欣赏的诚意，无论是被表扬者，还是其他人都像被耍一般，这样的做法根本不可能使领导如愿。领导表扬下属，首先必须自己表示欣赏、表示出诚意。

北魏时太武帝拓跋焘很赏识崔浩，重用他，并鼓励他集思广益、敢于进谏。太武帝还命令歌舞乐工作歌舞歌颂有功之臣，说：“智如崔浩，廉如道生。”在一次数百人参加的酒宴上，太武帝指着旁边的崔浩，发自内心地赞扬道：“你们看这个人纤瘦懦弱，手不能弯弓持矛，但他胸中所怀的却远远超过甲兵之能。朕开始时虽有征讨之意，但思虑犹豫不能决断，前后克敌获捷，都是此人引导我至于今天这一步。”话中不无诚意。

一位哲人说过："诚实是最好的政策。"聪明的领导在当面表扬下属时，最好的方法就是要真诚。只有这样才能取得良好的激励效果，赞美一个，带动一片。

用好"人性激励"

金钱等物质上的满足可以让下属发挥他们的潜能，但金钱激励法并非是唯一能完全引发员工的干劲和雄心壮志的灵丹妙药。

越来越多的激励专家认为"单靠金钱一项，并不足以引发下属的工作动机"，他们一致认为金钱和引发"人性"的因素一起使用，才能达到良好的激励效果。

对于员工来说，单靠物质刺激可以发挥出自己的潜能，但这不是绝对与持久的，更有激励作用的是精神上的满足。

著名的效率专家史蒂芬·柯维主张领导者不要用强迫的手段或金钱来领导下属。他说："每个人都想要优厚的薪俸、年终红利、股票分红……真正的激励绝非只靠金钱这种东西。而让他觉得有目标，他所从事的是一项有价值、对双方都同样重要的工作，这才是真正能产生激励作用、激发他们无限潜能的原点。"

的确如此！人们除了要获得金钱之外，他们真正要得到的是觉得自己很重要的感觉。因此，谁能够满足人们内心深处这股最渴望的需求，谁就是这个时代里最好的激励者。

因此，我们可以这么说，谁掌握了人性，谁就注定是一个成功的领导者。"人性激励法"的关键在于，它们能够使下属觉得上司信任他们，尊重他们，关怀他们，赞赏他们。

善为上者，不忘其下。作为领导者，要时刻让同事、下属了解你对他们多么信任、尊重与关怀，并且具体表现出来，如果能确实做到这点，你将拥有一个世界上最精良、最勇猛的无敌团队。保证你进足以胜敌，退足以坚守，屡建奇功，成为大家佩服的领导人才。

设法满足下属们人性深处那些最渴望的需求，并为他们提供一个重视人性，又兼顾效率的适当环境，然后对此信条奉行不渝，那么，我们的组织里就有一群愿为你和共同目标合作及努力的好伙伴了。

没有任何美好的事物，会比一群人组织而成的，既兼顾个人目标与组织目标，又有优良绩效表现的团队，更具有挑战性了。如果你支持、认同这个说法，你一定也是一个受下属爱戴不已的领导者。

这里需要牢记的是，鼓励下属发挥潜能，不是靠口号，也不能靠标语，我们除了要接受一些新的激励观念外，还要不断地去学习了解人性，更需要的是身体力行，毕竟只有亲身实践，才是成功之道。

告诉下属“你的工作很重要”

一个优秀的领导者要想使自己的下属都努力工作，发挥出他们自身的潜力，就要让下属在这个群体中找到归宿感、成就感，使他们感到自己非常重要，这才是最成功的激励之道。

“你为什么留在微软？”

许多人都曾经这样问正在微软工作的员工，这些员工也曾这样自己问过自己。

回答这个问题并不困难，因为微软有很多机会让它的员工在日常工作中找到成就感。

虽然有人曾经这样开玩笑说：“只有成就感是你的，成功是你老板的，而钱却都是比尔·盖茨的。”

但这些员工依然为能有这样的工作而感到自豪和满足。

微软公司的高层领导者会通过各种手段，使员工感到微软是一个能充分发挥自身聪明才智的地方。

他们会看到，作为个人，自己的聪明才智是如何融入产品并被全世界的人使用的，从而产生一种成就感。

事实上，公司内部的工作，除非经营者无能，对于不必要的工作都是可以一一删除的。但不论是哪一种工作，就实现公司目标来看，每件事都有其重要性，公司领导者若无法掌握，该公司迟早会有破产的可能。

但公司内部若为了划分工作，把一个工作分给若干部门去做，相对地，个人所负担的重要性就减少了，领导者要做的就是尽可能地让员工认识到个人工作的重要性，并不能因为强调整体的作用而忽视了个人的意义。领导者要经常地、不失时机地对下属说："你的工作很重要。"

在某个会议上，一位部门经理说道："现在的年轻人大多忽视了公司与社会的关系，若要他们了解工作的重要性，那简直是对牛弹琴，不如加强他们的福利设施更有效果。"

这样的认识其实是错误的。有些人说："我从事一段时间后才了解到工作的重要性，也就越有决心将其做好。"这是下属对工作的真切感受，领导者不可不明察。

因此，领导者在工作中应当设法让自己的下属了解其工作的重要性，上司本人也要体会到下属工作的重要性，进一步倾听他们的意见，经常与他们切磋琢磨，彼此交换意见，这些都非常重要。领导者若采用了这个步骤，无论多简单的工作也会使员工认识到工作的重要性，并且衷心致力于工作。

除此之外，对于下属，领导者所要做的就是要调动他们的积极性，并使他们确信这样的目标更适合于他。如想让下属和同事在一项新的计划中投入巨大热情，为说服他们，可以试问："当为了生活而劳作时，每个人都认可的是什么？"大多数人都渴望一份愉快的、富有挑战性的工作。于是领导可以通过思想工作来唤醒人们对有意思工作的普遍期待。

员工们会接受这样的劝告："这个新的计划代表着我所渴望的那种工作，是那种能让我星期一早晨起来时面带微笑、渴望上班的工作。"这是最保险的劝说，因为下属也渴望相同的东西，他们可能在想，致力于这种事业的前景极好。

如果某位领导管理着一批行政管理人员，他们需要了解如何更自如地赞扬那些支持工作、卖力工作的员工，你想说服他们经常认可那些员工的出色工作，可以说："我们每个人都时不时地在职责之外做了许多了不起的工作，但连句谢意的话都没听到。这种事我遇到过，我肯定你们也遇到过，这种情况伤人心。让我们保证此事不要发生在你的下属身上。”这样说，效果一定会很好。

人文心理学者马斯洛认为，人类最普遍的特性就是：期望自己被重视、被认可。想一想当你自己在团队中不被重视或不被理睬时的感受吧。这种感受常常使你觉得自己看起来相当愚蠢或者低人一等。一般情况下，你越让下属感到自己被重视，下属给予你的反馈就越强烈，以至于人们愿意为他做任何事情，无论好事还是坏事，其结果（这不仅仅是指工作业绩）也就越令领导者满意。

要想别人怎样对待你，你就应该怎样对待别人——这是一条尽人皆知的为人处世的黄金法则。尊重是双向性的。只有在领导者尊重下属的前提下，你的下属才能更好地尊重你，配合你的工作。每个公司最严重的问题都是人的问题，员工是公司最重要、最富有创造力的“资产”，他们的贡献维系着公司的成败。每一名下属都希望自己的意见、想法被领导者重视，都希望自己的能力得到领导者的认可。一旦他们感觉到自己是很重要的、被重视的、被尊重的，他们工作的热情就会高涨，潜在的创造力就会发挥出来。

因此，领导者要做好对下属的激励，充分发挥出他们的潜能，就应当激发出下属对自己工作的自豪感，不断告诉他们，“你的工作很重要”。

七、带人的两大技能：如何说，如何听

记住下属的名字

名字，看似只是一个代表某人的符号，但每个名字都有不同寻常的意义。每个人对自己的名字都有一种特殊的感觉，具有极强的认同感、认定性。有位科学家做过这样的一个实验，他找来十个听力相近的人坐在一个语音室里面，然后试着用尽可能低的声音依次念他们的名字。结果就发现，在声音适当的情况下，念谁的名字，只有谁能听到，其他的九个人均没有感觉到声音。这一实验表明，人们的耳朵对自己的名字特别敏锐。

那么人们对自己的名字为什么如此敏感呢？

原因很简单：人人都希望受到尊重，这是自尊感的一种表现。美国成人教育家戴尔·卡耐基说："记住别人的姓名并容易地呼出，你就对他有了巧妙而有效的恭维。"

每个人都有这样的感觉，30年甚至40年不见的儿时的朋友或者同学见面时，如果仍然能叫出自己的名字，该是多么高兴。接触很少或者仅仅在短短的时间内会过一面的人下次见面时，如果能叫出自己的姓名，定使人有一种一见如故之感，使人格外亲切和高兴。如果一个单位人数很多，某人很少与领导者打交道，估计领导者根本不认识他，但有一天，领导者走到他面前，紧握着他的手，像老朋友一样呼叫他的名字，他将是怎样高兴啊。他准会说："在这样的人手下工作有意思。"

领导者能够记得住下属的名字，并且能够在适当的时候叫出下属的名字，常常会给自己的管理带来意想不到的效果。

某煤矿发生一起井下塌方的严重自然灾害，人员伤亡和经济损失都非常惨重。灾后，救灾和恢复生产的任务极为繁重。当时，员工思想混乱，各方面的困难都很大，搞得不好，整个企业有倒闭的危险。为此，上级派了一个深受员工喜爱的王科长前去协助工作。这个王科长曾以工作组副组长的身份在这里工作过一年多，全矿五百多个工人，绝大部分人他能叫出名字来。他一到矿上，就和工人们一起动手干。直接指挥救灾的矿长，由于很少下矿井，对井下的情况和井下工人都很不熟悉，指挥很不得力。在这种情况下，王科长就在现场直接呼叫着每个工人的名字，组成一个个抢救班子和突击队，然后自己和大家一起干。大家都乐意听他的调遣，使救灾工作顺利进行，很快恢复了生产。后来工人们联名上书，硬是请上级批准，留下他当了矿长。

这个例子生动地说明了这样一个道理：领导者记住下属的名字十分重要，对领导者来说，可以说是一项奇妙的领导艺术，用得好了，可以为管理带来意想不到的效果。当然，人数较少的单位不存在这个问题，对人数多的单位来说，领导者如果掌握了这一艺术，就可以大大改善与下属之间的关系，获得下属的信任与支持。

在一个大企业中，职员众多，要想一时间记住上百或几百个人的名字是困难的，但它的重要性并不亚于做成一笔大单子。试想，如果一个老板连周围职员的名字都不想记住，别人也不会以公司的主人公自居，以企业为家。相反，如果你对平时接触很少的下属也能叫出他的名字，试想一下，那会起到什么样的效果，说“某某老板居然还记着我的名字呢”。这种效果在美国总统罗斯福那里有过深刻的体现，他能准确地叫出他在白宫时花匠和清洁工的名字，卸任多年后他回到白宫去，仍能大声呼其名，和他们打招呼，让他们感动得热泪盈眶。

当然，记住下属的姓名，并不是一件轻而易举的事，需要下一点功夫，还要掌握正确的方法。一般来讲，我们可以通过下述几种方法记住别人的名字：

1.认真记下别人的名字。

当对方介绍姓名时，我们要聚精会神，并记在心里。

有的人虽主动问对方“尊姓大名”，但对方介绍时又心不在焉，对方还未走，他就已经忘记了对方是谁，哪里还谈得上下次见面！

有的人记忆力强，有的人记忆力差一点，这是事实。如果记忆力差，可以运用询问的方法，可以说：“对不起，我没有听清楚。”让他再说一遍，加深记忆。还可以在逐字听的时候，用每个字造成一个词，来加深记忆。比如，你的下属叫马胜长，你就说：“马到成功的‘马’，胜利在望的‘胜’，长命百岁的‘长’是吗？”这就使你印象深刻多了。

2.把名字和个人特征联系起来。

人有多方面的特征，有外形的特征，如眼睛特别大，胡子特别多，前额很突出，等等；有职业上的特征，如他最擅长某一技术，在某一技术、学识上有受人称道的雅号，等等；名字上的特征，有的名字故意用些生僻的字，或者很少用来做名字的字，有的名字与某几个人的名字完全相同，这本来是没有特征的，但可把“同名共姓”作为一个特征，再把他们区别开来就容易了。把名字与这些特征联系起来，就容易记忆了。

3.注意随时记录。

如果是尊贵的客人，切不可当面拿出小本来，只能背后再记。但对下属，你可以说：“我记忆力差，请让我记下来。”下属不但不会讨厌，还会产生一种自重感，因为你真心实意想记住他的名字。为了防止以后翻到名字也回忆不起来，除了记下名字以外，还要把基本情况如单位、性别、年龄等记下来。这个小本要经常翻一翻，一边翻一边回忆上一次会见此人时的情景，这样，三年五载以后再碰到此人，你也可以呼叫出他的名字来。

4. 多与下属交流。

百闻不如一见。有不少的领导者，一有时间就深入基层，同他的下属或一起干活，或一起玩乐，或促膝谈心，或共商良策。这样的领导者，不但能叫出下属的名字，连下属在想些什么都能说得出来。

注重与下属的双向交流

为了和下属建立起良好的人际关系，领导者必须认真地和下属做好双向沟通。所谓双向沟通，就是领导者不是单方面地给下级下命令，而是允许并鼓励下级提问题、提建议。如果下属对领导的指令理解不清楚，他可以提问，甚至可以让领导者重说一遍或者做出进一步的解释。

在沟通中，领导者应创造一种环境，让人无拘无束地提问题、提要求。许多领导者习惯于发命令，但不习惯于让人家提问题、提要求，这种人被称为“单向”的沟通者。他们只发令给别人，却听不到别人的反应。这样的领导者永远无法了解下属的工作和心理状况，同样也无法与下属缔结相互领会、志趣相投的关系。

松下幸之助就是一个注重与下属双向沟通的领导者。松下幸之助是一个自主的、坦诚的、直率的人，他也希望自己的下属同样有自主性，同样坦诚、直率，从而在公司形成一种自由豁达的风气。在松下的倡导下，松下公司形成了自主自由的传统。

松下公司的传统是包括多方面的，首先是不唯命是从。当然，这是相对的，因为松下公司对自己下属必须遵守公司经营理念的要求，近乎苛刻。在这一点上，松下选择丝毫也不让步。但在此基础上，每一个下属都可以自由发挥自己的判断力，做出相应的反应，而不是采取消极的、但求无过的态度。松下说：“员工不应该因为上级命令了，或希望大家如何做，就盲目附和，唯命是从。”松下认为，下属如果是这样做了，就会使公司的经营失去弹性。

松下允许员工当面发表不同意见与不满。第二次世界大战前期，有一位候补员工向松下再次发表不满。那时的松下电器员工分一、二、三等和候补四级。这位候补员工迟迟未获升迁，就直截了当地对松下说：“我已经在公司服务了很久，自认为对公司有了足够的贡献，早已具备了做三等员工的资格。可直到现在，我也没有接到升级令。是不是我的努力还不够？如果真是如此，我倒愿意多接受一些指导。恐怕是公司忘记我的升级了吧？”松下听后对此很重视，责成人事部门调查，原来还真是忘记办升级手续了。接着，除了立即发布升级令外，松下明确表示，非常赞赏这种坦白的请求。松下鼓励大家把不满表达出来，不要闷在心里，如此就不会增加自己的内心痛苦，对公司也是有很多好处的。

尽管松下要求下属如实坦白地报告外界对公司的不满，尽管这些事情听起来是让经营者伤心的，但松下还是如此要求。据说，有一个员工被经销商狠狠骂了一顿，说松下的电器质量不过关：“不如去开烤白薯店，别再制造电器了。”员工如实地向松下报告了。随后，松下就亲自拜访了这位经销商，表示歉意。经销商因为一时的怒气而发了一通牢骚，不想引得社长亲自拜访，非常不好意思。自此以后，松下公司与这家经销商的关系密切多了。

松下不限制员工越级提意见或建议。他认为那种逐级申诉的陈规是不必遵从的，即使普通员工，也可以向高高在上的社长反映问题，表明主张。由此，他提醒那些居于领导地位的干部，要有这种心理准备，应有欢迎的姿态和支持的行动。无论何种自由举措，全都是为了公司的发展，说到底也是为了员工的幸福。松下认为，公司既然是大家的经营体，就应该由大家来维护，只有毫不保留地建议，才能获得人和。来自不同方面的提案，正是事业成功的途径。

因此，领导者为了与下属牢牢建立起良好的人际关系，一定要注意架起自己与下属“双向沟通”的桥梁。领导者做好与下属之间的双向沟通可以从以下几方面入手：

（1）领导者要听取下属的讲话。当下属和自己讲话时，应表现出很感兴趣地在听。不仅是表现出兴趣，而且实际也该很感兴趣。应该做到让下级讲话时毫无拘束和顾虑。

(2) 领导者在听取下属讲话时，要多做换位思考，要设身处地地站在下属这方，要同情下级。

(3) 领导者无论如何不要对下属发火。因为一发火，以后他就不会再向你陈述意见和提供反馈了。

(4) 领导者在听取下属讲话时，也可以向下属提问题，鼓励他们回答问题，以进一步取得反馈。这样也向下属表示了你在很好地听取他们的意见。

(5) 领导者应实行开门政策，即鼓励下属，不论何时有问题，都可以随时来找自己陈述。

做一个好的倾听者

领导者都有这样的感受：当自己说话时，看到下属“嗯！嗯”频频点头地倾听着，心里会觉得很高兴，有一种被了解的满足感。我们常说“善于听别人说话的人能言善道”。领导者要做好与下属的沟通和交流，首先要做的就是当一个好的倾听者，这样，一来可以给下属留下深藏不露、稳重含蓄的权威印象；二来可以充分了解下情，掌握大量事实材料，有利于制定领导决策。除此之外，还有助于赢得下属的拥戴，帮助领导者建立好人缘。

卡耐基认为，要想促进沟通双方的交流，首先必须要做的就是完全掌握对方真正的心意，仔细聆听对方所说的话。能够做到这点，对方就会敞开心扉，撤除心里的防卫。在交流中，领导者常常会听到下属类似牢骚、抱怨、批评的话。的确，这一类的话谁都不想听。然而领导者在这种时候，往往能间接听到下属真正的心意。没有任何事比得上倾听别人发牢骚，更能使两个人亲近。因为对方愿意告诉你他心中的不平、抱怨，也正是表示他信任你。不要忘了，在你聆听部下说话的同时，对方也感到亲切，对你的陌生感、不信任感也会逐渐消失。所以，领导者在与下属交流的时候要注意做一名有效的倾听者，这是拉近自己与下属之间的距离、增进双方交流的一个重要途径。

那么，领导者要怎样做一名合格的倾听者呢？

1. 表情丰富地倾听。

领导者对下属的谈话内容，表现出感兴趣的态度，他也会信任你，使双方之间的隔阂消失，相处融洽。正因为如此，领导者在听下属说话时应该专心注视对方，随声附和，脸上保持着笑容等丰富表情。不过，太过于夸张的表情、反应，反而给人很虚假的印象，怎样保持适度是很值得注意的。

2. 表现出很有兴趣地听下去。

“啊，原来如此！这么说的话，究竟是什么呢”“那真的很有趣”，就像这样，听对方说，也提出自己的疑问。但是，觉得有错误的地方，也要提出像“那个，应该不对吧”的疑问。

这样一来，“善于倾听的人”，在无形中也渐渐影响着对方，至少，降低了下属对你的排斥感。当你再向下属传达一些意见的时候就会遇到较少的阻碍。

但如果只是“哦！哦”地听着，并没有付诸行动，会使讲话者失望。这种情形只要持续几次，相信下属就会放弃进言的机会。因此，领导者在倾听时必须要做的就是及时给讲话者以积极的回应。下面列出几种倾听时的反应方法：

(1) 对下属所提的问题，能当场回答的即刻回答，否则定个期限，且在期限之内回答。若无法施行，必须说明理由，让对方了解。

(2) 领导者除了聆听下属的意见之外，必须加入自己的意见。如果一点意见都没有，会减低他的兴致。如能提出让人料想不到的意见最好，可刺激对方提出更好的意见。

(3) 下属所提的意见之中，若有提到和自己有关的问题，则应加以采纳吸收，一方面他会认为你了解他的意思而感到满足，另一方面也解决了自己的问题，一举两得。如果没能发现问题，这是自己能力不足的缘故。而即使发现仍视若无睹，就会让对方产生坏印象而怏怏离去。

3.注重自己倾听时的态度。

说话者的说话会受到听者态度的影响。如果感到“和他好难说话”“很难向他表达”时，那表示听者的态度有问题。

下面是几种不好的听话态度：（1）闭目养神；（2）无动于衷；（3）咧嘴傻笑；（4）不管讲得好坏，都非常满意；（5）认为听讲是施给说者的恩惠；（6）急躁不安两眼直瞪着说话者；（7）心不在焉；（8）一副不以为然的表情。这些听讲的态度，会惹恼说话者，最后丧失自信再也不敢说话了。

4.不要让个人好恶支配你。

有时你可能不喜欢某人接受你的那种方式，或是不喜欢某人的说话声音。这些偏见可能使你不去听正确的意见。作为领导者，你需要正确地理解意见交流中的真正内容，不应该让个人好恶妨碍你注意别人在说什么。

5.努力理解对方言辞及其含意。

仅仅懂得事实还不够。既要用耳朵去听，还要用心去听，这样才能明白别人真正的含义。

例如，一名下属可能对你说他想辞掉或调动一下工作，原因是他不想干现在的工作。当你分析他想调往的部门和所要干的工作时，你会发现那个工作与他现在干的是一样的。因此，他讲话的真正意思可能是他与同事们合不来，或是他认为你分配工作时不公平。要努力去理解讲话的整个内容——字面的意思和潜在的意思。

6.努力理解难懂的想法或材料，不要回避难以领会的东西。

7.提问题不要犹豫。

要确保自己理解他人正在说的话。不要因外部干扰（如机器噪声，电话铃声，或别人向你打招呼）而漏过了什么意思。当这种分心的事情确实打扰了你的时候，不要怕问问题。下属往往觉得与你谈话非常重要，因此，他们欢迎你表示兴趣和关心。

8. 不要轻易下结论。

听取并接受别人所讲的话，要用心去听别人的言语和想法，不要轻易下结论或者准备反驳。

正确处理下属的抱怨

作为一名领导者，被下属抱怨是一件很正常的事，因为一个领导者往往要领导很多下属，不可能面面俱到，一时疏忽，就难免会招致来自下属的抱怨。

听取每一个下属的抱怨和诉苦是居于领导位置的每位管理者义不容辞的责任，同时也是他们获得下属理解和支持的一个好方法。

工作中，下属最普遍的抱怨形式就是唠唠叨叨把自己的一肚子不满倾倒出来，对此，作为领导者绝不能装作听不见。相反，你一定要做下属的听众。

获得卓越驾驭能力的最快捷、最容易的方法之一就是用同情的心理，竖起耳朵倾听他们的烦恼和抱怨。要正确处理好下属的抱怨，你必须做到以下几点：

1. 不要忽视。

不要认为如果你对出现的困境不加理睬，它就会自行消失。不要认为如果你对下属奉承几句，他就会忘掉不满，会过得快快乐乐。事情并非如此。

没有得到解决的不满将在下属心中不断发热，直至沸点。他会向他的朋友和同事发牢骚，他们可能会赞同他。这就是你遇到麻烦的时候——你忽视小问题，结果让它恶化成大问题。

2. 多多留心。

不要对提建议（可能是好意的）的下属不加理睬，这样他或她可能就没有理由抱怨了。

3. 承认错误。

消除产生抱怨的条件，承认自己的错误，并做出道歉。

4. 不要讥笑。

不要对抱怨置之一笑，这样下属可能会从抱怨转变为愤恨不平。这会严重影响到他们工作时的心情。

5. 严肃对待。

绝不能以“那有什么呢”的态度加以漠视。即使你认为没有理由抱怨，但下属也可以认为有。如果下属认为它是那样重要，应该引起你的注意，那么你就应该把它作为重要的问题去处理。

6. 认真倾听。

认真地倾听下属的抱怨，不仅表明你尊重下属，而且还能使你有可能发现究竟是什么激怒了他。例如，一位打字员可能抱怨他的打字机不好，而他真正的抱怨是档案员打扰了他，使他经常出错。因此，要认真地听人家说些什么，要听弦外之音。

7. 不要发火。

当你心绪烦乱时，你会失去控制，你无法清醒地思考，你可能会轻率地做出反应。因此，要保持镇静。如果你觉得自己要发火了，就把谈话推迟一会儿。

8. 掌握事实。

即使你可能感觉到要你迅速做出决定的压力，你也要在对事实进行了充分调查之后再对抱怨做出答复。要掌握事实——全部事实。要把事实了解透了，再做出决定。只有这样你才能做出完善的决定。“急着决定，事后后悔”。记住，小小的抱怨加上你的匆忙决定可能变成大的冲突。

9.别兜圈子。

在你答复一项抱怨时，要触及问题的核心，要正面回答抱怨。不要为了避免不愉快而绕过问题，不把问题明说出来。你的答复要具体而明确。这样做，你的真意才不会被人误解。

10.解释原因。

无论你赞同雇员与否，都要解释你为什么会采取这样的立场。如果你不能解释，在你下达决定之前最好再考虑考虑。

11.表示信任。

并非所有抱怨都是对下属有利的。回答“是”时，你不会遇到麻烦，回答“否”时，你就需要利用你的所有管理技能，使雇员能理解并且心情愉快地接受你的决定。

在你向他们解释过你的决定之后，你应该表示相信他们将会接受。求助于他们的推理能力，求助于他们对公平处事的认识和同等对待的信任，努力使他们搞清你所做那个决定的理由，使他们同意试一试。

12.不偏不倚。

掌握事实，掂量事实，然后做出不偏不倚的公正的决定。做出决定前要弄清楚下属的观点。如果你对抱怨有了真正的了解，或许你就能够做出支持雇员的决定。在有事实依据、需要改变自己的看法时，不要犹豫，不要讨价还价，要爽快。

13. 敞开大门。

不要怕听抱怨。“小洞不补，大洞吃苦”，这句话用于说明在萌芽阶段就阻止抱怨是再恰当不过了。要永远敞开大门，要让下属总能找得到你。

批评下属要学会“看人下菜碟”

批评与其他领导方法一样，也是领导开展工作的手段之一。其目的就是为了限制、制止或纠正下属的一些不正确的行为。“真诚的赞美使人愉悦，真诚的批评则能够催人奋进”。领导者要管理好自己的下属，就要掌握正确的批评艺术。其中需要掌握的一个重要原则就是批评人要懂得因人而异，针对不同的下属，采取适宜的方法，这样既可以达到批评的效果，又不至于伤了领导者和下属之间的和气。

具体而言，领导者在批评下属时，应当分清不同类型的下属，因人而异，才能取得满意的效果。

1. 职业情况。

不同行业有不同行业的批评要求；同一行业，不同工种、不同职务级别有不同的批评艺术。对工作成熟和初学者，对担任领导工作的下属和一般工作人员的批评也是不一样的。一般说来，随着下属工作熟练程度和行政级别的提高，要求应该越来越严格，虽然方式各有不同。

2. 年龄情况。

对不同年龄的人的批评是有差别的。对年长的人，一般应用商讨的语言；对同龄人，就可以自由一些，毕竟彼此共同的地方多一些；对年少的下属，就应适当增加一些开导的语句，以使其印象深刻。并且，批评时的称谓也是有差别的。对年长的人加上谦词，如以“老”字做前缀（“老张同志”）、以职务为后缀（“李教授”“王主任”）等，就显得郑重、有礼；对同龄人的称谓可以随便些，一般可以直呼其名，或用常用的称呼法，可以显得随和些；对年少的人的称谓多以“小”字做前缀，如“小黄”“小林”，显得亲切、自然。假如彼此不太熟悉，可以适当换用郑重一些的称谓法。

3. 知识、阅历情况。

不同的下属，知识、阅历情况是不同的。因此，领导者在批评下属时，必须根据其知识、阅历的不同施以不同的语言艺术。有几十年工龄的下属，你一声轻叹，就会勾起他对过去的回忆，从而激发心中的共鸣；受过高等教育的下属，可能因你对某些艰深理论的谙熟而产生由衷的敬意；一句粗话出口，会使还不习惯集体劳作的社会青年感到“来者不善”……知识、阅历深的人需要讲清道理，必要时只需蜻蜓点水，他便心领神会，不要唠唠叨叨，说个没完。相反，对知识、阅历浅的人必须讲清利害关系，他们看重的是结果如何，而不理会其中的奥秘究竟怎样；之乎者也、文绉绉的词句，只能使其如入云雾，辨不出东西南北。

老同志不喜欢那些开放性的词句，五光十色的世界令他们目不暇接，莫不如对往日的回忆或可增加其些许安慰。年轻人讨厌那些陈腐的说教和诡秘的人际关系，他们需要理解，喜欢直来直去。可见，不同知识、不同阅历的人，他们在接受批评时的心理是有很大差别的。领导者如何运用语言这门艺术，使下属既接受了批评，又有正中下怀、如遇知己之感，是完善领导工作的重要课题。

4. 心理情况。

心理，是一个外延很宽的概念。这里主要指下属的气质、性格、对工作的兴趣和自我更正能力。领导者批评下属时必须首先在心理上占上风，否则将是不成功的。

按照心理学的分类，人的气质主要分为胆汁质、多血质、黏液质、抑郁质四种类型。领导者应该根据各种类型特点来决定使用何种批评方式。

胆汁质的人情绪外露，一点即爆，所以领导者在批评这种类型的下属时不宜使用带有更多情感色彩的语言，但又不能因怕起“火”而不敢点，而是要摆出事实和道理，不给其以任何发作的借口。

多血质的下属较随和，但因其性情体验不深而要特别在逻辑和道理上下功夫。黏液质的人虽然稳重但生气不足，因此要适当给予情感刺激，激发其前进的活力。

至于抑郁质的下属，由于心细而内向，所以批评的语言以点到为妥，并尽量消除彼此之间的距离感，增加情感上的认同。诚然，现实生活中人的气质类型并非如此分明，更多的是混合型。所以领导者在批评下属时可以针对不同状况，综合使用各种语言艺术，以达到批评目的。

著名的心理学家荣格曾将人的性格分为外倾型和内倾型两类。外倾型开朗、活泼、善于交际；内倾型孤僻、恬静、处事谨慎。我们采用这种分类法，试图指明领导者在批评下属时要根据其性格的不同，采取不同的谈话方式和语言。对于前者可以直率，对于后者需要委婉；对于前者谈话要干净利落，对于后者措辞要注意斟酌。至于介乎二者之间的中间性格类型的人，可以随机应变、因人而异。

一般说来，下属对于改正错误、改进工作是有很浓厚兴趣的。此时领导者的指导性批评无异于一支清醒剂，会使其加倍努力工作。相反，那种缺乏兴趣的人，必须多费口舌调动或激发其改进工作的兴趣。对于那些无视批评、屡教不改的人，在严厉批评的同时，也要采取一定的组织行政措施，以儆效尤。

如果下属有很强的自我更正能力，那么领导者只需用中性、平静的语言提醒他注意就可以了；假如下属的自我更正能力差，领导者在批评时就不仅要使之知其然，而且更要使之知其所以然，甚至要身体力行为之做必要的示范。人的能力有高低之分，对于那些能力弱的人，自然要提供更多的帮助，必要时调换其工作。这或许是否定和批评下属的一种特殊形式，自然已经超出语言的范畴。

求下属帮忙，给他一种自重感

求下属帮忙，无论这个下属原来与你的关系如何，都能给他一种扎扎实实的自重感，而且无形中使他觉得他在整个单位有了位置，至少使他明显地觉得他是单位一个重要的分子。如果领导请求他在某方面保密，或者提点参谋意见、出点主意，会使他感到这是对他的信任，对他的器重。如果领导请他帮忙的是知识和技术方面的问题，会使他感到这是对他知识、技术的赞美和肯定。所以，领导求下属帮忙的问题，只要是下属力所能及的，没有不乐意帮忙的。在知识方面，领导如果能虚心向下属求教，下属没有不乐意指教的。这样做，不但可以增加领导者的知识，而且更重要的是可以增进领导与下属之间的感情，激励下属的精神和意志。

以帮忙引为骄傲，这在我们的生活中几乎是随时都可以碰到的事情。举个小小的例子，就说问路，陌生人不识路，就要请人帮忙指路。只要问路的人礼貌，说声“请问”，对方就会很高兴地、很耐心地给你指路。如果问路的人的社会、经济地位比自己高，“请问”的语气又十分诚恳，还会感到这是一件乐事。如果被问的同时有好几个人在，这些人准会都立即回答，其中必有一个用较高的声音压住别人的声音，他要独自一个人享受帮助地位比他们高的人的快乐。回到家里，也许还要详细地告诉家人，让其他家庭成员也来分享他的快乐。这说明，帮助别人是一种快乐和骄傲，帮助地位比自己高的人，更是一种快乐和骄傲。下属如果有帮助你的机会，当然会感到快乐和骄傲。

当然，领导者求下属帮忙，必须要掌握真诚的原则，否则就失去了这样做的意义和作用了。具体说来，领导者在求下属帮助时应当注意以下几点：

1. 用人之长。

如果求下属帮忙的正好是他没有的，会使他感到难堪。因为有些事情，不解释不好，解释又解释不清楚，这种时候很难堪。难堪的滋味是很不好受的，它能影响人的情绪和意志。所以，在求下属帮忙时，事先要做点调查研究，不要造成尴尬的局面。

如果求下属帮忙的事情不是他的所长而是他的所短，则更使人难堪，还有可能引起误会——你在变法子揭他的短：你如确实需要人帮忙的话，为何偏偏找上我呢？一个人的“短”是不轻易袒露的，“护短”是人之常情。如果你偏要揭“短”，不管你有意也好，无意也好，都只能招来怨恨。相反，一个人的“长”一般都是随时想显露的，用人所长，这是最使人自豪、惬意的事情，何况是求人所长呢？

2. 求人之好。

求下属帮忙的事，一定要是他所爱好的。我们常说，不能“强人所难”。一个人不高兴做的事情，是很难做好的。如果求下属做的事是他不喜爱做的，你又以领导的身份出现，实际上就是“求”人所难。“求”人所难的事情，要么是做不出来，就是做出来了，也是在不高兴，甚至痛苦的心境下做出来的，这怎么能增进感情，怎么能激励下属的精神和意志呢？

3. 求人以诚。

求下属帮忙，一定要是真真实实的需要，不能实际不需要而用这样的方法去试探、“考验”你的下属。否则，就只能使你的下属看出你的虚伪，看出你的狡诈，甚至觉得你很卑鄙。

求下属帮忙，只要不出于卑劣的目的，就应该不以为耻，坦诚相求。越是这样，下属就越觉得彼此的心贴近了，也就越乐意。否则，躲躲闪闪，下属就会觉得你缺乏诚意，他也就不诚心了。

化解沟通中的人际障碍

美国著名未来学家纳斯比特曾指出：“未来竞争是管理的竞争，竞争的焦点在于每个社会组织内部成员之间及与外部组织的有效沟通上。”对于一名成功的领导者来说，及时化解沟通中的人际障碍，是提高组织沟通效率、赢得下属信任的关键。

人与人之间的信息交流过程是一个人际沟通的过程。人际沟通可以发生在个人与个人之间，也可以发生在个人与群体或群体与群体之间，还可以发生在大众传播过程中。不管发生在什么情况下，人际沟通总是沟通者为了达到某种目的、满足某种需要而展开的。人们在沟通时，会根据双方的特点选择沟通的内容、通道以及策略，以达到影响对方的目的。

人际沟通可以使人们的观念、情感和思想进行交换，有助于建立和维持人与人之间的相互联系，有助于认识自我、认识他人，有利于促进人们之间的相互了解，协调人们的社会生活，使人们的行为能够更好地适应社会环境，从而使社会生活维持动态的平衡。虽然人际沟通对于我们的工作和生活具有重要作用，对于组织的正常运转也具有不可忽视的影响，但在实际组织中的人际沟通并不尽如人意。从人际沟通的基本模式中可以认清产生问题的原因。

抽象地说，在人际沟通中，要把信息源有效地传送到目标靶，中间需要经过一定的信息通道，在这个信息通道中，存在一定的沟通障碍，从而造成了沟通上的困难。要找出造成这种困难的所有原因几乎是不可能的，而且不同的环境也有不同的原因，我们这里主要介绍由于沟通技巧所造成的沟通困难。

一般来说，下列这些沟通中的表现会造成人际沟通中的困难。

①面无表情；②在沟通中表现出不耐烦；③盛气凌人；④随意打断别人的话；⑤少讲多问；⑥笼统反馈；⑦对人不对事；⑧指手画脚；⑨“泼冷水”。

如果我们在沟通过程中注意避免这些问题，将有利于我们在沟通中取得理想的沟通效果。

作为一个领导者，在改善人际沟通时除了要避免以上的表现外，还要在管理中掌握以下人际沟通的原则和方法：

1. 出于公心。

这是搞好人际沟通的思想基础。要进行有效的人际沟通，领导者除了企业的共同的目标、利益以外，不带任何个人的、局部的、小团体的私心杂念。这样的人际沟通才能得到下属的拥护，在根本目标上达成共识和一致。

2. 平等待人。

平等待人是领导者搞好人际沟通的感情基础。领导者的责任是使领导成员之间、上下级之间增进了解和理解，以诚相待，与人为善，形成民主、和谐的氛围，保证有效的人际沟通，促成齐心协力地工作。

3. 以理服人。

以理服人是人际沟通的理解基础。领导者要摆事实、讲道理；要善于劝说、解释、疏导、晓之以理、动之以情；要平和、达观。不能自以为是，固执己见，特别是在和下属进行沟通时，不能居高临下，应循循善诱，积极启发。要讲究沟通的艺术，遇到对方一时不能理解、不能接受的情况，可以换换角度，站在对方的立场上开导。对方态度不好时，要保持冷静，求得理解。另外，沟通的时间应尽可能地充分，不要过于匆忙，以致无法完整地表达意思。

4. 双向沟通。

双向沟通是人际沟通的融洽基础。沟通是使双方的理解、认识达成一致，不能光有“你说我听”或“我说你听”，而是你我都要有说有听。

5. 因地制宜。

因地制宜是人际沟通的形式基础。沟通的最终目的在于实现组织的共同目标。围绕这个目标，一切沟通形式都可以采取，而不必拘泥于某种固定模式。采用正式沟通还是非正式沟通，会上沟通还是会下沟通，集体沟通还是个别沟通，直接沟通还是间接沟通，要看对象、内容、地点、环境和时机而定。领导者既可以采用某一形式，也可以交叉采用多种形式，力求沟通的最高效益和最佳效果。

领导者要做好与下属间的沟通，除了要掌握上述原则和方法之外，还要具备一定的素养。

（1）要有人格的魅力。

领导者良好的个人形象和过硬的作风示范，是搞好人际沟通的先决条件。

（2）要有渊博的知识。

好的领导者，应该有丰富的社会科学和自然科学知识，是政治、行政的通才。

（3）要有辩证的思维。

领导者在人际沟通时要公正、客观、全面地看问题，不能以偏概全，固执己见；更不能抓住一点，不及其余。要学会用科学的世界观和方法论来观察和解决问题，提高辩证思维能力，掌握思维规律和认识方法，尤其是分析、综合、归纳、演绎的方法。

（4）要有良好的表达能力。

领导者要提高沟通的有效性，就要善于把企业的决策，通过下属所能接受和理解的语言或文字表达出来。一般说来，良好的表达，应该是有的放矢、坦率中肯、循循善诱、形象生动、逻辑严密、真实可信的；应该是能提神、富启迪、有激励的。因此，领导者在沟通之前要做好充分的准备，对人对事要胸中有数，做到知情知面知理，根据不同的内容和不同的对象，选择恰当的表达方式。

尊重下属个人的兴趣

正确对待下属的个人兴趣，是领导者与下属沟通交流的一个重要方面。

在日常生活中，只要稍加留心，就会发现，每个下属都有自己的个人兴趣。领导者应当怎样看待这个问题呢？首先，应当明白这是一种必然的、正常的现象。客观事物的千差万别，决定了人的兴趣必然是千奇百怪的。每个人的生长环境、教育程度、心理素质各有不同，兴趣也就迥然各异。其次，应当认识到，这些兴趣的存在，是允许的、合理的。领导者不仅不应扼杀下属的个性和爱好，而且还要鼓励和帮助下属，使他们一切有益的兴趣都得到发展，这样才能赢得下属的尊重和支持。

当好领导者要用心观察和发现下属的兴趣，并把它作为考查下属、任用下属的重要依据。那么，在日常领导工作中，应当如何处理好这个问题，以便更好地调动下属的积极性，推进事业的发展呢？

1. 要用心发现下属的兴趣。

爱因斯坦说过：“我认为对一切来说，只有‘热爱’才是最好的教师。”郭沫若也说过：“爱好出勤奋，勤奋出天才。”一个人如果对某种事物有了感情和兴趣，就会全神贯注、如痴如醉地沉湎于其中，不仅吃苦受累在所不惜，而且常常因此寝食俱废，甚至献出自己的青春和生命。许多令人瞩目的成就和石破天惊的奇迹就是这样被创造出来的。所以，从一个人的兴趣，往往可以窥见一个人的思想、气质和用心所在，可以发现一个人的潜力和才干，这无疑为领导者知人善任提供了极好的信息。所以，每一个领导者都要与下属融洽相处，细心观察和发现下属的兴趣，以作为考查和发现人才、培养和使用人才的重要依据。

2. 充分利用下属的个人兴趣。

一个人的兴趣所在，往往就是他的长处和优势。分配给他所感兴趣的工作，积极性、主动性、创造性和责任感就油然而生，工作就会干得很好。而做他不感兴趣的工作，就会感到百无聊赖，索然无味，即使提供给他的条件再好，待遇再高，也难以做出成绩来，因为他失去了自己的长处和优势，是“舍长取短”。所以领导者在给下属任职、定岗和安排任务时，应尽可能照顾到个人兴趣，使工作与兴趣、专长一致起来，为其提供一种适合其兴趣的工作环境，使每个人干的，也是他最感兴趣的。例如，让“求知型”兴趣的人去钻研科学，研究问题；让“事业型”兴趣的人去独当一面，开创新领域；让“艺术型”“运动型”“娱乐型”兴趣的人去从事和组织文体事业；等等。

另外，一个人的兴趣与年龄、职业和性格也大有关系。例如，老年人愿做比较稳定的工作，年轻人则活泼好动；技术人员热爱自己的专业；性格外向的人喜欢交际，愿意从事社会活动，而性格内向的人则喜欢自己埋头苦干；等等。领导者要善于根据每个人的特点和兴趣，扬长避短，量才授职，使每个人都最大限度地发挥自己的才能。

3. 帮助下属调整个人的兴趣。

世上一切事物都处于发展变化之中，个人的兴趣也不是一成不变的，总是随着客观需要和个人条件的变化而变化，这就是人们常说的“兴趣转移”。这种转移并非都是坏事，有些顺应历史潮流和需要的“兴趣转移”应当给予肯定和鼓励。如鲁迅弃医从文、孙中山弃医从政等，使他们为国为民做出了更大的贡献。近些年来对经济、法律、管理感兴趣的人越来越多，这是一个极大的好事，应当大力提倡。领导者就是要善于在客观需要发生变化的情况下，根据下属的各方面条件，满腔热情地帮助下属把兴趣调整到更合适、更需要、更能发挥能力的方面去，并为其新的兴趣创造适宜的环境和有利的条件。

4. 积极培养下属的个人兴趣。

领导者虽然有责任把每个人都安排在最适宜其施展才能的岗位上，但由于工作需要和客观条件的限制，并不能使每个人的兴趣都得到满足，有时甚至完全相悖。在这种情况下，简单生硬地强调“个人服从组织”，搞强迫命令，显然是下策。上策是对下属说明情况，晓之以理，使下属心情舒畅，自觉以大局为重，服从事业发展的需要，还应当想些办法，培养他对新岗位的感情，为使其胜任新的工作提供方便，创造条件。

事实证明，兴趣也是可以培养的。人们学习某一学科，或者从事某一工作，开始并不一定都有兴趣。但只要做好思想工作，使其坚持在这一行干下去，天长日久，兴趣自然就产生了，就会不知不觉地爱上这一行，并干出成绩来。在此，领导者需要注意的是：一是当发现下属确实难以适应此项工作，或属于埋没人才时，应积极创造条件，改变这种现象，不能用“干一行爱一行”来压下属；二是当发现他在做好本职工作的同时，还有其他兴趣爱好时，不要说下属“不务正业”“身在曹营心在汉”。一个人可以有多种兴趣爱好，只要无碍工作，都应当允许，有的还要给予支持，促进其全面发展，使其做出更大的贡献。

不即不离，亲疏有度

管理学中有这样一则寓言，曾经有两只困倦的刺猬，由于寒冷而拥在一起。可因为各自身上都长着刺，它们离开了一段距离，但又冷得受不了，于是又凑到一起。几经折腾，两只刺猬终于找到了一个合适的距离，既能互相获得对方的温暖又不至于被扎。“刺猬”法则就是人际交往中的“心理距离效应”。领导者要搞好工作，应该与下属保持亲密关系，这样做可以获得下属的尊重。但也要与下属保持心理距离，以避免下属之间的嫉妒和紧张，可以减少下属对自己的恭维、奉承、送礼、行贿等行为，防止在工作中丧失原则。

领导者与下属保持一定的距离才能树立威严。适度的距离对于领导者管理工作的开展是有好处的。即使你再“民主”，再“平易近人”，也需要有一定的威严。当众与下属称兄道弟只能降低你的威信，使人觉得你与他的关系已不再是上下级的关系，而是哥们儿了。于是其他下属也开始对你的命令不当一回事。

另外，隐私对于每一个人来说都是必要的和重要的。让你的下属过多地了解你的隐私对你来说只能是一种潜在的危险。你敢肯定他哪天不会把你的秘密公之于众吗？你能确定他不会利用你的弱点来打倒你吗？你可以是下属事业上的伙伴，工作上的朋友，但你千万不要与他成为“哥们儿”。

在日常的管理中，你是否会听到下属这样议论你：王头这些天是怎么了？前天还与我们有说有笑着吃晚饭，今天又把我叫到办公室给训了一顿，一会儿把我们当朋友，一会儿又要做我们的主管，真没想到他在获得提拔后会这样对待我们，太令人失望了。

领导者与下属等级还是有别的，扮演的角色更是截然不同。作为一名上级，最不讨好的事情就是纠正下属的行为，尤其是在工作进展不顺利时。你一方面想当下属的好朋友，另一方面又想当好管理者，同时想扮好这两个角色只会让你吃力不讨好。你的下属会对你的“两面派”行为怀恨在心，而你的上司则会怪你办事不力，你只好两头受气。

总之，如果你是一名领导者，不论你是新上任的，还是早已干了多年的，你都应该摆明自己与下属的位置。与下属保持适当的距离，不即不离，亲疏有度。

有些领导者认为，越平易近人，越和下属打成一片、称兄道弟，沟通得就越好。其实，这种看法是错误的。如果你是个主管，请你回想一下，你是否经常与你的下属共同出入各种社交场合？你是否对你的某一位知心的下属无话不谈？你的下属是否当着其他人的面与你称兄道弟？如果已经出现了上述几种情况，那么危险的信号灯已经亮了，你需要立即采取行动，与你的下属保持一定的距离，不可太过于亲密。

八、制定规则并遵守它，严禁特殊对待

以身作则方能赢得拥戴

俗话说：“其身正，不令而行。其身不正，虽令不从。”领导者要想赢得下属的追随，就应当以身作则。

德鲁克认为，通过身先士卒，以身作则，并在重要事情上倾注大量时间和精力，领导者就会成为人们仿效的榜样。

麦克唐纳海军上将在海军服役了42年，最后在大西洋联军统帅和大西洋地区美军总司令的职位上退休。有一次他向来自各军种的一群高级将领谈到领导问题时提出了自己的看法：“设定路线，然后第一个带头走。假若你这样做的话，你得计算你带头的距离——保持领先一步。”美国海军陆战队和以色列陆军的指挥官都有一句座右铭——跟我来。这句话表明了富有领袖气质的领导者应持有的领导方法。同时，这也是富有领袖气质的领导者身上熠熠生辉的特色之一。

以色列陆军对带头指挥抱着特别认真的态度，在作战时，指挥官都在最前面。以色列军队的名言是：“假若你是军官，这就是你付出的代价，你必须走在最前面。”

以色列人在战场上也是这样做的。每次和邻国作战时，他们都实践这一理论。尽管军官的伤亡因此占全世界陆军的第一位，他们仍然如此做，因为他们知道领导者必须走在所有部属的前面。正因为这样，以色列拥有了一支上下同欲、万众一心的常胜军。

这样做的不单只有以色列陆军。在第一次世界大战期间，麦克阿瑟将军下属的一位指挥官米诺赫尔将军说：“我怕总有一天我们会失去他，因为在战况最危急的时候，士兵们会发现他就在他们身边。在每次前进的时候，他总是戴着军帽，手拿着马鞭，和先头部队在一起。他是激励士气的最大资源，他这个师都忠于他。”正因如此，年仅38岁，麦克阿瑟就升到准将。

榜样能给人巨大的力量，富有领袖气质的领导者都明白这个道理。美国前副总统林伯特·H.汉弗莱说：“我们不应该一个人前进，而要吸引别人跟我们一起前进。这个试验人人都必须做。”这就是说，以身作则可以成为富有领袖气质的领导者的一股强大的力量。

现代管理学认为，一个值得追随的领导者应当是一个被下属学习的榜样，而不是一个被赞扬的对象。树立榜样就意味着领导者应当发展诸如勇气、诚实、随和、不自私自利、可靠等个人品格特征。为别人树立学习的榜样，也意味着领导者坚持道义的正确性，甚至当这种坚持需要付出很大代价的时候，也得坚持。诺贝尔和平奖获得者阿尔伯特·施韦泽说：“在工作中榜样并不是什么主要的事情，但那却是唯一的事情。”松下幸之助认为，伟大的梦想并非单靠一位领导者就能独立实现的。领导是群策群力的共同努力。率先垂范的领导会赢得同仁的全力支持与协助。

美国大器晚成的女企业家玫琳凯在领导者以身作则方面更有自己独到的见解。她认为领导者的速度是众人的速度，称职的领导者应当以身作则，比下属更了解市场变化，时刻走在下属的前面。

例如，所有美容顾问都必须对自己的生产线了如指掌，这项工作并不复杂，它只是一个如何做准备工作的问题。

但是，一个销售主任除非自己是商品专家，否则是不可能说服美容顾问成为商品专家的。无法想象一个不熟知商品知识的销售主任怎样开得好销售会议，这销售主任只能在会上要求众人“照我说的去做而不是照我做的那样去做”。

她说：“我相信我们公司的情况也同其他公司一样，一个称职的经理是任何人也代替不了的，遗憾的是，许多为了晋升到经理层而努力工作的人真的当上经理后，身上却滋生出严重的官气。

“在我们公司里，有些人当上销售主任后，就不再亲自举办化妆品展销会了。结果，她们当中一些人在招收和培训美容顾问方面越来越不得力，她们以前之所以在招收美容顾问方面取得一些成绩，直接原因是，结识的正是那些本来就很有希望成为美容顾问的人。当上销售主任后，她们围着办公桌转，似乎再也结识不到适合当美容顾问的人了。她们甚至不知道这是为什么！

“另外，一旦不再亲自举办化妆品展销会，也就不再能以实际行动激励部下那样做了。你是否注意到这种情况，每当你刚干完的工作正好是你将教别人干的工作，你的热情总是会更加高涨。经理不但应在工作习惯方面，而且应在衣着打扮方面为众人树立一个好榜样，经理的形象是十分重要的……

“我只是在自己的形象极佳时才肯接待光临我家的客人，我认为，一家化妆品公司的创造人，必须给人留下好的印象。因此，与其不能给人留下好印象，不如干脆闭门谢客。我甚至不得不限制自己最喜爱的消遣方式：养花。我认为，要是让我们公司的一个人看见我身上沾了泥浆，那多不好。我的这些做法已被传扬出去了。

“有人告诉我，我们的全国销售主任中有许多人在学着我的样子，都穿得十分漂亮，成为各地区成千上万的美容顾问在穿着方面效仿的榜样。

“人们往往模仿经理的工作习惯和修养，不管其工作习惯和修养是好还是坏。假如一个经理常常迟到，吃完午饭后迟迟不回到办公室，打起私人电话没完没了，不时因喝咖啡而中断工作，一天到晚眼睛直盯着墙上的挂钟，那么，下属们大概也会如法炮制。

“值得庆幸的是，员工们也会模仿一个经理的好习惯。例如，我习惯在下班前把办公桌清理一下，把没干完的工作装进我称之为‘智囊’的包里带回家，我喜欢当天事当天办了。尽管我从未要求过我的助手们和7名秘书也这样做，但是她们现在每天下班时，也提着‘智囊’包回家。

“作为一个经理，你重任在肩，你的职位越高，越应重视给人留下适当的印象。因为经理总是处于众目睽睽之下，所以你在采取行动时务必要考虑到这一点。以身作则吧！过不了多久，你的下属就会照着你的样子去做。”

以理服人，树立个人威望

领导者想在下属中树立起崇高的威望，让下属真心追随，首先要做的就是让下属对你“心服”，如何才能做到这一点呢？当然不能靠权力，也不能靠命令，而是要靠道理。最高明的领导者应当是以理服人，只有这样才能做到上下一心，同心协力。

松下电器的创始人松下幸之助批评下属是很出名的，但他批评下属有一个特点，他会边批评边讲出自己的道理，让下属虽然挨了批评，却都心服口服。以理服人是松下赢得下属尊重和信任的重要原因。

有近重信1936年毕业于高工电子科，进入松下电器后被分到电池厂，按规定生产技术人员必须到第一线实习，整天跟黑铅锰粉打交道，浑身黑乎乎的。

有近重信进厂不久，松下来电池厂巡视。有近见门外进来一个穿礼服的绅士，立即跑过去把他拦住，问道：“请问你有公司开的参观证吗？”

松下心想我是老板，还用什么参观证，说：“没有。”有近把双臂一伸，毫不客气道：“那就对不起，不能进去。”

“我是……”

“你是天王老子都不许进！”有近打断松下的话，说，“我们老板松下先生有规定，没有公司的参观证，任何人都不得进来！”

这时门卫慌忙赶过来，让松下进去。松下见了厂长井植薰说：“你们员工中有个很固执的家伙，大概是新来的吧，死活不让我进来，真是个很有特点的人。”

这件事给松下的印象很深，他认为有近是个可造之才，原则性很强。所以井植薰每次去汇报工作，松下都要问问有近的情况。

过了一段时间，电池厂盖成品仓库，由于松下的坚持，决定采用木结构。井植薰把设计任务交给有近，有近说：“我是学电子的。”井植薰说：“我是做操作工的，现在不是在做厂长吗？”

有近学过普通力学，经过计算，需增加四根柱子才能达到安全系数。其他的就没有多考虑。仓库落成那天，松下见中间竖有四根柱子，大为不满，先把井植薰批评了一通，然后又把有近叫了进去。

刚开始有近的心里不服，可到后来，有近终于明白了。

松下的意思是，他不知道要立柱子才坚持用木结构的，而有近明知要立柱子却不敢坚持钢筋结构。井植薰自己不懂，才找有近来帮忙，而有近明知不好，却偏偏要这么设计，这才是让松下恼火的原因。

有近后来回忆道：“我就这样被训斥了整整9个小时，从下午3点，到深夜12点，连晚饭都没吃。我心里想：这老家伙，去你的！可后来听懂了总裁的意思，才明白确实是自己的错。”

有近后来成为技术部的负责人。他的成长，与松下的“锻打”有相当的关系。

不仅对普通的下属，就是对公司的管理人员，松下也会让他们明白道理，从而让大家心服口服。

领导者要在下属中树立权威，赢得人心就要做到以理服人。俗话说，“有理走遍天下，无理寸步难行”。道理没讲清下属会认为你是无理取闹，下属把怨气憋在心里还好一点，万一和你当面争执起来，你这个上司可就没法当了。讲清道理可以有效地避免这一点，所以领导者在工作中一定要注意以理服人，尤其是在批评下属的时候一定要先摆事实讲道理，让下属真正知道自己错在什么地方。这样，才能赢得下属的敬重和追随。

用仁义笼络人心

一般来说，上司笼络下属的手段不外乎官职、钱财。但有时，上级对下属不必付出实质的东西，只需要付出某种表示和某种态度就能让下属获得较大的满足。

美国凯德电视公司的总裁李维是一位深得人心的领导者。他曾经私下对朋友说："人们都是有感情的，只要用仁义之心去对待他，他人也一定会用心回报你。"

李维的新产品研制小组有3个主要专家，其中有一个叫波克，他脾气古怪，性情暴躁，动不动就和别人争吵，研制小组上上下下的人他吵遍了，就连李维也不例外。有一天，为了一个实验问题，波克同研制组的另一个研究员劳布争执不下，他大动肝火，又拍桌子又摔东西。李维过去劝阻也着实被骂了一顿。正在他们闹得不可开交时，波克的小女儿来到了实验室，她看见爸爸那副怒发冲冠的样子，吓得哭了起来。波克见状再也顾不上继续吵架，赶忙跑过去，赔着笑脸哄自己的小女儿。看到这一幕动人的情景，李维心里猛地一亮，发现了波克虽然看谁都不顺眼，但对留在他身边的这个小女儿却是百依百顺，视为掌上明珠。不难看出，这小女儿就是他的精神依托。为了使波克有充实的精神生活，李维立刻在公司附近为波克租了一幢非常漂亮的房子，好让他经常和女儿生活在一起。

处于创业初期，资金十分紧张，在这种情况下，李维能够为波克租房，这使波克很过意不去，尽管经过再三劝说，波克始终不肯搬进新居。李维很了解波克的性格，只要他一流露出烦躁不安的情绪，就说明他正在犹豫不决，这时，如果正面去说，肯定效果不好，必须换个方式。于是他对波克说："搬不搬家，恐怕由不得你了。"

"什么？我自己不愿搬，你还敢强迫我不成？"波克提高了嗓门，大声地说。

"我当然不敢逼你，不过，你的千金安妮已替你做主了。"李维继续说，"你心情不好，容易发脾气，这会伤身体的。如果她能在附近照顾你，你就不会发脾气了。起初，我也拿不定主意，怕你不肯搬。可是，安妮小姐最后说：‘我爸爸多可怜呀，我不会让他再孤独了，我要搬到他附近，经常照顾他、安慰他。’”

听完这番话，波克的眼里充满了泪水，他终于服从了李维的安排，搬进了新居。李维为波克租房，虽然花费了不少钱，可搬家这件事所产生的影响却远远不是用这些钱所能买到的。首先，波克认为，李维在资金状况窘困的时刻，仍然把他的生活快乐看得比金钱更重要，因而对李维感恩不尽。其次，这件事必然会使公司的其他专家和员工都知道经理讲义气、关怀部下，因此，他们都会齐心协力，把公司办得更好。另外，这件事一旦传向社会，那些有真才实学而又暂不得志的人，必然会投向李维的怀抱，从而使他的人才队伍日益扩大。

创业初期，李维在资金严重不足的情况下，为了研究一种新的显像管，录用了国内首屈一指的著名物理学家、电子扫描管的发明人罗森博士。

罗森博士赏识李维工作有魄力、有远见，然而更赏识他平常体谅专家学者的苦衷，为他们分忧解难，因此罗森博士主动屈尊，心甘情愿为他效劳。

有这样一件说起来似乎很可笑的事，罗森博士身为堂堂的著名物理学家，却有一个难以启齿的秘密：怕黑夜、怕打雷。有一天夜里，突然风声大作，雷雨交加，房屋停电了，到处漆黑一片。李维被雷声惊醒后，连忙披上雨衣，拿起手电筒，冒雨跑进罗森博士的居室里。这时的罗森早已吓作一团，龟缩在床上直发抖，李维急忙将他抱住，并小声地安慰他，使他有了安全感。雷雨一夜未停，李维也就整整一夜陪着罗森。

这虽然只是件小事，但是对于罗森来说却是终生难忘，因为在他需要帮助的时候，李维能够主动伸出友谊之手。所以，当李维最需要人才的时候，尽管条件艰苦，罗森还是主动跑来为他效力。

笼络人心不用钱。领导者如果能在管理中对员工施以仁义，例如，给地位卑贱者尊重，给贫穷者财物，给落难者援助，给求职者机会，等等，这些都是笼络人心的最好方式。

用好比自己强的人

美国的钢铁大王卡内基的墓碑上刻着："一位知道选用比他本人能力更强的人来为他工作的人安息在此。"卡内基之所以成为钢铁大王，并非由于他本人有什么了不起的能力，而是因为他敢用比自己强的人。他说的"把我的厂房、机器、资金全都拿走，只要留下我的人，4年以后又是个钢铁大王"，已经成为世人皆知的名言。

中国的汉高祖刘邦，本是一个草莽英雄，大字不识几个，但推翻了强秦，建立了汉王朝。谈到自己的成就时，他说："在谋略计划方面，我的能力不如张良；在治理国家、掌握百姓、筹集粮饷方面，我的能力不如萧何；在统率百万军队、战斗必胜、攻城必克方面，我的能力不如韩信。这三个人均为杰出人才，我能用之，就是我取得胜利的原因。"日本的松下幸之助也十分推崇刘邦的用人策略。

贝尔是电话的发明人，还是美国当代著名大公司——贝尔电话电报公司的创始人。贝尔的成功也在于他敢用比自己强的人。他深知自己在经营管理方面并非强手，1879年7月1日，他聘请西奥多·维尔出任贝尔公司的总经理。维尔的经营管理是非常出色的，在用人方面，他认为：要达到自己的目标，必须争取群众，公司能否稳定发展，关键在接班人和领导层的素质上。他把精力放在对手下人的训练和培养上，只在制定战略决策时才插手，其他的就放手让别人去干。他心胸宽广，从不计较个人的名利，对反对过他的人，也总是宽厚相待，不摆架子，总能认真地听取别人的意见，鼓励下属提出不同意见。在维尔的出色领导下，贝尔公司起死回生，打败了西部联合公司的进攻，资本由1878年的85万美元增长为1885年的6000万美元。如果不用维尔这样的强手，贝尔公司的命运也许就是另一种情况了。

英国有个政治学家叫帕金森。他写了一本名叫《官场病》的书，其中谈到，官场上有一种通病："自上而下奉行的是'能级递减'，一流的找二流的当部属，二流的找三流的做下级，愚蠢的下属多多益善，精明的对手往往被拒之门外。”后来，这种病就被叫作“帕金森病”。为什么要找比自己差的人呢？因为这样的下属往往有一大优点，那就是“听话”。美国广告大王大卫·奥格威认为，成功的领导者要善于选用比自己能力强的下属。“每个公司都像一个俄罗斯娃娃，如果公司的老板是最能干的大娃娃，员工都是最小的娃娃，那么公司是毫无希望的。反过来，老板是最小的娃娃，每个员工都是能力最强的大娃娃，公司才会生机勃勃。”

高明的领导者深知，自己的才能不一定都高于下属，下属的才能往往会超过自己。领导要把事业做大做好，必须有出色的下属的支持与帮助，失去了他们，领导也就失去了成功的保证。卡内基之所以成为钢铁大王，就在于他把最优秀的人才云集在自己的手下，为他全力工作；刘邦能成大事，在于他能用他人之长，补自己之短，让我们感受到封建开明君主的明智。中国有句话说得好：“一个好汉三个帮。”道理也在于此。在今天激烈的市场竞争中，领导的能力再出色，但如果孤军作战，失败不可避免。用比自己强的人是领导者拉拢人才的重要原则。相反，嫉贤妒能只会导致高端人才的流失。如果你希望自己的部下能够各尽其才，就必须勇敢起用他们，这样才能用他们的才智为你的事业成就辉煌。

不居功，不诿过

有一类不受下属欢迎的领导者，他们共同的缺点，就是喜欢打头阵、做指挥。他们不轻易相信下属的能力，尽管派给下属任务，自己却不能让下属放手去干。他们对下属的要求相当严厉，丝毫不具同情心，有时下属要休假，就会表现出极端的不悦。工作中的每一个细微部分，他都要插上一手，在上司面前，也从不错过任何表现的机会。

像这种情形，难免会产生一个结果，那就是将下属的功劳占为己有。下面就举一个例子说明：

某公司的营销主管李卫就是这样的一个人。他很民主，常会听取下属的意见："这看法不错，你将它写下来，这星期内提出来给我。"下属们听了这话会很高兴，踊跃地做各种企划，大家争着提供意见，当然，其中的大部分，也都为李卫所采用了。然而，每一次发表考绩，这一切却都归功于李卫一人。一年后，李卫就完全为部属所叛离了。

李卫感到很迷惑，不了解下属叛离的原因，心想："是他们的构想枯竭了吗？那么再换些新人进来吧！"于是和其他部门交涉，调换了几个新人。

一进来，李卫就向他们提出一个要求："我们营销部，传统上是要发挥分工合作的精神，希望大家能够同心协力，提高营销部的业绩。"然而，并无人加以理会，他们心想："营销部的功绩，最后都归于你一个人，你老是抢别人的功劳，一个人讨好上司。"

像这样，将自己部门内的成绩完全归功于自己，是作为一个领导者很容易犯的毛病。任何工作，绝不可能始终靠一个人去完成，即使是一些微不足道的协助，你也要表现由衷的感激，绝不可抹杀部属的努力。作为一个领导者，这是绝对要牢记的。

一个让下属放心追随的领导者既不会独占功劳，也不会诿过于下属，他们在下属的心里就像一棵可以乘凉的大树，是他们真正可以依靠的靠山。

秦穆公主动揽孟明视之过，深责自己，3年后，君臣齐心协力雪洗耻辱，就是一个领导者主动为下属揽过的好例子。

公元前628年冬，秦国驻郑国的大夫杞子突然派人回国，秘密向秦穆公报告说："郑国人信任我，把都城北门的钥匙交给我保管，这是我国用兵的大好机会。如果您派一支军队来突袭郑国，我们里应外合，一定可以占领郑国，借此扩大疆土，建功立业。"秦穆公听了喜出望外，对领土的贪婪一时间充斥着他的头脑，争霸中原的野心使他再也按捺不住。于是秦穆公立即决定调动大军，袭击郑国。

然而作战经验丰富的老臣蹇叔毕竟老谋深算，他权衡利弊后，坚决反对出师郑国。秦郑两国路途遥远，调动大军长途跋涉，必然精疲力竭，元气大伤。而郑国则可按兵不动，精心准备。精力充沛、援应丰足之师待疲惫之师，自然就会占上风。再说，如此大的行动，浩浩荡荡的军队千里行进，郑国怎么会不知道呢？其他诸侯国也不会坐而视之。一旦兵败，不仅国内人民心中不满，其他诸侯国也会小看秦国。因此，蹇叔力劝秦穆公不要发兵。

但求功心切的秦穆公对蹇叔的话不以为然，坚持派孟明视、西乞术、白乙丙三将攻打郑国。蹇叔老泪纵横，对孟明视说："我只能看到大军出发，再也看不到你们回来了。"事实果然被蹇叔言中。

次年2月，秦军到滑国后，郑国人弦高贩牛途经滑国，料定秦军将袭郑，遂一边假托奉郑君之命，犒劳秦军，一边派人回国报信。孟明视等人认为郑国早有防范，遂放弃攻郑，灭滑后撤军。但对秦攻郑之举，晋襄公及其谋臣先轸认为是对晋国霸主地位的挑战。为维护晋之霸业，晋襄公决定待秦军疲惫会师之时，在殽山伏击，并遣使联络附近的姜戎配合晋军作战。4月初，晋襄公整顿人马，亲自出征，在殽山一带大败秦军，俘获孟明视、西乞术、白乙丙3人。幸好秦穆公之女文嬴巧施计策，劝晋襄公放回了孟明视3人，秦国才免于3员将帅之损。

秦军大败的消息传到秦国，秦穆公立即认识到自己贪心过重，急于求成，不但劳顿三军，更险些折损三将。此时，若秦穆公为顾忌脸面，死不认罪，而给三军治罪的话，面子自然可以保住，但从此必会民心不服，也没有哪个将士愿为自己卖命了，如此怎可坐稳江山？相反，如果勇于承担责任，揽过于己，不但可获明君之称，更可收买人心，增强士气，重整旗鼓。因此秦穆公身穿素服，来到郊外迎接3人，见面时放声大哭："我不听蹇叔的话，使3位受到如此侮辱，这都是我的罪过啊。"孟明视等人叩头请罪，秦穆公说，"这是我决策失误，你们何罪之有？我又怎么能用一次过失掩盖你们平时的功绩呢？"之后他对群臣又说，"都是我贪心过重，才使你们遭受此祸啊！"秦穆公承担下全部责任，感动了群臣，三帅更是力图回报，欲雪国耻，从此整顿军队，严明纪律，加紧训练，为再次出征做准备。

秦穆公爱护下属，勇于揽过，不找替罪羊开脱自己，这对调动部下积极性、团结上下极为重要。试想，若秦穆公杀了孟明视3人，其结果必然是朝野震动，从此没有请命之将，那么何谈雪耻，攻占城池？那么，秦国的历史也许就会改写。不诿过于下属，是领导者赢得人心的法宝。

勇于向下属承认错误

“人非圣贤，孰能无过”，有错并不可怕，关键是勇于承认错误，知错必改，任何人和事物都是在不断的改进中得以逐步完善的。如果认识到错误却不去改正，就没有大丈夫气概，大丈夫是能屈能伸的。

作为领导如果能勇于认错，不但能给下属留下好印象，而且还能及时挽回因过错而造成的损失。勇于承认错误，不仅没有失去领导的“面子”，而且还会使领导在下属心目中的威信大增。而有些领导总感到自己在下属面前承认错误有失“面子”，不成体统。有时明明知道自己错了，却难以开口，任错误继续下去，这才是懦夫的表现。真正的勇士生死都可置之度外，区区一点小错便拿不起、放不下，如何统率三军，叱咤商场？

有时候，下属提出的意见可能过于片面，作为领导，一定要耐得住性子，沉得住气，听完下属的意见、批评，然后以全面、确凿的事例来向他解释，使其心服口服。千万不要听了下属言论带有片面性时，便面露不悦，顾左右而言他，一副十分不耐烦的样子。下属也并非不通情达理，听了领导的解释，也能体谅领导的苦心，意见虽不能被采纳，但却感其诚、会其意而心中释然。

因此，身为领导，不要整天一副一生无错、只走顺路不爬坡的样子。应该逢山登山，遇水蹚河，该屈就屈，该伸就伸，能屈能伸，这才是真正的领导风范，亦是领导者树立个人权威的关键。

作为一名领导者，有时候，你必须解决一个妨碍单位绩效的棘手问题，但研究结果表明管理上遇到了瓶颈。改变这种情况也许并不需要花费你很多时间，可问题是，这个瓶颈就出在你的身上。

小张是一家建筑装饰公司的负责人，他带领着一个工作小组，除了她自己以外，还包括3名成员。这个小组负责企划、时间安排，并协调安装壁饰和窗帘，同时也为单位客户进行大型室内装修设计和环境美化工作。所以，切入的时机和协调对他们来说显得非常重要。小张的作业小组必须在客户新写字楼竣工后，就进驻工地并完成内部的装修工作。但是该作业小组很少能够顺利完成到手的工程，他们总是会碰到一些麻烦不小的插曲，害得他们总是需要花费更多工夫去加班。小张的3名组员彼此之间相处得非常融洽，但一碰到重大工程要赶工的时候，就会为谁应该做什么事发生争执。于是到了最近，他们才恍然大悟似的责怪起小张来——他们一致认为小张缺乏管理能力，而且把她看成是大家表现不佳的主要原因。

也许我们每个人在工作上都会碰到不顺心的事，我们会尽力解决，或是忘掉曾经发生过的问题，相信每个问题都是独立的事件。但最后发现很多难题依然存在，而我们却好像永远也无法克服它们，甚至找不出它们的原因以根除后患。

这正是小张在工作中面临的困境。她必须抽出更多的时间，来找出造成她的小组表现不佳的真正原因，并坦诚面对调查的结果。

每当事情出错时，我们本能的反应是去怪罪别人，或归咎于外力的影响，没有人希望因为犯错误，或把事情搞砸而受到责怪。我们都认为自己是好的，也想让别人看重我们。当这些很人性化的反应投射在我们许多行为上的时候，它就会成为我们顺利开展工作的重大障碍。

小张如果能找出她对问题处理不当的原因，并着手改正她的错误和缺憾，就能赢得属下的尊重及合作。过于关心面子问题，一厢情愿地以为问题不会再发生，或是向懒惰低头，都是对小张极为不利的因素。这些因素会让效率低落的情形再次发生，这不仅会损害她作为管理者的声誉，也会降低作业小组的整体形象。她应该好好反省她自己在管理作业小组过程中的错误，让组员们一起努力找出自己在日常管理过程中需要改进而自己又真正疏忽了的地方和成因。

找出上面这些问题的症结后，小张可以开始设计可行的解决方案，尤其是跟她本身工作方法有关的方案。这样她就可以克服自身管理上的瓶颈，重新赢得下属的信任和支持。

一个人在前进的途中，难免会出现这样或那样的过错。对一个欲求达到既定目标、走向成功的人来说，正确对待自己过错的态度应当是：过而不文、闻过则喜、知过能改。

当然，过而不文需要一种坚强的纠错意识和宽广的胸怀。一般人做不到这一点，一个原因可能是虚荣心在作祟。一向认为自己各方面的能力都不错，很少有失误发生，久而久之，自然养成了“一贯正确”的意识，一旦真的出现过错，则在心理上难以接受。出于对面子的维护，人们会找理由开脱，或者干脆将过错掩盖起来。另外一个原因是怕影响自己在他人中的威信及信任。其实，如果是作为下级，敢于正视自己的过错，可能会更加得到领导的赏识与信任；如果是作为上级，则过而不文也会使下属对自己更加敬重，从而提高自己的威信。

把幽默当“礼物”

幽默与领导者的个人魅力是密切相关的。幽默就像一块磁铁把人朝着幽默创造者吸引过来，其他人自然而然地被有效运用幽默的人所吸引。我们喜欢在那些使我们感觉良好的人的身边，而幽默是一种让人感觉良好的强有力的手段之一。

幽默对魅力来说很重要，因为它是一个在你和你要施加影响的对象之间建立关系的手段。罗伯特·奥本，幽默专家中的泰斗，曾经说道：“如果你是一位领导，你就受到站在远处的普通人的注视。当你在演讲时，你是在台上。你不想和人们产生情感上的隔阂，给他们讲个笑话，说：‘我理解你的问题，而且我和你在一起。你和我一起来对付它们。’那就是多年来我在生意场上尽力而为的重点——向人们表明，如果你们可以一起大笑，那么你们就可以一起工作。”

美国的一些企业就曾经做过实验，证明幽默确实能够改善生产力，提升士气，并有助于团队合作。某些企业甚至让员工接受幽默训练，想尽办法增加员工的幽默感。在科罗拉多州的迪吉多公司，参加过幽默训练的20位中级主管，在九个月内生产量增加15%，病假次数减少了一半。

林语堂先生就曾经说过，“幽默”对一个民族来说，是生活中非常必要的条件。他认为，德国的威廉二世皇帝就是因为缺乏幽默的能力，才丧失了一个帝国。在公共场所中，威廉二世总是高翘着胡子，好像永远在跟谁生气似的，令人感到可怕。有些伟大的领袖或者政治家，如富兰克林、林肯、罗斯福、丘吉尔等就非常具有幽默感，并且普遍受人爱戴。

当然，我们不可能每个人都成为伟大领袖或者政治家，但这并不表示我们就不能像这些伟人一样拥有幽默感。至少在你生活的周围，你可以因为幽默感而变成一个受欢迎的人，使别人乐于和你接触，乐于与你共事。你可以把幽默当成礼物，到处送人，并且绝对不会遭到拒绝。

幽默有很多的方法和技巧，下面我们介绍几种主要的方法：

1. 自嘲法。

在有些场合，当你置身于难堪境地时，如果过分掩饰自己的失态，反而会弄巧成拙，使自己越发尴尬。而以漫不经心、自我解嘲的口吻说几句取悦于人的话，便可活跃气氛，摆脱困境，消除难堪。

某次，柏林空军军官俱乐部举行盛宴，主宾是有名的乌戴特将军。在敬酒时年轻的士兵不慎将酒洒到将军光亮的秃头上，士兵吓得魂不附体，将军也有点难堪，全场人目瞪口呆。这时将军略一镇定，面对发抖的士兵微笑着说：“老弟，你以为这种治疗会有效吗？”将军一句自嘲的俏皮话，帮年轻士兵解了围，自己也摆脱了窘境，在场的人闻言大笑，立刻打破了难堪的局面。

自嘲幽默术是一种高层次的幽默手法，也是最有效的幽默方法之一，具有很高的使用价值。

自嘲无非有两种：一是嘲笑自己的短处如自己的长相；还有一种是嘲笑自己做过的蠢事。

自信是人的一种生存要素，而幽默本身就体现出一种不为命运所羁绊的自信，这种自信最突出的表现就是自嘲。自嘲体现一个人对自身价值和所处的环境有自知之明，这是一种可贵的内在精神，具有很强的凝聚力，能够使人们实现从相斥到相容再到互补的转化。

2. 歪解法。

歪解就是以一种轻松调侃的态度，随心所欲地对一个问题进行自由自在的解释，硬将两个毫不沾边的东西捏在一起，造成一种不和谐、不合情理、出人意料的效果，在这种因果关系的错位和情感与逻辑的矛盾之中，产生幽默的效果。

一本正经地从事实出发、从科学出发、从常理出发，实话实说，就不会产生幽默。说咸鸭蛋是盐水煮的不是幽默，而说咸鸭蛋是咸鸭子生的就会产生幽默。

歪解幽默术常用于自嘲。在一次宴会上，有人问鲁迅：“先生，你的鼻子为什么塌？”鲁迅笑着回答说：“碰壁碰的。”这个回答，既有对社会现实的不满，又有对自己生活坎坷经历的嘲讽，并与这样一个具有丑的因素的自然生理特征结合在一起，便产生了幽默感。

3. 夸张法。

夸张法是通过对生活中丑的因素的极力夸大、渲染，来揭示生活中某些不合理与不和谐的现象，对自己、他人及社会现象进行嘲讽和规劝，从而产生幽默。

夸张渲染幽默术特别需要一种调侃、达观的态度，充满讨厌情绪的夸张那不是幽默。里根在竞选美国总统演讲时，抨击物价上涨说：“妇人们，你们都知道，最近，当你们站在超级市场卖芦笋的柜台前，你们就会感到，吃钞票比吃芦笋还便宜一些。你们还记得当初你们曾经认为没有什么东西可以代替美元吗？而今天美元却真的几乎代替不了什么东西了！”

里根通过对美元贬值的夸张，激起了选民们对物价上涨的强烈不满和对当政者的不满，迎合了选民的心理，从而赢得了选票。

4. 拟人法。

拟人幽默术，是创作童话、动画和寓言的常用手法。我们所说的拟人幽默法，就是从童话王国、动画世界里寻找幽默感。

生活中有些东西是没有情感的，缺乏动机、目的和手段。而拟人法则是赋予这些东西强烈的感情色彩和某种动机，把某些无意识的结果变成有意识的自觉行为，幽默往往由此而产生。

用微笑征服下属

有人认为，领导者在自己的下属面前，就是要严肃，严肃就是威信，严肃才有威信。

事实上，这是十分错误的。他们不知道，作为一个领导者，他的下属是多么关心他的一张脸。如果他老是板着一张铁青的脸，会使下属们沮丧、犯愁，甚至恐慌。如果他有一张微笑着的脸，会使下属们心里充满阳光，感到温暖，得到鼓舞。

卡耐基说过："微笑是待人接物最珍贵的见面礼。"这话一点不错。高兴、快乐，这是世界上所有的人都喜欢的。人与人相会在一起，没有人希望不愉快、不高兴。而要愉快、高兴地一起相会，双方都必须有高兴的心情。一个人高兴的表情就是笑，或微笑，或开怀大笑。如果有一方的脸上乌云密布，就会使对方扫兴。领导者、下属相会时如果能相互赠送这一"珍贵的见面礼"，对处理好相互之间的关系极为重要。

1. 微笑给人温暖。

每天，领导者与自己的下属接触时，如果能面带微笑，对于许久不见面的还问声好，或者招招手，或者握握手，下属就会感到这个集体无比温暖和可爱，从而精神饱满，工作起劲。

2. 微笑给人鼓舞。

领导者分配给下属单位或者个人的工作任务，往往因为太繁重，太艰巨，或者太关键，使下属单位的负责人或者个人感到压力很大。在这种情况下，领导者切忌板着面孔，说："没有价钱可讲，完成也得完成，完不成也得完成！"那只能增加压力，增加畏惧，使之更加束手无策。如果你微笑着，拍拍他的肩膀说："行，你会有办法的。"会使他们紧张的情绪松弛下来，并使他们受到鼓舞，激励他们去克服各种困难，得到安慰，增强胜利的信心。如果领导者能以热情的态度，一起商讨完成任务的办法，效果当然会更好。

3. 微笑给人信任。

那些工作成绩不好，或者犯过错误的下属，往往有悲观压抑情绪，他们担心周围的人看不起自己，担心自己的领导不再信任自己。领导者如果能给予一个由衷的微笑，这种压抑感在很大程度上能够得到消除，也就增加了他们迎头赶上和改正错误的决心和勇气。领导者的目光切忌回避他们，更切忌用严肃的态度盯着他们，这样做无异于落井下石。还有，领导者与下属之间产生了误会，下属往往忐忑不安。在这种情况下，领导者给予一个会心的微笑，某些误会往往就冰释了。

4. 微笑给人安慰。

一个人遭了不幸，心情是痛苦的，精神往往是倦怠的。这时候，领导及时出现在他们面前，微笑着，伸出热情的手，紧紧地握住他们，是一种极大的安慰。对他们来说，理解与同情比金钱还重要。

如果一个领导者，时时刻刻用微笑面对每个下属、每一件事，就会在企业内，创造出和谐融洽的气氛，驱散上下级之间、同事之间可能存在的阴霾。让下属心情舒畅，不仅能使每个人尽心尽力、积极主动地工作，而且还相互支持、相互帮助，形成一个所向无敌的高效团队。企业形成了这样一种团队，就不再有不可克服的困难，这本身就直接构成企业的核心竞争力，保证企业持续稳定发展。

微笑管理，是一个不需要增加投入的管理。它不需要任何人力、物力、财力的投入，需要的只是领导者发自心底的一个微笑——轻轻的面部肌肉运动而已。因此，它又是一种能给企业直接带来经济效益的高效管理。

当然，我们所说的微笑应该是发自内心的真诚的笑，是适度、有节制的笑容。它既不是那种“笑面虎”的笑里藏刀，也不是那种只会打哈哈的无原则的滥笑。

（1）笑面虎的笑是暗含恶意的笑，他的笑容下隐藏着不可告人的动机，是为了达到某种目的的虚伪之笑。

（2）无原则的打哈哈之笑，只会让你的下属觉得你毫无内涵，虚伪又做作，从而对你的印象大打折扣。

我们所推崇的微笑绝不是以上两种微笑，它应该是真挚的、发自内心的，是自己乐观心态的真实体现，并把这种乐观的情绪传染给你周围的人，从而保持愉悦的心态，充分发挥工作干劲。

打一个巴掌，给一个甜枣

领导者要赢得下属追随，使他们心悦诚服，一定要懂得恩威并施的御人艺术。日本有位企业家归纳自己的用人经验时说：“打一巴掌给个甜枣吃。”意思是高明的领导者既要善于对下属施威，对之施以批评或者责罚，使他惊醒于自己的错误，又要懂得在恰当的时候给他一点甜头，使他愧疚的心平息下来，引导他朝正确的方向走。

我们可以把领导的发威喻为“火攻”，把领导的施恩视为“水疗”，水火并进，双管齐下，这样才能更好地驾驭下属，发挥他们的才能。

所谓恩，主要是指亲切的话语及优厚的待遇，尤其是话语。要记得下属的姓名，每天早上打招呼时，如果亲切地呼唤出下属的名字再加上一个微笑，这名下属当天的工作效率一定会大大提高，他会感到，领导者是记得我的，我得好好干！

有许多身居高位的人物，能够记得只见过一两次面的下属名字，在电梯上或门口遇见时，点头微笑之余，叫出下属的名字，令下属受宠若惊。

另外，领导者对待下属，还要关心他们的生活，聆听他们的忧虑，他们的起居饮食都要考虑周全。

所谓威，就是必须有命令与批评。一定要令行禁止，不能始终客客气气，为了维护自己平和谦虚的印象，而不好意思直斥其非。必须拿出做上司的威严来，让下属知道你的判断是正确的，必须不折不扣地执行。

上司的威严还在于对下属布置工作，交代任务。一方面要敢于放手让下属去做，不要自己包打天下；另一方面在交代任务时，要明确要求，什么时间完成，达到什么标准。布置了以后，还必须检查下属完成的情况。

可见，领导的“火攻”发威是强硬的一手，镇住了局面；再通过“水疗”把恩泽缓缓传递下来，浸润到各个下属心中。恩威并举，令下属不得不佩服你的手段。

当然，领导者在具体的管理中应当注意把握适当的“度”。善于发威的领导深知“威”虽对众人而发，但这对个别人而言，又有不同的做法。部下中确有出色的人才，这种“千里马”是不能重鞭的，对于好胜心特别强的人，对于极有反抗精神又能力非凡的人，就不能再用威风压制得他们无法喘气了。

另外，有些下属是无法用高压使之屈服的，这时就要演示给他看：我对普通人是发威的，但对你不同，因为你特别出色。好胜心特别强的人也极敏感，一旦体会到这种信息，他们就以“士为知己者死”的态度来回报你。这种情况其实领导也在发威，不过威施于无形之中。

有威慑力的领导一般决断力强，办事爽快果断，常常是一字千金，凭这就使人折服。部下也会因为佩服你而不自觉地向你靠拢，感染上你的风格。

古今许多用人实践早已证明，刚柔相济远远胜于刚柔偏废，如同人的身体构造，有坚硬的部分——手、脚、骨骼等，也有柔软的部分——肌肉、软组织等，二者的有机结合，人才能灵活自如地从事多种活动。

南越王赵佗，原来是秦朝派到广东、广西管理南方的地方官，秦朝灭亡后，他自立为王。汉高祖平定天下后，不愿再动刀兵，对他实行安抚政策，仍任命他管理南方，并给他一些赏赐，这种怀柔政策使汉朝的南疆及偏远地区长期得以安宁稳定。可是当吕后执政时，却将南方视为蛮族，并制定一些民族歧视或压制的政策，激起赵佗造反闹事。吕后派兵征讨，结果因南方气候潮湿酷热，瘟疫流行，汉军作战屡屡不力。汉文帝即位后，重视恢复安抚政策，除给赵佗许多赏赐外，还给他的亲属加封官职，使赵佗深受感动，自动废除了王号，并上书请罪，发誓永远诚心向汉朝称臣。

有成就，才有魅力

领导者要赢得下属的追随应当遵循一条原则，那就是靠骄人的业绩为自己树立威望。毛泽东作为一个人民领袖之所以享有崇高的威望，主要是因为他的非凡成就，首创“以农村包围城市”的革命战略，建立第一个农村革命根据地，创建中共中央革命根据地，领导三次反围剿战争的胜利。正因为在一系列非凡成就中表现出的杰出领导才能和崇高威望，他在遵义会议上获得了党和红军的领导权，此后，他领导共产党从一个胜利走向另一个胜利，取得更大成就。其威望更是不断上升，如日中天，成为中国人民的伟大领袖。

阿拉法特原来在法塔赫中并不是首要人物，出于对阿拉法特人品的怀疑，法塔赫将他排除在军事领导之外。他们担心一旦阿拉法特大权在握，可能成为一个独裁者，甚至一度做出了停止阿拉法特会籍3个月的处罚决定。

但是，卡拉玛战斗的胜利大大改变了阿拉法特在法塔赫的处境。

卡拉玛是距被占领地约旦河西岸边界4公里的一座小城，法塔赫总部就设在城中的难民营里。1968年3月2日，一万多名以色列士兵在装甲车、直升机的配合下，向法塔赫的营地发起进攻。他们将房屋、茅舍和帐篷夷为平地，四分之三的地区成了一片废墟。但是，以阿拉法特为首的巴勒斯坦人进行了殊死搏斗。他们中的一些人将炸药包绑在身上，跳到装甲车的履带下与敌人同归于尽。法塔赫伤亡惨重，但他们也给以色列军队以重创。为了减少损失，以色列军队决定撤退。于是，一个神话出现了。历尽屈辱的难民们何时见过以色列军队撤退？他们抓住这个新的神话广为宣传，使成千上万的巴勒斯坦人投奔法塔赫。卡拉玛成了一个象征。这个词在阿拉伯语中的意思是“尊严”。

更为重要的是，卡拉玛的战斗充分体现了阿拉法特为事业献身的精神。那些曾经怀疑过阿拉法特的法塔赫领导人发觉阿拉法特事实上是一个非凡的人物。正是他能够采取一切办法激励巴勒斯坦人去战斗。从此，阿拉法特在法塔赫集体领导中的决定性地位被确立，阿拉法特被中央委员会任命为法塔赫的正式代表。

这说明，成功可以改变追随者对领导者的认识，使他们看到领导者的才能、力量、意志和韧性，从而使领导者的威望和领袖气质大大增强。

二战期间，蒙哥马利受命前往开罗，接任英国北非集团军第8集团军司令。当时，英国军队在北非战场上被“沙漠之狐”隆美尔打得节节败退，人员伤亡较大，士气不振。

为了使全体官兵恢复对高级指挥官的信心，使部队以高昂的士气投入未来的严峻战斗，蒙哥马利决定在英军发动攻势以前，按自己的想法打一次仗，而且必须战果辉煌。他准确地判断隆美尔一定会发动进攻，并从情报中预测出敌人的进攻方向。他以这个预测为基础制订了作战计划，为非洲军团设置了一个陷阱，最终使隆美尔的进攻只落得个搬起石头砸自己脚的结局。此战的胜利，使第8集团军的士气得到提高，消除了疑虑不安的情绪，官兵的信心也与日俱增。

这次成功极大地提高了蒙哥马利在第8集团军中的威望，以此为起点，蒙哥马利率第8集团军在北非战场取得辉煌成就，并最终赢得胜利。

由此可见，成功是充分展示领袖气质的舞台。领导者应全力以赴，力求取得不断的成功。任何事业都需要一种求胜意识，领导艺术也是如此。蒙哥马利如果时时想着名声与生命安危，而不是军人的责任，那他也会像他的前任那样，撤退、撤退、再撤退，而不敢与凶悍的隆美尔交手。事实是，他将一切置之度外，专注于事件，将自己的能力发挥得淋漓尽致，才激活了整个部队的潜在能力，最终尝到了胜利的果实。

连续的成功和成就，可以让领导者获得较高的美誉度，从而获得更大的权威和个人魅力。

领导者的权威和领导魅力是在不断的实践中建立和提高的。

李凡圣是某石化集团的总裁，他本身就是一个靠业绩树威的典型例子。

李凡圣原在东北边境地区一个林业区的木材加工厂，20岁就成为工厂厂长。改革开放以后曾被作为“第三梯队”的后备干部而培养。后由于内地某地方政府领导盛情邀请（美誉度起了作用，感召了素不相识的地方领导），调来该地方，被任命为规模很小、一直想发展却发展不起来的啤酒厂厂长。

李凡圣担任啤酒厂的厂长之后，虚心向内行人员学习，认真地学习其他经营管理得好的啤酒厂的经验，认真考察市场，思考本企业的资源分布、优势和弱点，分析企业外部的机会和威胁，果断地同北京某大啤酒厂联营，借别人的好牌子开拓市场，同时投入资金，迅速地把一个万吨小啤酒厂一下子扩建为5万吨生产规模，使得该啤酒在激烈的市场角逐中站住了脚。

李凡圣的成功，体现了他的敬业精神到出色的经营才干，他的知名度，特别是领导权威和个人魅力也有了很大的提升，不久他被调到新开办的土特产公司任经理。

李凡圣凭着自己的努力，从零开始，创办了土特产公司，并且迅速取得了可观的经济效益。于是，他又创办了日益被看好的石化公司。

李凡圣担任石化公司经理，走过了又一段不平凡的创业历程。例如，有一次为了求得某炼油厂的石油供应，李凡圣曾带着几位下属在该大型炼油厂门口守了三天，终于感动了该企业负责人，答应派人去李凡圣创办的石化公司考察一下。考察结果认为：虽然李凡圣的石化公司规模很小，但生机勃勃，人员素质好，有前途。于是，便同意和李凡圣签订供销合同，两个企业间的合作伙伴关系从此确定下来。

李凡圣注重企业经营战略的制定，注重企业外部经营环境的改善，注重企业内部管理，注重员工队伍的建设。于是，他所领导的石化公司一年一个台阶，营业额很快超过1亿元、2亿元、3亿元。除了流通，又创建了高级油脂加工厂。三年时间便发展成了在地方首屈一指的石化集团公司，率先完成了股份制企业的改造。

由此可见，成就是领袖气质的源泉。领导者要赢得下属的追随，就应当注意靠业绩树威，不断在实践中建立自己的威望，靠成就提高自己在下属中的影响力。

团队篇 第二部分

21世纪是团队运作的时代，单打独斗的英雄主义已无法面对变化诡谲的商场竞争，面对产业间竞争愈趋激烈的时代，强化团队共识与合作是企业求胜的关键。

企业最根本的竞争优势既不是来自金融、发展战略，也不是来自技术，而是来自它的团队，高效团队是企业在激烈的竞争中不断赢得成功的源泉和动力。

如果你能够让一个组织中的所有成员齐心协力，那么你就可以在任何时候、任何市场情况下、任何行业中纵横驰骋，战胜挑战。

一、团队的每个成员，都要给出清晰的目标

联想集团总裁柳传志说："中国有很多优秀的人才。这些人才好比一颗颗珍珠，需要一根线把他们联结起来，组成一串美丽的项链。这根线就是企业的共同目标，这个目标能够引导大家为共同的追求去努力。"

同样，一个团队的奋斗目标是团队建设的旗帜，是团队未来发展的前进明灯。因此，团队目标必须明确，同时该目标必须具有战略性、前瞻性、唯一性、可操作性、相对稳定性，而且一旦目标确立，团队的所有行为必须围绕目标实现进行有效运作，确保目标的顺利实现。

被打败的原因

四年一届的世界杯足球赛牵扯着亿万球迷的心，也是当今足坛一大盛事。每一届赛事结束之后，总会由当届冠军得主球队和当届世界最佳球员组成的明星球队打一场比赛。单纯从球员身价和球艺判断，明星队个个英雄，几乎找不出理由输给冠军队。而结果恰恰相反，明星队历届胜少负多。明星队最缺乏的就是作战的核心动力，缺少了这个共同目标，其再精湛的技艺也难以发挥到极致，更不用谈与其他队员的传切配合了。

团队共同目标首先来自共同的利益需求。人类的任何一个组织的诞生首先是基于人类彼此存在共同的需求，或者说是共同的目标。正是由于有这些共同需求或目标，人们就组成了利益共同体。所有的团队都面对一个问题：如何来确定大家认同的利益关系？团队的共同目标是团队

对员工的一种利益吸引，也是对团队成员行为方向的一种界定，这种基于利益基础的共同目标会给团队成员带来源源不断的动力。没有目标的团队只会永远地处于投机和侥幸的状态中，像一只失去航标的航船。

其次，团队共同目标也是全体成员的价值体现。当人们的吃、穿、住、行能够很好地满足之后，人们便会上升到一个更高层次的需求：自我实现的需要。当代经济的飞速发展，已经给人们的生活带来日新月异的变化，人们的生活水平已大大提高。当人们不再为一日三餐发愁的时候，当人们能够比较安逸地生活时，他们并不满足，他们需要在自我价值实现中得到肯定，他们需要创造，他们需要精神上的满足。这时他们就要去寻找能够使其价值得以实现的乐土。而这片乐土的关键就在于团队目标。团队目标是全体成员奋斗的方向。

当人们为了共同的目标工作在一起时，信任和承诺会随之而来。因此，拥有强烈集体使命感的团队必将作为集体，为了团队的业绩表现，共同承担责任。这种集体责任感同样可以产生丰厚的集体成果作为回报，正是这种集体责任感把他们凝聚在一起，形成强大的团队精神。

不明确的目标

美国太空总署的休斯敦地面控制中心人员有一次听到4名刚进入太空的太空人的对话：

“嗨，各位，我们上路了。火星，我们来啦。”

“队长，应该是月球吧？”

“难道没人告诉你们吗？”

“告诉我们什么？”

“我们这趟任务是要去火星。”

“是吗？我还以为我们是要去月球。”

“这里是休斯敦地面控制中心。我们还是把事情说清楚吧，你们这趟任务是修复哈伯太空望远镜，谁告诉你们要上月球或火星的？”

这个故事听来有些荒谬，但根据肯斐尔德管理学院在20世纪90年代初期所做的一项调查，三分之一的英国经理人不赞同公司的未来形式与方向。研究指出：如果要让高层管理团队共同实现公司的长远目标，团队成员间就必须有高品质的对话与信息分享。

然而很多的管理者都忽略了这一重要环节，结果也就可想而知。这跟足球队员自认为只要拼命跑就可以得分，或太空人把任务目的搞错是一样的。

这也导致了近三分之二的高级管理者会抱怨说，想要使资深团队达成目标总是困难重重。不过，负责执行的团队成员难以达成通常问题是出在这些领导人身上，因为最常见的问题是目标一开始就不明确。

尽管大部分有能力的领导者，都知道自己有责任为团队制定目标，也还是有不少团队领导者对如何使目标更清楚明确，如何将目标落实到团队成员的行动中毫无头绪。目标清楚明白，大家才明白团队追寻的方向，才能使团队知道自己的工作进度，才有激发团队成员的热情、好奇心、活力、创造力与能力的原动力。

团队目标的制定，可以由团队领导者一人负责，也可以由团队成员一起完成，关键是目标的本质。一个鼓舞人心的目标，会把枯燥无聊的统计数据（这些数据通常就是行动目标）转换成振奋人心、激励团队成员投入大量心力与时间的行动力量。一个清楚的目标，能够激发众人的想象力，释放无限的潜力。

具有想象力的目标，对团队成员有着强烈的吸引力，可以要求团队成员全身心投入，一门心思创造出非凡的业绩来，是团队成功的基石。制定目标的团队领导的工作，有时也可以由团队成员共同产生。但无论如何，只要有目标，就有成功的希望。

一个明确的目标会使个体提高绩效水平，也能使团队充满活力。明确的目标可以促进团队的沟通，还有助于团队把自己的精力放在有效的成果上。

目标与远景

准确地把握团队管理目标的概念是企业团队计划管理的第一步，对于团队目标的把握，必须结合远景和目标两个概念。让我们首先来了解什么是企业团队的远景。

我们知道再重要的工作，顶多只能维系团队数日、数周，甚至数年的互助合作，而远景则是团队为未来所勾勒的一张蓝图。不少深具挑战性的远景，有时甚至永远无法实现。远景的目的在于激励勇往直前的斗志，目标则是根据远景所制定的行动纲领。目标内容虽然较为平淡，但和远景一样有着重要的意义。

远景应该用具有创意无限的生动字眼来描述，以期引人注意，不易被人遗忘。不过辞藻优美的远景，不见得能经得起时代考验，此即制定目标与行动纲领之因。一个没有目标与行动纲领的远景，只是一堆空言；有了从旁扶持的目标与行动纲领，远景才能展现出欣欣向荣的生命力。

许多关于远见型领导者的错误观念，都暗示这些人专门提出难以实现的要求，使得一般人对远见型领导者的印象，不是不合时宜，就是只有高人才能担当。其实远见型的领导者并非必须行如先知，而应该：清楚地知道自己需要；为了达到目标愿意寻求帮助；愿意不顾名声甚至职业生涯以实现远景。

大多数满怀兴奋之情上班的人，高兴的绝不是公司的年盈利额又提高了，就算是他们手中持有公司的股份也一样。所以最好的团队远景，应该能给人一种参与其中、深具价值并能影响他人的感觉。所以具有远见的领导者会运用表演才能传达令人振奋的远景。也就是说，大部分的远见型领导者都很善于遣词用句，理性与感性双管齐下，激发团队成员的斗志与行动力。但最重要的是，具有远见的领导者要能制造刺激，把工作变成游戏，让众人都乐于参与其中。

最后，领导者还必须具备从绚丽归于平凡的能力，也就是在把远景说得天花乱坠之后，能够回到现实，告诉团队该如何实现远景。这是一项知易行难的工作。例如，领导者希望公司能够成为全球顶尖的西装制造商，那么领导应该怎么让工厂一般的员工也能认同，并愿为实现美丽远景贡献己力？

在每一个企业团队都要有很清楚的远景，知道自己要成为哪一种企业团队，也明白如何才能帮助客户得到最好的服务。但对工作内容较机械化的行政人员、企划人员或簿记员而言，领导应该帮他们把远大梦想落实于现实世界。也就是说，领导应该尽力协助员工了解他们的工作内容与实现美丽远景间有何关联。

所以，团队管理人员在实现远景上能做的贡献，就是确保一切都能按照实现美梦的蓝图行事，从立刻接电话提供服务，到散发传单，以及迅速回应新的要求等。同样地，团队队员在实现远景上所能做的贡献，则是确保每一张发票都清楚无误，并能及时把发票寄出去。

也许到现在仍有不少人搞不清远景与目标的差别，或是把目标跟标的混为一谈，毕竟每个团队的说法都不一样，难免会混淆不清，不过，团队应该达成共识，采取统一且固定的说法。

目标SMART特性

一个好的目标必须具备SMART特性，即伸展性、可测量性、众望所归、可记录及时间限制这些特性。

1.伸缩性（Stretching）。

具有伸缩性的目标，就是善用众人所有潜力，鼓励大家超越眼前的权限或经验，同时激发大家的斗志。伸缩性目标有时会流于空泛，所以要是目标只具有伸缩性，执行者便不能肯定是否能实现目标。因此伸缩性目标通常有些冒险，但只有你确实去尝试，否则永远不知道这种冒险性目标究竟能否成为现实，同时又不会使你陷入不可能成功的泥潭。

伸缩性目标的功能：面对挑战；激励众人；制造可以控制的危机；激发众人创意性的内在资源。

团队经常得接受外力制定的目标，外力包括上级、苛求的顾客或者法律。这种目标起初可能会因表达方式不当，而让人觉得无聊、欠缺挑战性或刺激。此时团队领导者的任务，就是将团队的想象力与创造力，融入这种外力目标。方法包括重新改写原本无趣的目标文句，然后以全新的面貌重新向团员成员通告。例如，一个“超越去年营业额两成”的团队目标，显然难以激发团队人员的斗志与冲劲，但若换成“我们的目标是击垮两成障碍”就好多了。某家文具公司，就利用重新组合文句的方式，改造原本枯燥无聊的目标。这家公司的目标是制造新产品或改善现有产品，不过他们却换了一种更振奋人心的方式表达：“这一年每一天制造一种新产品。”

扩大期望则是另一种改造目标的方式。例如，一家零售连锁店的供应商，就立下一项改善送货时间的明确目标：每100次送货中，至少有99次要在双方同意的两小时期限内送达。其中一名供应商甚至鼓励他的司机超越目标，结果快速送货率竟然高达95%，虽然没有达到目标。

有时重组团队结构也能达到更好的目标实现效果。以生产牛仔裤的一个工厂为例，尽管工厂管理阶层已经有最低基本目标，但重组结构后的团队成员，却自行制定了高于管理目标的标的。

2. 可测量性（Measurable）。

可测量的目标就是明确、不模棱两可的目标，这也是目标内涵的一部分。也就是说，应该要有一组明确的指标，以作为检查是否达到目标的依据。团队领导者给目标制定衡量标准，其效果肯定能令你喜出望外。

如果你制定的目标无法测量，你便无从获知目标是否实现。例如，当团队领导者问“我们离目标还有多远”时，团队成员却回答“我们早就达到目标了”，那这个目标就是失败的。有位管理大师总爱说“没有管理就没有衡量”，不过并非每个目标都具有可测量性，像是行动大方向性质的目标，就无法加以衡量。

3. 众望所归（Accepted）。

目标还应该深得人心，这样才能激励众人实现目标的使命感。如果目标无法做到众望所归，充其量只是个无法落实到现实生活的渴望。

控制式领导者通常自定目标，然后交给下属去完成，根本不在乎其他人是否与之同心。这种工作方式在不少国家或文化中可能习以为常，但在大部分西方企业中，却很难行得通。

除非团队成员认为目标与他们的梦想息息相关，否则难以激发他们为目标奉献全力。团队目标就是个人的目标，团队领导者要让大家觉得这个目标就是他们的希望，所以你必须帮每一个团队成员找出目标与自己愿望的关联。

一个能令人接受的目标，必须要吸引人并有高度的可行性。一开始大家可能会以不切实际为由反对某些目标，此后因外力、环境、关系的改变或新资讯，才改变原先的态度。例如，一名业务经理为团队制定明年增加五成销售额的目标，团队成员则以根本不可行而拒绝。此时这位业务经理就必须通过说服技巧与影响力，争取团队成员对目标的认同。

企业目标就算再不切实际，只要能够获得众人的认可，众人就愿意为目标竭尽全力。摩托罗拉公司曾要求一个工程师团队为移动电话设计一个生产线，并制定了苛刻的低失败率。这个团队起初无法接受这种强人所难的目标，但也认为这种高标准的要求相当吸引人。

这些工程师后来接受了这个目标挑战，最后甚至比规定时间还早几周就完成了任务。

这个经验让摩托罗拉立足于全球通信业界，该公司的“顾客全面满意计划”广获世界各地人士的肯定，并彻底改变企业的目标。摩托罗拉还对各项业务实施品管计划，就是瑕疵率不能超过百万分之三点四。过去这种高水准要求根本是想都不敢想的。结果该公司所有团队在两年内面对持续十倍改善的要求，例如所有的生产过程建立了在五年内改善十倍的目标。

摩托罗拉的目标，绝不是随意制定的，该公司事前曾仔细研究过可行性，并且提用公司百分之一的销售盈余用于人员训练与发展，以协助员工接受这种看来似乎不可能实现的目标。

4.做记录（Recorded）。

记录目标可避免团队在实现目标过程中无所适从。记在脑海中虽然方便安全，但一次记住五六个甚至更多个目标可不容易。你应该找一个既简单又万无一失的方法，帮助你牢记不偏离目标。

记录要点：目标内容；目标实现的情况；与成功或失败的距离。

把目标记录在档案、记事簿、电脑或一个安全的地方都可以，如果能让团队成员时时看到则更好，因此，你不妨把目标写在明显处或写在活动挂图纸上。记录目标并监督目标进展，有助于众人对目标实现过程的了解。但若写得太仔细反而会适得其反，降低实现目标的乐趣。如果有些详细过程非写下来不可，就另外记录下来。

5.时间界限（Time Limited）。

目标必须有时间限制，也就是说，团队成员必须知道他们必须在何时完成目标。设定时间限制可使团队更加善用资源，还能让大家把精力集中于工作，尽快完成任务。

时间界限要点：迫切性；集中团队的资源；与非团队成员就目标进行沟通；制定表现标准。

没有时间界限的目标，充其量只是个希望。毕竟在没有时间要求的情况下，一般人总是倾向于先办比较紧急的事情。

目标完成的期限，应该切合每一个人的情况。如果完成的期限是两年或三年，肯定无法激发团队成员的斗志，应该把时间缩短，采取更实际、短程的目标步骤。

如果团队不尊重目标的完成时间，结果不但危及团队成员的信心，而且会使团队不能发挥最高的水平。因此除了特别例外的情况，绝对不能宽容团队成员忽视最后期限这项基本规则。此外，时间界限应该随外在环境改变而有所调整。你应该随时注意外界的发展变化，而不是一味地遵照时间限制行事，有时甚至得做出若干改变，以适应新的情况。

好目标的样子

目标要有品质，但实际上，许多团队所设定的目标，在品质方面都很肤浅。概括而言，所谓“控制引用型”“预算遵循型”的占绝对多数。若只是引用、遵循，便没有什么意义可言，只像是叠床架屋而已。重要的是，在目前情况下，哪些有问题，目标执行的瓶颈在哪里，都是我们必须发掘的问题。现在就针对“问题”来加以检讨。

1.好目标要以问题为导向。

所谓的“问题”，有很多种。首先是“看得见的问题”。比如，员工间的不和谐、客户抱怨等，这些问题谁都看得见。一般说来，这类问题是，“预期的水准”很明确，只要把脱离常轨的现象当作问题处理即可。

因为能看得到，所以，作为问题的层次很低，可以说是不是问题的问题。比“看得见的问题”高一层次的问题，就是所谓“待发掘的问题”。例如，大家都在全力工作，而效率却未见提高，为什么？还有，和其他地区的条件完全一样，怎么某某地区的营业额不见起色？诸如此类问题，并非每一个人都能看得出来。如果光是用眼睛去“看”，而不用眼力去“观察”的话，是无法洞悉的。

一般言之，如果觉得情况异常，或认为必须采取某种措施，此时即应分析事实，探究原因，把握问题的症结，了解真相。再高一层次的问题是，“需要创造的问题”。所谓创造性的问题便是指那些目前虽不成问题，但在五年或十年后可能成为问题的事。对这类问题的基本态度是觉得不能长此下去，必须趁早采取某种措施。换言之，是一种预测将来而发掘机会的做法。

由“看得见的”问题到“待发掘的”问题，再由“待发掘的”问题到“创造的”问题，必须深入挖掘。一经掌握真正的问题，就将它列为目标。这种目标，才算是问题导向型的目标。必须以“问题导向”，才能产生好的目标。

2. 好目标要具体化。

具体化之所以被认为是好目标的必备要件，是因为目标具体化后容易确认结果，甚至有这么一个定律：“要有衡量测定工作结果的方法，目标管理才会推行成功。”其实，好目标的具体化就是决定“从何项做起”“做多少”“如何做”及“何时以前做好”这些问题。

3. 目标的重点化指的就是“从何项做起”。

这是目标的数目问题，“从何项做起”是“什么都做”的相对词。目标在设定的阶段通常是这也要、那也要，几乎想把所有经办的工作统统写出来。

4. 目标的数量化指的就是“做多少”。

这是目标的量（数量）的问题。“做多少”便是“尽量做”的相对词。例如“加强意见沟通”这一目标，无法用数字表示出来。虽然如此，仍应力求将其具体化，可以改为“某某部门的会议，每星期一举行一次”。像这样，把抽象化的问题当作目标时，要思量“为实现此目标，应该做些什么事”，这便是具体化的秘诀。

5. 达成目标的方法指的就是“如何做”。

这是为了达成目标而设定方策的问题。所谓“如何做”，便是“设法做”的相对词。方策应该更加受到重视。决定方策比设定目标还要困难，因为决定方策，必须要有创思和策略。无论要达成什么目标，都有两种以上的方策。尤其目标是新设定的或难以达成的，能否成功，那就要看选择的方策如何了。

6. 达成目标的进度表指的就是“在何时以前完成”。

这是达成目标的时间问题。所谓“在何时以前完成”，是“尽快”

的相对词。“请赶快做”这句话，不只是在表明时间急迫，而且默认没有进度表。所谓进度表，是对于将来工作预定计划的时间表。目标要求附带这种进度表，必须明白提示各项工作什么时候开始、什么时候完成。有些目标不容易数量化，而这里的进度表化，便具有弥补其不足的作用。可以说，工作越高级越复杂，越需要用时限来加以控制。

7. 好目标要多元化。

目标的多元化有三种方式：

（1）个人目标、部门目标、总目标。

这是指目标设定主体的多元化。设定目标主体原则上是以个人为设定单位，而不是以部门为设定主体。换言之，即领导、团队成员个人设定目标。因为目标管理在根本上是否定传统管理所称的集体制度。再看质量管理等团队活动，只要有团队目标就能够圆满达成，不必再设定个人的目标。所以，人数少的团队，团队里所有人员都从事同类工作，团队成员的工作和该部门的目标直接连接在一起，以及所有成员互相积极协调，用团队目标去推动反而较好。团队目标是属于一个部门内的问题。如果为了达成这个目标，需要其他部门的协助支援时，应由两个或两个以上部门的协调来设定目标，这就是总目标。为了设定总目标，主管必须在事前和对方协调，上层协调妥当时，基层做事时的冲突就会减少。

（2）业务目标、培植员工目标、自我启发目标。

这个主题在于说明目标领域的多元化。团队领导的责任可以大体分为达成业绩的责任和培植成员的责任。但是，事实上，团队中所设定的目标，属于培植成员责任方面的目标寥寥无几。为了修正这种偏向，要把团队领导的目标划分为“生产目标”和“培植目标”。如此一分，团队领导便不得不去关注成员，进而培植团队成员。

让成员去设定“自我启发目标”，那么，“培植目标”便以和工作有直接关系的能力开发计划为中心，而“自我启发目标”则以工作上有关联的事务为重点。

(3) 坚持目标、完善目标、创新目标。

这是指目标分类的多元化。大凡工作可分为坚持性的、完善性的和创新性的工作三种。不管何种职位，都应该包括这三种工作。通常认为基层领导以坚持性的工作居多；中层领导以完善性的工作居多；而高层领导则以创新性的工作居多。因此，在设定目标时，要分成“坚持目标”“完善目标”及“创新目标”三类。如果每一个人按照这个标准去分类，便可以达到目标的多元化。

8. 好目标要体系化。

(1) 目标应纵向地设定。

目标的纵向设定是指目标的体系化必须依序由上而下，即由总目标、部门目标、个人目标的顺序来设定。每一个人的目标，是为了达成上级的目标而存在。如果没有上级的目标，无从设定个人的目标。所以，这个关系变成“部门目标——个人目标”“总目标——部门目标”“上级目标——成员目标”，条理应极为明确。

目标的纵向设定并不是上级向下级强制指定目标：“这就是你的目标。”如果这样交代时，就不是目标，而变成“配额”了。在这里，所谓纵向的意思是，上级亲自向下级发表自己的目标，下级接受这个目标后，再设定各自的目标。这样，每一个人的自主性都不会受到丝毫损伤。

所以，为了避免产生重复上级目标的结果，必须明确把握“目标”和“方策”的关系。也就是说，下级不是直接接受上级目标，而是要接受上级的方策，经思考后，用以设定自己的目标。制定目标应当依照目标＝方策→目标＝方策→目标这样迂回的方式设定，而不是由目标→目标→目标的方式设定。也可以说，上级的方策转化为下级的目标。这个过程便是上级目标的细分化，也就是上级方策的具体化。

（2）目标应横向地设定。

从横向看来，目标必须和有关部门的目标有所联系。各部门之间是相互关联的，目标的制定必须顾及各个部门，必须和其他有关部门合作，以“共同目标”的方式配合处理。

（3）好目标要增加参与成分。

传统控制式的领导者，一般是先制定目标，再强制要求团队成员接纳。通常这种目标都不符合团队人员的意愿，即使最后目标仍然得以实现，也容易引发团队成员萌生抗拒与憎恨心理。团队成员的这种负面情绪，只会损及你的威望。

而今，各大团队都开始逐渐减少层级，并愿意赋予在第一线的成员更多的权力与责任。基于上述这些理由，团队领导者在制定目标时，必须参考其他人的意见，拘泥于层级的强制式目标肯定是行不通的。

史贝肯公司（Sbechen）为了实现管理目的，计划改变企业阶层结构，没想到却功败垂成。因为中层管理人在参与计划时，仍然希望资深管理人能够提供资讯或技术，以便回去向团队队员交代。

这种听命式的态度，反而使得企业结构更加稳固。而今，该公司采用混合阶层式的工作团体，希望能对整个团队产生积极影响。

团队目标应该是从上而下还是从下而上，关键在于领导风格。不过一般来说，直接由上而下的目标，通常维持不了多久。邀请团队成员共同制定目标虽然费时费力，但结果肯定物有所值。

如果团队领导者愿意让团队成员一起制定目标的行动纲领，下一个问题就是应该放手让大家做到什么程度。团队成员一旦花时间参与制定目标，自然对整个过程充满期望，所以如果团队领导者只是虚情假意装民主，根本无心听取他们的意见，那么还不如不做，因为团队成员立刻会察觉。

因此，团队领导者不仅要表明希望大家贡献己见，还要以实际行动证明。所以，团队领导者应该先向团队成员声明，自己是要听取他们的意见，还希望他们帮你一起制定目标，免得到时惹出是非与争端。

咨询跟参与是完全不同的概念，咨询就是征求他人的意见。此时团队领导者应该说："我希望听取你们的看法，也许会在我最后做决定的时候发生作用。"

参与则是团队领导者愿意采纳他们的意见。也就是说团队领导者必须向大家保证说："你们的意见都会成为结果的一部分。"

但是，有些目标是无法讨价还价的，例如高层主管或法律等外力所强制规定的目标，而这些大多数团队成员都能够接受。所以当团队领导者实在无法采纳团队成员的意见时，最好据实以告："这没有讨价还价的余地，我们必须照办。"

戒烟专家通常会建议想戒烟的瘾君子，把戒烟行动公告周围的同事或朋友，迫使自己在公众压力下完成戒烟目标。团队目标也一样，尤其团队目标是否实现关系到所有团队成员的名声，大家肯定会全力以赴。团队领导者不妨考虑把目标写在团队工作区多个显眼处，提醒每个人应该努力的方向。

目标卡

在目标管理过程中，各种目标管理工作皆围绕目标卡运转。"目标卡"是一个相当有效、方便的工具。它是实际管理活动的媒介，也是团队领导与团队成员进行积极讨论和评估的依据。因此，目标订立后，应建立起目标卡的书面证据。

各成员与直属主管经过多次协调与讨论制定出适当的"目标"之后，必须将此"目标"书面化。

实施目标管理的部门，对于目标的设定，通常都采用统一规定的目标卡。虽然各部门之间目标卡的内容与格式未必相同，但若有了统一的表格，就可避免遗漏，使整个部门各成员的目标设定程序趋于一致，并有利于相关性的目标成果的汇编统计。又因表格化以后，可以减少制定目标的文字说明及重复记载，达到简化文书作业的效果。

目标卡类似上级和成员之间决心达成共同目标所订立的"契约"。

既然是契约，就必须严谨。把这个严谨性表现在文书上，便是“目标卡”。目标卡等于“证据文件”。因为是证据文件，所以重要项目不可以漏列。

目标卡应和其他人力资源资料，同时列为永久保存的资料档案。目标卡要做成两份，主管和成员各执一份，正本由成员存查，副本交主管保管。成员和上级的目标卡，需要逐期保存下来，以便留下很有价值的记录文件。此项记录便是有关成员向什么工作挑战过、取得什么成果的事实依据。

目标卡是一种证据文件，所以，它必须把重要事项简单明了地写下来。

各部门间的目标卡，其设计均不相同，但每个部门内的目标卡形式应统一规定，有利于管理。无论目标卡形式如何，其内容应包括：

项目：按轻重缓急，排列顺序先后，依次填写。

预计成果：将数字用具体的文字写出。

进度：填写执行期间每个月的预先进度，尽可能以数字表示。

措施：为达成目标采取的各种措施，由执行人员协商决定后，具体地逐项列出。

所需条件：为达成目标所需主管的支援，或其他部门的配合事项。

成果：将实际成果，在期末填记，以利对照评定。

自我检讨：自定的目标，期末要做自我评定，这是目标管理不可或缺的一项。

主管指导：总评与指示。除成员自行评定、评估外，主管也要加以评估，作为设定下期目标的主要参考。

二、提高你的有效领导力

团队领导对团队绩效有很大的影响。研究表明，团队氛围对团队绩效有40%的影响，而领导风格对团队氛围有70%的直接影响。

有效的领导能够让团队跟随自己共同渡过最艰难的时期，因为他们能为团队指明前途所在。他们向成员阐明变革的可能性，鼓舞团队成员的自信心，帮助他们更充分地了解自己的潜力。

有效的领导能使团队具有凝聚力，共同为组织的远景及目标努力。同时也能积极地为组织的发展提供创新思路，充分发挥团队的协同效应。

所有这一切表明，高效团队的一个重要特征，是有一个高效的领导者。

领导者的标准

一般认为，高效团队的领导必须具备以下特点：

1.善于营造氛围。

要以自己的团队为荣，满腔热忱地对待自己的工作，并以自己的热情带动成员，引导他们各施其才。要善于引发内部竞争机制，激发成员的活力。一个热忱的人会很快乐地工作，他能辐射出一种健康的心态，散布到周围的人身上，使他们也变成更有效率的工作者。

2.预见未来。

对团队的发展与市场的前景必须具有一定的预见性，切实把握未来的发展方向。要想在战略上占据优势，就必须对竞争环境具有深刻的洞察力。

3.注重实践。

工作必须雷厉风行，想好的事要立即付诸实践。不要过分地思前顾后，否则往往得不偿失。没有实际的行动，就不会有杰出的成就。行动就是黄金。

4.追求卓越。

对每一件事都要精益求精，力争做到百分之百好。要不断地完善自己，不断地发展团队，不断地更新观念，不断地提升部属。对“不是最好”的计划，甚至不要去读它。总之，要追求卓越。

5.信守诺言。

作为一个决策者，绝不能对任何人承诺自己办不到的事情。同时，要言行一致，对自己所采取的每一个行动、所做出的每一个决定都负责到底。要以自己的实践带动下属，培养他们的责任感。将下属必须达到的目标清楚地告诉他们，同时引导他们客观评估自己的表现。

6.调控员工。

对新成员，要耐心地教给他们如何思考、如何工作的方法。在管制成员方面，最初比较强硬，继而稍微放松。初期的强硬控制可表现你的控制力，继而的稍微放松会使部属感激你。对成员应不分亲疏远近，以免挫伤其自尊心。

7.鼓励批评。

能接受批评，听取不同意见。大错往往由小错累积而成，千万马虎不得。要鼓励成员直言，鼓励他们对组织内部的不当做法直言不讳。如果成员在工作中出现了错误或过失，就要向本人明确指出。对所发生的任何问题，都应及时进行检讨、研究，并切实加以解决。

8.避免独裁。

不能把个人的利益摆在组织的利益之上，这一点尤为关键。对很多团队来说，独裁往往是其致弱点。

9.分享荣誉。

不炫耀自己，不贪功归己。要和你的同事分享荣誉，这是十分明智的做法。如果过分炫耀自己，其结果往往事与愿违。要心甘情愿地做那些所得报酬不多的事情，要晋升下属而非自己。

10.加强沟通。

要善于与下属沟通，因为不沟通往往会造成谣言和误解。

优先级别意识

忙碌的领导者，每天清晨收到数十封电子邮件，每天收到十个以上电话，每天与同事面谈十次以上，那么，如何设定优先级别便成了当务之急。不重要又不紧急的事务当然交给下属去做；不重要却紧急的事务要尽可能交给合适的人选，对其阐明问题的紧迫性，并督促其完成；重要但不紧急的事务多半属于团队的长远规划，必须由领导者亲自负责；重要而又紧急的事务要迅速成立一支小分队，亲自挂帅或委任给最得力最可信赖的助手，但要加大控制与关心的力度，随时掌握最新动态，汇报上级，调整方案。优先级别的设定需要经理人具有良好的市场灵敏度及对他人能力度量的人脉灵敏度。

1.时间观念。

在时间是效益的当今，领导者通常不缺人力，不缺资金，不缺良好的工作环境，而缺的就是时间。有效地安排时间，统筹规划，将自己与他人的工作安排得井井有条，是期待事半功倍的领导者的必经之路。这需要经理人具有较强的逻辑思维能力与组织能力。

2.坚强意志与必胜信念。

领导者经常会碰上悲观的下属，尤其是需要技术革新或参与前所未有的项目拓展时。这些下属不乐意接受变革与挑战，并在无形中制造一种沮丧气氛。此时，领导者必须表现出无往不胜的信念与顽强不败的意志，将悲情下属说服，将普通情绪的下属的热情鼓动起来，并合理利用资源，最大限度地发挥众人的潜力，团结一致，最终达到胜利。

3.有效影响他人的技巧。

领导者要巧妙地向下属“推销”自己的观念，而不是快刀斩乱麻地强加于人。每每碰到棘手问题，可以先倾听下属的建议，然后引导他们达成一个共识，选出一条最佳路径，带领大家完成目标。要重视人的因素并赏罚分明。在罚的时候，要尽可能地温和而坚决，避免对下属大呼小叫，吹毛求疵。温和而坚决的管理，不仅可以使下属信服并心甘情愿地为你效劳，更可以使领导者自己身心愉悦，效果卓著，何乐而不为呢？

4.领导者的看家素质。

是什么造就了团队领导？无数的专著、数不清的教学录像带都试图解答这个问题，更有连续不断的学习班讲授有关团队领导方面的才能。然而，如何提高团队领导水平的问题一直困扰着许多探索者。

研究表明，凡是有卓越团队领导才能的领导人物，都具有乐观情绪和自信心等主要的团队领导素质。也就是说，他们有一定的主见，并坚信能够影响他人和主宰未来。尽管管理与团队领导有些相似之处，但是，从根本上来说是有区别的。团队领导才能有超出管理水平之外的、更高层次的东西。管理者的工作需要组织能力和工作效率，未必需要具备团队领导者那样的号召力和激励他人，使团队成员的能力得到完全发挥的素质。管理学家彼得·德鲁克认为团队领导才能是所有企业中最重要、最难得的素质。就我们自身的一点浅薄研究而言，我们非常同意他的观点。

企业中的每个人都愿意在真正的团队领导者手下做事。团队成员们希望他们所服从的人具有团队领导才能。

在很多人看来，团队领导者具有多方面的素质。我们讨论如何把优秀的管理者塑造成为优秀的团队领导者，具备团队领导的主要技巧和因素。正如以上所述，团队领导才能要求广泛的、各种各样的综合素质。当我们具备了那些看家素质以后，自然而然就变成优秀的团队领导者了。那么团队领导者的看家素质具体有哪些呢？

（1）正直。

领导必须有完整的道德观，除此之外别无选择。

领导人应检视一下自己的正直度，自问：我有按照承诺做我该做的事吗？我完成这些事了吗？每个小时或每天至少都检视一次。

正直，就像道德和公正一样，往往是从别人的角度来看。“你是什么样的人，要做给人家看，而不是靠嘴巴讲讲。”金宝汤公司执行长道格·康奈特说，“我早期在卡夫食品公司工作时，就被告知创办人的宣言——说出的话，一定照做。如果你的态度有所倾斜，你的正直性将永远被质疑。”

我们可以从一些顶尖的领导人身上学到这样的正直：无论在人前或人后，言行都要一致。一个人外在的表现就是内心本质的展现。我们不喜欢某人并不代表那个人就缺乏正直。如果对自己都不诚实，就别寄望他们会对你诚实。不能“恶小而为之”。“对领导者而言，最好的机会就是一开始就以符合道德的手法做事。”联邦储备委员会理事会主席格林斯潘说。

（2）自信。

自信是一种心理态度。有时自信会受到动摇，必须加以重建。领导者有时在生活的某些方面充满自信，在其他方面则缺乏自信。自信并不是指毫无恐惧及焦虑，而是能克服这些恐惧与焦虑。“人们希望从他们的领导人身上看到自信，不能讲话结结巴巴、步履蹒跚、犹疑不决。”America公司执行长卡特说，“你可以担心计划行不通，的确，所有好的领导人都会担心。但是，你不能担心是不是有人不喜欢你。你就像是河里被水冲击的岩石一样，必须看起来很稳健。”负责将受损的阿波罗13号安全驶返地球的美国太空总署飞行局局长柯瑞之说：“你不能将不确定感传染给组员。无论周围发生什么事，都必须冷静、再冷静。”

自信可以来自年龄与经验、教养、成就、成功或金钱，但这并不表示所有有教养、成功、富有、年纪大的人都会有自信。即使是布什总统在大选完后也说过：“人们都在等着看我是不是有条件坐上这个位置。你知道吗？我也在等着看我自己够不够资格坐上这个位置。”领导人必须有“扛起责任”的态度，腰杆挺直、保持微笑，直视每个人的眼睛，因为领导人必须承担必要的成果导向的工作。如果领导者表现得很有自信，人们就会认为其具有必备的自信。

（3）坦诚。

领导人的想法不能不按牌理出牌，也不能有秘密、欺骗。借着完全公开的策略，领导者可以告诉人们自己的立场，并向他们提出问题，得知他们的立场。

华纳唱片前董事长罗斯采用完全公开坦诚策略：“你进到我办公室来，如果你有问题，就要让我知道。如果你没有问题，公司运作良好，那就继续下去。”前白宫特派员博科威兹（BobBerkowitz）描述他的坦诚经验：“你看到的就是真实的我。我告诉人们，我是谁，我擅长的事以及对我而言重要的事。同时，我也会询问他们是谁，他们从哪儿来，他们追求什么。”康奈特说：“在跟某人合作的第1天的第1个小时中，我就会开诚布公。在第一场会议上，我会说明，我的目标就是尽快将我们工作关系上的神秘面纱揭开。如此一来，我们就可一起有建设性地将重心放在即将面对的挑战上。”

（4）不怕失败。

不怕失败，敢作敢为，这是团队领导者应有的基本的素质。如果领导者缩手缩脚，缺乏风险意识，不能开拓进取，那么，他所领导的这个团队肯定是一潭死水。

美国康柏电脑公司总裁把缺乏创意的原因归为两个：一是自己没有能力去创意；二是害怕面对失败。新的东西一定是人家都没有尝试过的，成功的另一面就是失败。因此，并非每一个领导者都能勇于直面失败。这也是为什么只有一小部分人成为高效团队领导者的原因。

谢克人就是一位敢于迎接挑战的人。在IBM工作的30年中，他有很多新的创意。当谈到为什么离开IBM时，谢克人说："我希望做成一点事情，让人觉得谢克人做出来的东西确实有很强的个性色彩。"

由此可以肯定，作为一个领导者，如果因为害怕失败，每做一件事都只会按师傅教的那几招去做，就会很快被社会与时代淘汰出局。

（5）勇于认错。

勇于认错不仅是一个领导者应有的素质，也是一种难得的品德。其实，许多大公司的领导都具备这样的优良品德。在这里，我们先举一个松下幸之助的例子。

一次，一位下属因经验欠缺而使一笔货款难以收回。松下幸之助勃然大怒，在大会上狠狠地批评了这位下属。气消之后，他为自己的过激行为深感不安。因为那笔货款发放单上自己也签了字，下属只是没把好审核关而已。既然自己也应负一定的责任，那么，就不应该这么严厉地批评下属了。想通之后，他马上打电话给那位下属，诚恳地道歉。恰巧那天下属乔迁新居，松下幸之助便登门祝贺，还亲自为下属搬家具，忙得满头大汗，令下属深受感动。然而，事情并未就此结束。一年后的这一天，这位下属又收到了松下幸之助的一张明信片，明信片上留有一行亲笔字：让我们忘掉这可恶的一天吧，重新迎接新一天的到来。看了松下幸之助的亲笔信，该下属感动得热泪盈眶。从此以后，他再也未犯过错，对公司也忠心耿耿。松下幸之助向下属真诚认错成为整个日本企业界的一段佳话，确实难能可贵。

许多开明的领导都坚持认为，上司承认错误是勇敢的表现、诚实的表现，不但能融洽人际关系、创造平和氛围，而且能提高上司的威望、增进下属的信任。

（6）有使命感。

作为领导者，必须具备有使命感。对于这个问题，可口可乐公司总裁罗伯特深有感触。他认为："我们在商业中确实负有一种使命。我们应该毫不犹豫地承认它，而不必为发现这种使命而遗憾。就像一首乡村歌曲唱的那样，你必须站起来承担点什么，否则你会趴下去失去一切。"

使命感的培养需要工作激情。为了帮助人们寻找到工作中应有的激情，理查德专门写了《激情计划》一书。他认为："我们的激情是与生俱来的。虽然随着我们慢慢长大，激情也会逐渐消退，但它的燃料始终深藏于我们的灵魂深处，一根火柴就可以重新点燃起我们对工作、生活的所有热情。当火焰从内心焕发而出，它就成为我们快乐的源泉。总之，激情是我们获得成功的关键。"理查德坚持认为，只有明确了生活目标，才能真正凝聚起我们的激情；否则，我们又会轻易地去追逐其他的东西。同时，多与那些充满激情的人为伍，也可以有效地唤起你自身的激情。当你充满激情地工作时，生活就会以全新的面貌展现在你的面前。世界将提供给你各种各样的机会而非层出不穷的障碍，你所收获的将是能力而非限制。理查德认为，激情的激发应由心开始。深刻地了解自我，进一步明确自己的方向，这是一切成就的开端。在此基础上，我们就应为自己制订一整套计划，并充满激情地付诸行动。

（7）不为自己找借口。

当人们没有做好某件事时，总习惯于替自己找借口。而作为高效团队的领导，应避免找借口，尤其是以下几个借口。

①不说没有经验。

许多管理者在面对问题时，常诉说着这些事情是突发的，是过去所没有发生过的，并希望以此来获得他人的同情、谅解。世间许多的问题并非全新的，它一定曾经在许多地方发生过；也有许多新的事情，别人都可以在第一次就能做好。所以领导者没有理由找这样的借口。

聪明的领导者及管理者不是找理由，而是敢于面对问题，并寻求他人的经验作为参考借鉴或是寻求专家协助。虽然处在今日剧变的环境中，过去的经验或许派不上用场，而他人所遭遇问题的环境也可能与我们不同，因此他人的经验无法全盘照抄来运用。尽管如此，他人过去的经验却仍可以作为个人决策的参考借鉴。聪明的领导者及管理者会思考并汲取他人的经验教训，而不是模仿他人的外表行为；他们在看到他人的事情时，常会在心中思考如果是我的话，我会如何处理。他们从生活中处处学习，以培养领导者的魅力。

②不说资源有限。

在经营管理的会议上，常见到管理者在检讨事情时，诉说“部门人手不足，预算有限，或个人权限受限”等话语，将注意力与精神放在找寻理由上，希望能得到上司的支持或谅解。结果在经营管理的检讨会议上，形成大家推脱、找理由的脑力激荡会议，找出许多的理由、借口为个人过去的行为辩护，而无法根据经验汲取教训，找出改善或解决问题的行动方案。这种行为周而复始，导致管理者对参与经营会议感到相当的无奈、无助。

既然是检讨，就是希望找出改善的具体方案。如何走出这种阴霾的组织气氛，是聪明领导者的首要工作。管理的工作就是在有限的资源下发挥领导者的创意，并凝聚成员向心力，共同来解决问题，每个人所处的环境是相似的，只是大家各凭本事，各尽本分来创造绩效而已。

③不说是客观原因。

社会是延续的，管理者无法等待一个全新的环境或组织，他必须承担过去的一切，并推动必要的改造，为组织、社会带来新的希望。怪罪历史、环境或是别人不能体谅自己的辛勤付出，或对其产生误解，这一切所反映出来的是自己的无助，或让自己继续扮演受害者的角色，而无法摆脱被迫害、无助的气氛。他们仍旧活在过去历史的阴霾中，未能活在当下、此时此地。这些人继续扮演已经习惯的奴隶，失去了主人的角色。

管理者应思考自己是否做得不够好，如果社会或上司给予多年的机会，而单位主管仍未能改善组织的环境，这主管也该下台为其无能负责，并换人做做看。再者，员工或大众的抱怨正是给自己改善与员工、大众关系的最佳关键时刻，可是在威权体制或官僚作风下的领导者，不但不能反省检讨，反而抱怨，怪罪他人。

有魅力的领导者深知，与其抱怨别人不能配合，不如询问自己是否善尽了角色职责，能主动找人沟通协调。

领导者的魅力来自为民众或员工付出，并能带给民众或员工希望。假如领导者只会抱怨历史环境的限制或别人的不能配合，或要求别人的同情，却无力带领部属走出不良的环境，为组织塑造更好的前景，创造新的生活与世界，社会应该尽早唾弃这种无能的领导者。

要明白具体的职责

团队的整体表现有赖领导者成功的带领。一个好的团队领导者，所要做的工作包括理清团队目标、建立团队共识与自信、提升团队工作技巧、消除外界障碍等，他必须以团队为第一优先，自己则居于候补的地位，不强求本身的表现。成功的领导者必须不断地追求平衡：一方面要参与实务，一方面要让成员学习如何做；一方面要指引他人，一方面要放手让他人自行学习。他了解整个团队什么时候需要他站出来，什么时候不需要他的帮助，才能与其他成员一同携手完成任务。团队领导者身兼球员和教练两种角色，团队领导者必须同其他成员一样实际参与工作，不会因为自己站在领导者的角色，某些工作就不该由他来做，尤其是碰到一些需要冒很高的风险或讨厌的工作时，不应该全都推给其他成员，袖手旁观。团队领导者应鼓励成员表达不同的意见，让他们能充分了解团队的共同远景、目标和工作方式，并通过各种活动，帮助成员之间建立互相信任依赖的归属感与气氛。团队领导者必须处理并维系团队内外的关系，负责和外界沟通该团队的目标和工作方式，寻求可能的协助。有障碍出现时，他应该要为团队站出来说话，将之扫除。团队领导者应设法让团队包含各种不同的人才，如技术、决策、人际关系、解决问题等，因此要不断地改变成员的任务及角色，激发他们的潜力，鼓励他们成长与发展。团队领导者应有正确的观念：只有在需要他时才表现，其余尽量把机会让给其他成员，甚至为他们创造表现机会。这并不表示完全放弃掌握，一旦成员需要帮助及支持时，更要全力帮助他们达成任务。

美国利杰公司提出了变化时期成功团队管理者应承担的六项职责，这是该公司在实施质量提高计划的过程中总结出来的。该项计划使得美国利杰公司在1989年成为全美第一家荣获戴明奖的公司。在由戴明奖推动产生的企业文化变革中涌现出来的管理者们对六项职责做了进一步的完善。

虽然这些职责的提出与质量提高计划有关，但是他们也同样适用于致力于建立高效工作团队的管理者们。

协调团队工作

- 明确团队及其成员。
- 协调与其他正在进行相似计划的团队管理者的关系。
- 协调同负责投入与产出的部门的关系。
- 确保团队的活动与单位其他工作的协调一致。
- 确保团队会议的召开。
- 保持团队与解决问题的行为的一致性。
- 熟悉不同等级的员工配备与相关的加班时间。

· 保证团队的工作内容跟得上时代。
· 参加团队会议以评价队员的参与情况和会议的领导水平。

就问题解决或者时机选择提出建议

· 布置任务或者帮助制订工作计划。
· 提供相关的重要商业指数的信息。
· 在初步讨论分析问题阶段与团队相互交流。
· 收集并讨论关键客户的数据和相关信息。
· 提示注意存在的事关公司目标的问题。
· 帮助团队在解决问题时把精力集中在具有可行性的目标上。
· 当选定问题未能恰当处理时，提出正确建议。
· 当问题涉及许多不同职能的部门时，做好与其他团队的协调工作。
· 提示团队注意某些团队自身尚未察觉的问题。
· 明确传达关于质量、产量、可靠性等方面的要求。
· 为团队会议列一个计划表，并确保团队严格按计划运作。

在团队中工作不仅是一种责任更是一种特权。防止你的团队成员看到责任而忘记了他们享有的特权，同时注意防止公司里的其他人不把团队成员看作是一个需要帮助的小组。

提供资源

· 计划好工作量和人员安排，给团队会议和培训活动留出时间。
· 均衡团队动力和工作负担，保持两者的相对平衡。
· 预算并取得诸如会议室、会议时间、培训等具体资源。
· 提供所需的人力资源，诸如专业技术人员和其他一些管理者等。
· 确保工作岗位上人员配备恰当，能适应工作要求。
· 同其他团队的领导者协同工作以分享有限的资源。
· 说服团队为远期需要投资以满足工作中不断变化的要求。

· 讨论团队可获取的资源有哪些。

· 训练团队成员以确保能够确实得到可获取的资源。

· 帮助制作一个团队资源表并定期查看以确保团队的需要能得以满足。

· 提前制订计划以确保即使领导者不在场时，团队也不会因此而缺乏重要的资源。

指导问题的处理

· 熟悉问题处理程序的各个环节以及每一环节所需的技能和工具。

· 在每个环节都准备一些问题以帮助团队不断提高处理问题的能力。

· 帮助团队设立相应的指标以评价问题处理的过程和结果。

· 安排额外的训练活动以帮助新成员尽快熟悉工作并保证团队能够适应新的发展。

帮助计划的实施

· 确保团队以外的人支持团队的工作计划。

· 帮助团队成员了解如何提出经营方面的申请。

· 指导团队在大的机构中工作时如何避开可能的陷阱。

· 帮助团队改进运作程序并和其他部门分享改进的成果。

· 在计划实施过程中，确保团队的成本、时间等耗费水平不超过预算。

· 培训团队如何解决由于计划变动而可能产生的问题。

· 当团队的工作计划有所变动时，帮助团队获得别人对其变化的支持。

· 确保新的资源——诸如培训、装备、时间、金钱——可以获得，以支持团队提高计划。

提供正式和非正式的认可

· 在团队取得重要的成就时帮助发起非正式的聚会、庆典等以示祝贺。

· 为团队在问题处理上所做的努力争取适当的正式认可。

· 当团队中有人取得重大成就时让其他人知道这一成就。

· 帮助每个团队成员制订并实现其个人发展计划。

· 定期向上级管理部门汇报团队的工作结果，以肯定团队付出的工作努力。

作为团队的领导者，需要做很多工作。

这的确是一项庞大的工作，但是它所产生的效果绝对对得起领导者所付出的努力。实际上，当领导者帮助自己的团队成员提高技能并让他们更积极地参与到组织中来以后，领导者会发现自己很令人满意。

高效团队领导者必备的习惯

习惯可以改变人的一生。虽然我们已经了解了许多提高自身素质的方法，但这些方法如果不能转变成自己的习惯，还是没有任何意义的。

下面列举的七种习惯，是作为一名高效的领导者必备的七种习惯。这些习惯并不复杂，但功效却非常显著。

习惯一：延长工作时间。

许多人对这项习惯不屑一顾，认为只要自己在上班时间提高效率，没有必要再加班加点。实际上，延长工作时间的习惯对领导者的确非常重要。

作为一名领导者，不仅要将本职的事务性工作处理得井井有条，还要应付其他突发事件，还要去思考部门及公司的管理和发展规划。有大量的事情不是在上班时间出现，也不是在上班时间可以解决的。这需要领导者根据团队的需要随时为团队工作。

上述种种情况，都需要领导者延长工作时间。根据不同的事情，超额工作的方式也有不同。如为了完成一个计划，可以在公司加班；为了理清管理思路，可以在周末看书和思考；为了获取信息，可以在业余时间与朋友们联络。总之，领导者所做的这一切，可以使领导者在团队中更加称职，从而巩固自己的地位。

习惯二：始终表现对团队及其产品的兴趣和热爱。

领导者应该利用任何一次机会，表现自己对团队及其产品的兴趣和热爱，不论是在工作时间，还是在下班后；不论是对团队成员，还是对客户及朋友。

当领导者向别人传播自己对团队的兴趣和热爱时，别人也会从他身上体会到自信及对团队的信心。没有人喜欢与悲观厌世的人打交道，同样，团队也不愿让对团队的发展悲观失望或无动于衷的人担任重要工作。

习惯三：对事不对人。

要使团队成为一体，与团队有效合作，就必须避免过分挑毛病的习惯，这种做法会演变成指责，使团队精神逐渐死亡。即使是含蓄的责备，也会让团队成员提不起勇气冒险采取新做法，而冒险的态度是不断改进的要素。对事不对人，可以鼓励团队寻找长期解决之道，而不是“临时抱佛脚”式的补救。此外，在转型为团队领导的环境期间，对事不对人的态度，可以缓和转型引起的震撼，帮助团队度过困难时期。

团队的转型，也会带来看得见的威胁；而且不管应不应该焦虑，大家都会感到不安、脆弱、被动、敌对、沮丧或愚蠢。如果团队领导始终保持对事不对人的习惯，团队成员冒险尝试新想法和新做法的意愿就大增了。

要做到对事不对人，团队领导应在问题出现时，压抑指责别人的冲动，向自己暗示要由团队做所有正式的协议，如果可能的话，利用现成的问题来改进协议。

在大家提出团队发展方面问题时，协助他们，对事不对人。

要使团队成员表现出，他们和团队在一起觉得很安心。试着避免责骂或处罚他们，别让他们觉得自己不引人注意，他们就可以进一步合作解决迎面而来的问题。

习惯四：以身作则。

领导要形成以身作则的习惯并非易事，必须具备说服力，确实知道团队领导是怎么一回事，而且对别人如何看待自己的行为保持警觉。把自己对团队的承诺说清楚，在自己和团队之间保持开放性的对话，看到任何与高度参与团队的目标一致的行为出现时，不管是多么微小的举动，都要给予赞美和支持。

承认自己的过错，与团队成员分享自己从他们身上学到的东西，团队成员也会仿效领导者的做法。找出一些不需要领导者自己来做的决策，然后准备让团队成员来完成这些决策。要求一部分团队成员协助安排团队会议。让团队成员始终把心思放在完成高品质的工作上，即不管遇到什么其他变化，团队成员都会持之以恒做下去的工作。服从团队成员的判断，即使领导者对他们的看法有所保留也一样。

习惯五：自愿承担艰巨的任务。

团队的每个部门和每个岗位都有自己的部门及岗位职责，但总有一些突发事件无法明确地划分到部门或个人，而这些事情往往还都是比较紧急或重要的。作为一名高效的领导者，就应该从维护团队利益的角度出发，积极去处理这些事情。

如果这是一件艰巨的任务，领导者就更应该主动去承担。不论事情成败与否，这种迎难而上的精神也会让大家对领导者产生认同。另外，承担艰巨的任务是锻炼你能力的难得机会，长此以往，领导者的能力和经验会迅速提升。

在完成这些艰巨任务的过程中，领导者有时会感到很痛苦，但痛苦只会让领导者成熟。

习惯六：在工作时间避免闲谈。

领导者可能感到自己的工作效率很高，或觉得现在工作很累，需要放松一下，但领导者一定要注意，不要在工作时间做与工作无关的事情。这些事情中最常见的就是闲谈。

在团队并不是每个人都很清楚领导者当前的工作任务和工作效率，所以闲谈只能让人感觉领导者很懒散或很不重视工作。另外，闲谈也会影响他人的工作，引起别人的反感。

领导者也不要做其他与工作无关的事情，如听音乐、看报纸，等等。如果没有事做，可以看看本专业的相关书籍，查找一下最新专业资料，等等。

总之，领导者必须让人感觉你在工作时间的每一分钟都是充实和高效的。

习惯七：主动改善事情。

面对今日激烈而残酷的竞争局面，不断改善团队运作方式，成为不可避免的工作。每项工作程序、每种工作关系，都是可以改进的，而从事那项工作和建立那种关系的人，才是改善那项工作和那种关系的最佳人选。

作为领导者，必须教导并不断督促团队把事情做得更好，打破或拆除团队部门之间的围墙。重要的作业程序，可以跨越部门之间的界限，而将团队内外的人联结在一起。必须协助团队认清建立这些新关系的重要性。团队成员不能一味看重自己的工作领域，而应以他们的服务对象——其他团队、其他部门、外界顾客的利益为着眼点来采取行动。有实力的团队常问："顾客是否真正看重我们在做的事？外面商场发生的事对这个公司、这个团队可能有什么影响？我如何才能改进这项产品、这支团队？"等等。

作为团队领导者，要发挥个人能力改善团队表现，使团队有能力把事情做得更好，尤其乐意做到：帮助团队成员学会一些技能，建立一些关系以及获得信心，积极扮演改善工作表现的角色；教导团队成员找出引起职务问题的跨职务原因，乘机采取行动进行跨部门的改善；告诉团队成员如何认清顾客的期望，与供应商协调，并收集资料以解决正在出现的问题；配合团队成员能力和信心扩增的步调，来增加团队的责任。

领导者的测试题

领导者分为三种类型：极权型、放任型和民主型。要想知道属于哪种类型的领导者，可以通过下面的测试得知。这组测试共有18道题，每题用“是”和“否”作答。

1. 你不愿意让你的团队参与社会分工，喜欢大而全，小而全，是吗？

2. 你平时把决定和政策付诸实施之前，有必要先向大家说明其理由，是吗？

3. 你在领导下属时，与其一方面要他工作，一方面又要他进行监督，还不如制订一个周密的计划和规范，让他按此去做，对吗？

4. 你见到新来的职工时，不介绍自己就先问他的姓名？

5. 你是否允许部属去追求社会变革和独创的思想和行动？

6. 你在给部属布置工作时是否详细交代所要达到的目标和完成的方法？

7. 过分亲近成员会影响部属对你的尊敬，还是远离他们为好，对吗？

8. 大家都认为某事应当这样处理，你经过深思，觉得换一种处理方式更好；但你没有讲，还是尊重了集体的意见，对吗？

9. 你希望每一件小事都自己以身作则去做，起表率作用，以便大家跟你一起做，对吗？

10. 你认为处罚一个人并不困难，对吗？

11. 越和群众打成一片，越好领导，对吗？

12. 你伤透脑筋拟定的解决问题的方案，下属却挑了许多毛病。你没有生气，但为问题依然没有解决而坐立不安，是吗？

13. 你认为充分处罚犯规者杀鸡儆猴，这是防止犯规的最好方法，对吗？

14. 当你因对某一问题的处理受到批评时，你是固执己见，还是去说服大家同意你的意见呢？

15. 你允许下属去处理必要的私事吗？

16. 你认为每一个部属都应该对你保持忠诚之心吗？

17. 与其事事亲自解决，不如任命一个委员会去解决。

18. 你认为集体中发生不同意见和分歧是正常的吗？

题目分为三组：

第一组：1、4、7、10、13、16

第二组：2、5、8、11、14、17

第三组：3、6、9、12、15、18

如果你在第一组中的"是"最多，说明你倾向于极权型领导者。对下属意见考虑太少，有脱离群众的危险，你要注意如何授权与放权；如果你在第二组中的"是"最多，说明你倾向于民主型领导者。你能和你的下属融洽共处，较好地沟通，并得到他们的尊敬，通常你下放的任务能得到较顺利的执行；如果你在第三组中的"是"最多，说明你倾向于放任型领导者。虽然你与下属和气一团，但是在下属眼里你缺乏应有的威信，所以你的指派任务常常不能如期顺利完成，注意一张一弛是文武之道。

三、团队成员定位：人人都有其角色

建立一个高效团体的第一步，是把合适的人聚在一起以形成团队。如果我们能够识别各种团队角色，并且能够根据这些角色来匹配团队成员，我们就有了形成“具有巨大成效的团队”的基础。这种成功将会远远大于所有团队成员独自工作的努力之和，不论他们每个人多么有天赋。

再进一步说，如果每一个人拥有一种角色，这种角色既适合于他们的技能，又与他们的个性相吻合，那么他们就会感到他们正在做着更大的贡献，他们将会得到更多的认可和赏识。由于人们是在将他们自己独特的贡献予以价值化，而不是与其他团队成员为角色而竞争，团队中就会有更少的对峙与冲突。事实上，这些就是有助于在团队中形成更多激励、更旺盛士气的所有因素。换句话说，一旦我们建立了一个强大的人人都有其角色的团队，有关团队的其他工作也会变得更加容易。

角色认知对团队的影响

个体角色认知指的是一个人寻求有意义的自我定位，就是在寻求了解自己是谁，自己到底是什么，以及将要往何处去等问题。

我们经常看到，有些团队从表面上看，红红火火，上新项目，招新员工，而且大家都在努力工作。但是到月底财务报表一出来，经营者才发现：亏损了。当然亏损的原因很多，但是从组织行为学的观点来看，个体角色认知对群体绩效的达成举足轻重。

许多团队都有类似的情形：具体分工不明确，有了工作时大家齐上阵，通力合作，这个问题解决了，有了新任务，大家又一起上解决掉。但这就形成了一个问题，分工的不明确会导致各人定位的模糊，个人定位模糊进而导致个体角色认知陷入迷茫状态。团队失败的一个重要原因并非因为害怕、恐惧和不信任他人，而是因为成员对自己在其中所担任的角色感到十分迷茫：自己的具体任务是什么？是否有权处理认为需要做的事情？

影响个体角色认知的要素有很多，包括教育、经历、社会角色期望、团队其他成员的角色期望，等等。良好的角色认知使创业团队成员能够尽快在组织中找到合适的位置，充分发挥自己在知识、经验方面的优势。如果个体角色认知和团队的整体角色定位有较大的偏差，则容易出现个体扮演的角色失当、找不到位置的情况。因此，一个高效团队的组建，必须实现通过成员的良好沟通明确各自的定位，并在实际工作中加以不断调整适应变化。

举个例子来说：某团队里，一个缺乏市场开拓经验和企业管理经验的技术研发高手，对管理兴趣浓厚，把自己定位于企业战略制订者和企业CEO，认为凭借自己的技术才能以及从书本中学到的管理理论就可以统驭全局。这个角色认知就会影响到这个成员的行为方式：也许对于团队制定的战略方向有所怀疑抵制，也许对团队领军人物的做法不断抱怨，这就对团队的整体绩效产生了巨大的阻碍作用。

其实在许多团队中，都有这种角色认知不适当的问题。有些人好高骛远，善于高屋建瓴滔滔不绝地发表演说，对于所在团队的各种做法充满抱怨，认为如果我是领导者，就如何如何，效果肯定如何如何。然而其本身所担负的工作完成得却毫不出色。我们可以把他称为：角色认知失当者。还有一些人，对自己有一个清醒和正确的认识，在组织中明确了自己适合的定位，夸夸其谈少，但是工作业绩出众。我们称之为角色认知适当者。

一般而言，团队成员对于自身角色认知的适当与否是产生抱怨、惰性等问题的主要原因。个体角色认知也是个人职业规划的决定性因素。团队成员同样也有自己的职业规划，如果能够和企业目标紧密结合，就会成为一个出色的团队成员。

角色冲突与角色模糊

在一个团队中，不管是领导还是雇员的行为都同样受到“角色认知”的指导。也就是说，谁认定要扮演怎样的角色，那么谁就会按这种特定的角色行动。由于治理需要充当多种角色，起不同作用，那么，为了能迅速地“变换角色”，他们必须有高度的适应性。

中层领导尤其需要学会这种“角色变换”，因为他们既要对下属又要对上司，既要处理技术性工作又要解决非技术性问题。

若一个管理者同一个成员在一起，那么每一个人至少要领会三种不同的“角色认知”。一位管理者的三种角色认知（成员的三种角色认知也大体相似）：首先是关于管理职务的角色认知；其次是与其成员相联系的角色认知；最后是在成员心目中的管理者角色的认知。显而易见，除非一个人能够充分感知别人对他的期望，否则是很难实现众人的这种要求的，而且也会发生角色冲突和角色模糊的情形。

1.角色冲突。

当个体在工作中面临多种期待时，如果服从了一种角色的要求，就很难满足另一种角色的要求，这时便产生了角色冲突。这类冲突大致有四种类型：第一种，发出者内冲突，即同一个人对某一角色承担者发出了不一致或彼此矛盾的期待。如一位经理要求他的秘书在一夜间拟出一份长达5000字的年终报告，又期望报告内容出奇创新。秘书便面临报告的“质”和“量”的双重挑战。第二种，发出者之间冲突，即不同的人对某一角色承担者发出了不同的甚至相互冲突的期待和要求。譬如，团队要派老张去外地担任某一职务，至少要工作3～5年；而他的妻子则宁愿老王辞职，也不同意这一决定，因为孩子年龄小，家庭需要照顾。在此情形下，老张便面临团队要求和妻子期待之间的矛盾，如果未能顾及任何一方的要求，便可能带来不良后果。第三种，角色间冲突，当外界对同一个体承担的不同角色的要求相互矛盾时，个体便会面临角色间冲突。如一位女经理的孩子生病了，经理角色要求她继续上班，母亲角色又要求她在家照顾孩子，这往往会使人陷入理性和情感的双重折磨之中。第四种，个体与角色冲突，当组织管理者对角色承担者的期望背离了他的价值观和道德准则时，便可能出现这一冲突。如领导要求一位伊斯兰教徒在肉孜节那天去加班，或者要求一位富有科学精神的工程师篡改数据以维护公司利益，等等。上述事件便会引发个体的内在价值观与角色期待之间的冲突。

工作中的角色冲突相当普遍，从国家对固定工薪收入的工人所做的一项抽样调查报告指出，48%的人随时都在经历着“角色冲突”，15%的人认为角色冲突是一个经常发生的十分严重的问题，对于与组织外部有大量联系，也就是充当“边界角色”的雇员，“角色冲突”最难处理。人们发现工作要求他们对外充当的角色要比对内的角色更为五花八门，迥然各异，于是便产生了角色冲突。如果我们根据与工作外部发生联系的多少来分类，可以看到那些联系极少的人，角色冲突也最少，那些对外接触频繁的人，最容易出现角色冲突。

2.角色模糊。

当一个人对自己充当的角色把握不准或缺乏真正理解时，便会产生无所适从的困惑和犹疑；或者是周围很多人对某一个体的工作提出了完全不同的期望和要求，以致造成个体进退两难的尴尬境遇，上述情形便引发了角色模糊。工作角色的模棱两可具有如下弊端：其一，造成人力资源的浪费，导致人才隐性流失，增加人员流动率。一个员工从招募、选聘、培训到开始工作，团队为这一周期付出了昂贵的代价，由角色模糊导致团队成员的无所适从和工作效率低下，无疑是人才和资金的严重浪费。在此情况下，技术人才很容易另谋高就。其二，造成责权不分、工作目标模糊。在缺乏目标管理的情况下，团队成员得不到及时的绩效和奖酬反馈，必然导致士气低落，组织生产率受损。其三，降低团队成员的自我效能感、忠诚感和工作满意度。自我效能感是个体对成功担当某一工作或任务的胜任感和自信心，模糊的工作角色使个体已有的才能无法充分发挥，只能徒添失落、无能和无助等消极情绪，削弱成员对团队的忠诚感，导致工作满意度下降。其四，角色模糊容易引发成员间的角色误解，加剧人际沟通故障。譬如，小李是车间工人，但工会又不时让他去帮忙。有一次，他为了工作问题来找车间主任老张，请求指导。老张认为小李是以工会干部这个角色来接近他，并且在试图挑战他的职权。结果，由于对“角色”的误解，两人大吵一场。不难发现，角色模糊既构成了员工的压力源，又是团队发展的阻碍。

为避免角色冲突和角色模糊给团队造成的负面影响，团队应在其成立之初，就开始分清或指派不同的角色，弄清他们的职责。

九种团队角色

下面概要地介绍一下贝尔宾博士所提出的九种关键角色，并且名字也使用贝尔宾博士采用了多年的角色名字。如果人们非常强烈地具有他们团队的特点，那么他们的品质就会更少地与这些角色应具有的品质相符。例如，如果某位成员是一个完美主义者，他可能倾向于在细节上花费更多的时间。每种团队角色都具有积极的品质和贝尔宾博士所谓的“可接受的弱点”，我们所期望的和准备支付的价格应当是为积极品质所支付的。

1. 播种者。

这些人有较高的智商，他们是思想的原创者，他们最主要的技能是产生新思想和解决难题。他们撒播种子一直到这些种子产生果实，团队的其他成员则受到这些种子的滋养。播种者是有思想的人，这并不是说团队的其他成员没有思想，但播种者是在以一种根本的、富有想象的、横向的方式来思考问题。然而，播种者不是将他们的思想付诸实施的最合适的人选，他们很快就会对原来的问题失去兴趣，并且他们更关注主要问题而不是细节，他们倾向于忽视细节，并且容易犯一些无意的错误。

播种者更喜欢平等独立地工作，他们是个人主义者，他们经常是非传统的。他们通常内向，人们不易与之共事。他们对批评和表扬很敏感，但通常会轻视其他人的想法，并且他们不易与其他研究领域的人交流，他们期望其他人应当为他们而调整自身。

播种者易于将过多的时间投入于能激发他们想象但可能不符合团队需要或目标的想法。如果一个团队拥有过多的播种者，可能会使效率出奇地低。他们每个人都会在思想上互相防卫、互相竞争，仅仅简单地在自己的阵地上斗争，而不是准备接受他人的建议。

2. 专家。

专家们专注于获取高度专业化的技能或知识。他们的真正兴趣在于他们所在的领域，在这个领域他们充满激情地前进着，他们对这个领域采取高度职业的态度。然而，他们对他人及他人的工作不感兴趣，他们不合群。他们有动力、有奉献精神和决心，从而能在一个有限的领域里成为一个彻底的专家。

在团队行为基于专业化技能或知识的团队中，专家是关键人物。并且此时，由于他们的知识财富，以及与之相关的、基于对问题深刻理解而具有的决策能力，专家将会是好的管理者。

3. 完成者。

完成者本性焦虑、内向，虽然他们能很镇静地面对问题。但是，他们担心一旦会出什么问题，除非检查了所有细节，否则就会不高兴。结果，他们辛勤地工作着，他们是杰出的校对者。虽然他们不特别武断，但是他们在传递着一种紧迫的感觉，这种感觉弥漫于整个团队，并且他们不能容忍别人的粗心大意。

由于完成者细心有条理，他们发现自己很难授权他人去做某事，但是他们几乎从来都能完成自己所设定的高标准，不会错过一个期限。

4. 实施者。

我们知道，团队不能缺少产生思想和分析思想的人，给群体以指导的人，领导团队其他成员的人和保持士气的人，同样，团队不能缺少做具体工作的人。这便是我们所称的实施者。他具有组织能力、自律能力和普通常识，他能将想法和决策变成定义好的、可管理的任务。实施者能将一般计划或总计划转化为具体行动计划。他们工作勤奋，有条理、忠诚，没有很强的个人爱好。实施者最大的一项能力是：他们非常高兴去做需要做的事，而不管自己是否喜欢这项任务。

实施者喜欢建立秩序，面对突然变化，他们常会感到非常不舒服。他们在尽力起草规划、预算、图表，并使之形成体系。虽然他们有些缺乏灵活性，易于反对他们认为不相关的想法，但是他们在改变和调整他们的建议方面具有合作性。

5. 才智开掘者。

才智开掘者也具有创造性，但是他们不能以播种者的那种方式来产生新的想法。他们更可能从其他人那里获得一个原始的想法，然后研究发展这个想法。他们随和、性格外向、好刨根问底儿，通常来说极受人们欢迎。他们是良好的外交家、谈判家，并且能够独自思考。他们的积极品质是对团队的士气和激励所具有的富有成效的影响。

才智开掘者看起来外向，与团队的外界有较多的接触。他们能够快速识别新的机会，他们将在办公室外或电话上，发掘什么是可能得到的，或者得出最好的谈判结果。通过这些，他们会燃起团队其他成员的热情，从而使团队避免停滞和产生惰性。

才智开掘者较严重地依赖其他人的激励——虽然他们经常产生激情，但是如果他们没有从其他团队成员那里得到积极的反馈，这股激情就会很快消失。一旦一个项目启动起来，他们就易于对之失去兴趣，他们不能继续采取行动来把这些任务做到底。

6. 监测评价者。

这类人聪明、稳重、性格内向。他们具有相当冷静、不令人兴奋的那种个性，他们甚至有点冷酷。他们的力量不在于产生思想，而在于能清晰、冷静地分析别人的想法。他们能权衡所有的利与弊，他们判断明确，很少做出错误的决策。团队能避免被误导，通常是监测评价者们的功劳。

监测评价者是客观的思考者，他们会利用他们的时间来得出结论。他们不会为了这个原因而吹毛求疵，因为他们能看出计划或争论的缺陷。他们相当冷漠、不热心，通常很难激励，但这正是他们的优点：他们的判断非常客观，他们很少被自身的考虑或以自我为中心的考虑所困扰。他们虽然不老练，甚至会因为他们鲁莽地表述自己的观点而毁掉团队士气，但是他们通常是公正的。

7. 团队工作者。

能成为团队工作者的通常是具有支持性、敏感性和善于社交的人，他们能更清晰地识别团队中的情绪潜流。他们是好的听众和交际家，忠诚于团队，受人们欢迎，性格温和。

他们对新想法的本能反应是：基于这些想法去做事，而不是从这些想法中挑毛病。

团队工作者的出现会减少团队的人际关系问题，他们在成员之间容易产生矛盾的团队中特别有价值。毫不奇怪的是，他们相当不具有竞争性，并且时不时犹豫不决，但是他们对于士气具有非常重要的作用，特别是在有压力或危机的情况下。

总的来说，团队工作者缺少活力或动力，但由于他们不具备威胁性，且容易激励他人，因而较受团队领导者的欢迎。

8. 协调者。

协调者高度遵守纪律、自我克制，有着关注目标的本性。这有助于使一个作为整体的团队，朝向一个共同的目标而努力工作。协调者在团队中有巨大的凝聚力，通常受到团队中其他成员的高度尊重。

协调者充满自信，通常具有权威的气势。他们是好的代表、好的沟通者，善于发现每个个体的才智，并且利用这些来实现整个团队的利益。由于这一点，他们通常是为其他人确定角色和划分工作边界的人，并且毫无疑问地将成为团队的领导。

协调者贤明，情绪上成熟。他们的重要性不在于比团队的其他人更聪明或更具创造力，他们的优势在于他们能够指出其他人所具有的技能，并且引导他们为了团队的整体目标而工作。他们能够将各种不同的技能和个性聚集为一个团体，能够汇集团队的感情，能够表述团队的集体观点。

9.塑造者。

塑造者是精悍、精力旺盛的人。他们喜欢外出，冲动，不够有耐心，通常急躁，有时则接近于偏执。他们喜欢设定挑战并且去迎接挑战，他们是成功导向型的人。他们需要结果，并会推动其他人去实现这些结果。这样做会导致争吵，但是这些争吵不会持续很久，怨恨或嫉妒也会很快被忘记。

塑造者的主要作用是有助于推动团队走向成功。塑造者通常会在讨论中寻找一种方式，会尽力将想法、目标、现实等各种因素，综合起来形成一个单个的可行方案，他们会很迫切地将这个方案付诸决策与实施。

塑造者的强制推动往往会使他们期望的结果变为现实，这样他们常常是团队的天然领导。尽管他们常常充满自我怀疑，尽管他们要通过结果来再确认，但他们还是常常表现出高度的自信。

角色不平衡的纠正

每个团队都希望自己的团队内角色分配清晰、合理，但是团队如果有3个播种者和4个塑造者，而团队又不能将他们解雇，团队将怎么办呢？那么，团队就有很多选择。团队可以选择一种方法来解决问题，团队还可能需要两个或多个方法的组合。

1. 改组。

这听起来有点戏剧性，但是两个或多个团队成员互换工作或大量互换工作却可能是个好主意。如果这会使他们去扮演他们能做得更好的角色，这个机会他们都会欢迎的。

2. 增加团队功能的灵活性。

找出每个团队成员喜欢什么任务，什么任务做得好，然后区分这些任务。这与整个职责领域的交换有所不同。团队给这个人一些另一个人的工作，再将他的一些工作给另一个人，再将这另一个人的工作给其他人，依此类推。当然，团队需要谨防从他们身上拿走他们都喜欢并且擅长的工作。如果他们喜欢某个工作但是不擅长时，团队需要特别注意交际，虽然他们会认识到这个事实。

3. 将相互冲突的团队成员隔离。

如果有3个播种者会怎么样？团队可以将自己划分为更小的工作群体，使每个群体负责不同的项目或负责同一项目的不同阶段。将这3个播种者分到这些工作群体中去，以使他们每人都有迎接挑战的机会。如果团队不能将相互冲突的团队成员隔离开来，那么无论何时当他们在一起开会或讨论时，都要确保当时有一个协调的人员，比如团队工作者或协调者。

4. 与其他团队交换。

也许本团队旁边恰好还有一个团队，这个团队由于没有一个塑造者来激励所有的团队工作者和完成者来采取行动，这个团队的工作和表现受到了影响。如果本团队用一个适当的塑造者换一个适当的团队工作者，就有可能使每个人都更高兴，并且会使两个团队都表现得更好。

5. 吸收新成员。

当然，这通常不是建议。但是有时团队有资源负担和较多的工作负担，以至于需要调整工作负担，并且给团队增加特定类型的人会使这些有很大的改观。如果团队这样做，新招一个这样的人，这个人恰好是团队所需要的那种类型的人的典型，这个人的形象与其他人对他的观点比较符合，则不失为一个好主意。

不必说，一旦团队辨明了所有成员的团队角色，每次团队要替换离开的团队成员时，或者当团队要随着团队工作负担或职责增加而扩大团队时，团队应当考虑群体的团队角色需要。要将一个组合较差的团队转变为一个不断胜利的团队当然需要时间，但是这些措施会有助于加速这个过程。

一旦团队辨明了每一个团队成员的团队角色，并且使他们工作于最合适的职位，那么团队就形成了建立高效团队的基础。

四、沟通是高效团队运作的保障

团队成员共同实现团队目标的工作过程，也是在成员间建立起及时解决问题的沟通的过程。团队内部，高效的沟通能使团队在不断改变的环境和市场需求下保持积极的强性响应，并且迅速、正确且有效地调整其工作方式，以适应新的挑战。

简言之，团队之所以能达到高效，离不开团队内部的良好沟通，良好的沟通能整合团队内部资源，达到团队成员之间技巧与经验的互补，这样团队在面对多方面的挑战时也能应付自如。

沟通的方向

作为团队管理者，应了解和理解团队成员的心理，尊重他们的要求，用一种“服务管理心态”，通过自己的团队协调能力以及令人拥戴的领袖魅力去影响和引导团队成员按照既定的方向完成组织目标，而不是监管、控制的心态。“现代领导学”指出：没有人愿意被“管理”，只接受“影响和指引”，未来的团队管理正向高度的授权发展，“领导学”将适用于一切高素质的团队。

无论大家是否意识到，当一个人当上团队领导（或管理者）时，都会情不自禁地做一件事——使自己的团队成员趋近于自己，包括趋近于自己的工作方式、为人处世、性格爱好，等等。

每个人都喜欢与自己兴趣相投或性格相近的人相处，并容易相处融洽，不信请看看我们身边的团队同事是否具备这些特征。

俗话说：“世上无二我，除非两个我。”世界是由不同特征的个体组成的，假如有一天世上的所有人都变成了同一种面孔或者剩下同一种思想，那是多么可怕的事啊！因此，作为团队领导者最大的难度就是要避免这一误区。注意求同存异，保留不同的意见，利用好团队的合力。虽然，谁都喜欢别人赞同自己，不同的声音听起来总有点令人感觉不舒服，作为团队领导由于维护自己领导的尊严，比一般人更难做到倾听不同的意见，尤其是当这些意见是来自下属的时候。但是，恰好团队领导又是最需要这些不同的意见，因为这些意见往往是最珍贵的。接受不同的意见和观点，对此加以重视和思考，既有利于防范决策风险，又能赢得下属的尊敬。因为只有在一个开明的领导下，在友好团结的工作气氛中，团队员工才不会明哲保身，才会以高度的责任心勇于提出自己的意见。

怎样沟通才能赢得部属的支持与合作呢？团队管理者可以采取下列七种技巧：

· 下达命令，要遵循正常的渠道，不能依个人喜好感情用事；

· 与部属沟通时要清楚、明确、简明扼要，切忌长篇大论、滔滔不绝；

· 态度要和蔼可亲，语气要亲切自然，切忌态度粗暴，语气生硬；

· 不要以为部属很了解自己的意思或观念，如果时间允许，不妨请部属复述一遍，尤其是重要的指令或命令；

· 对有些事情不妨亲自示范给部属看，以使部属更清楚、更明了；

· 对于指令或命令的细节，如有必要不妨举例加以说明，直至部属清楚为止；

· 下达命令或指令时，以一次一个为原则，否则部属不知道重点是什么，分不清主次。

作为团队管理者，其所起的作用非常重要，沟通得好，团队管理者和团队会更好更棒更成功；否则，结果也相反。

沟通的艺术

某团队沟通培训课上，指导员在每个桌子分别放上6盒冰红茶，并将28名学员分成4个小组，每两个小组又编成两个竞赛小队。一个竞赛小队中的一个组，背着别一组先将自己桌上的6盒冰红茶摆成任意形状，然后，通过语言描述给同队中的另一组，另一组听到描述后即开始摆放。另一队亦然。10分钟后，哪一组摆放图形最相似，就算哪一队为胜者。

6盒冰红茶拼图似乎是小孩子玩的简单游戏。其中一个组的7个人个个自认是“赛孔明”，14只手把它们摆成一个立体的“天”字，上下三层，前后三层，挺有立体感。再看看另一队的那个组，他们摆了个最简单的正六边形，既没有层次，又缺乏“艺术”，似乎都是笨手笨脚之人。两组成员摆完后。摆天字形的一组开始向另一组伙伴描述这个拼图，指导他们拼出相同的形状。

“我们这幅够艺术的拼图确实难模仿！”7张嘴嚷开了，“有三层”“是立着的”“前边不出头”“两个摆成一横”……等到这一组成员手忙脚乱地听着同伴们的指挥将6盒冰红茶摆得刚有点模样时，时间到了。

大家先一起评判另一队。他们队的两个拼图完全一样，都是立着的正六边形，汉字标签一律朝外，拼音字母一律向内，红、绿颜色相同，字头咬字尾按顺时针有规律地排列，一目了然。

再看看摆天字形这一队，大伙儿全乐了。两个组的“天”字怎么比较也不像：一组是红盒，一组是绿盒，一组汉字朝外，一组汉字朝内，一组盒头朝前，一组盒头向后……

最后，当然是摆“天”字形的小组输了。

这时，指导员开始讲解：“上级给下属布置任务，要简单明了，内部流程不要故意弄得很复杂，人为地设置障碍。指令一定要明确，描述一定要到位……”

从这堂培训课上，我们不难看出，沟通不能想当然，而应该讲究一定的艺术。

1.注意自身的沟通角色。

管理沟通中的角色概念，是指沟通主体在沟通中可以预见的行为模式，这也是对处在特定地位上人们行为的期待。

沟通主体必须扮演好自己的角色，换句话说，沟通主体的言谈举止都必须符合其自身所处的角色。社会角色理论创始人G. H. 米德也说，角色扮演是个人在一定的情景中想象他人的观点和态度，并做出相应反应的过程，即把自己当作情景中的客体，以此来和他人交往。如果超越了相应的角色，可能会给沟通对象造成某种不适感，不利于沟通主体和对象之间和谐的信息沟通。

沟通的目的是为了促进彼此的信息交流，但沟通的方法很多，沟通中的每个人的角色也在不断地变化着。管理者与团队成员之间的沟通，尤其是作为管理者，如果始终以管理组织赋予的权力而扮演的是领导的角色与团队成员沟通时，也许成员也会因思维定式，有保留地与管理者进行交流，结果沟通的目的也只能有限地实现。沟通中角色的正确定位，可以看下面的一个例子。

英国著名的维多利亚女王，与其丈夫相亲相爱，感情和谐。身为女王，维多利亚整天忙于公务和应酬；而她的丈夫阿尔伯特却和她相反，对政治漠不关心。因此，有时两人也闹些别扭。有一天，维多利亚去参加社交活动，阿尔伯特却没有去。已是夜深了，女王才回寝宫，只见房门紧闭，女王走上前去敲门，房内阿尔伯特问："谁？"女王回答："我是女王。"门没有开。女王再次敲门，房内阿尔伯特问："谁呀？"女王回答："维多利亚。"门还没有开。女王徘徊了一会儿，第三次敲门，房内阿尔伯特依然问："谁呀？"女王温柔地回答："你的妻子。"这时，阿尔伯特打开房门伸出热情的双手把妻子拉了进去。

2.注意倾听。

有一个古老的哲学问题："森林中一棵树倒了下来，那儿不会有人听到，那么能说它发出声响了吗？”关于沟通，我们也可以问类似的问题：如果你说话时没人听，那么能说你进行沟通了吗？

有人说：“沟通就是我说的便是我所想的，怎么想便怎么说，如果团队同伴不喜欢，也没办法！”从目的上讲，沟通是磋商共同的意思，即团队成员们必须交换和适应相互的思维模式，直到每个人都能对所讨论的意见有一个共同的认识。说简单点，就是让他人懂得自己的本意，自己明白他人的意思。我们认为，只有达成了共识才可以认为是有效的沟通。团队中，团队成员越多样化，就越会有差异，也就越需要队员进行有效的沟通。

在团队沟通中，言谈是最直接、最重要和最常见的一种途径，有效的言谈沟通很大程度上取决于倾听。作为团体，成员的倾听能力是保持团队有效沟通和旺盛生命力的必要条件。作为个体，要想在团队中获得成功，倾听是基本要求。对美国500家最大公司进行的一项调查表明，做出反应的公司中超过50%的公司为他们的员工提供听力培训。有研究表明：那些是很好的倾听者的学生比那些不是的学生更为成功。在工作中，倾听已被看作是获得初始职位、管理能力、工作成功、事业有成、工作出色的重要必备技能之一。

要达到良好倾听的效果，我们可以从以下几方面提高：

·创造有利的倾听环境，尽量选择安静、平和的环境，使传递者处于身心放松的状态。

·在同一时间内既讲话又倾听，这是不可能的事情，要立即停止讲话，注意对方的讲述。

·尽量把讲话时间缩到最短。当我们讲话时，便不能聆听别人的良言，可惜许多人都忽略了这一点。

·摆出有兴趣的样子，这是让对方相信我们在注意聆听的最好方式，并且发问和要求阐明他正在讨论的一些论点。

·观察对方，端详对方的脸、嘴和眼睛，尤其要注视眼睛，将注意力集中在传递者的外表。

·关注中心问题，不要使自己思维迷乱。

·平和的心态，不要将其他的人或事牵扯进来。

·注意自己的偏见，倾听中只针对信息而不是传递信息的人。诚实面对、承认自己的偏见，并能够容忍对方的偏见。

·抑制争论的念头。提醒自己，这只是在交流信息，而非辩论赛，争论对沟通没有好处，只会引起不必要的冲突。学习控制自己，抑制自己争论的冲动，放松心情。

·保持耐性，让对方讲述完整，不要打断他的谈话，纵然只是内心有些念头，也会造成沟通的阴影。

·不要臆测。臆测几乎总是会引导你远离你的真正目标，所以要尽可能避免臆测对方。

3.选择恰当的沟通渠道。

团队内部的沟通渠道很多，从一般的语言交流到计算机网络为基础的手段等。不同的沟通渠道具有不同的沟通效果，也适合于不同的沟通情境和目的。沟通渠道只是沟通的要素之一，选择什么样的沟通渠道应取决于沟通的内容及其目标。如团队内管理层与一般团队成员进行的沟通，如果采用书面形式交流信息，一般带有正式的含义，类似下达的指令与向上递交的报告，都是如此，能比较明确地表达沟通者需要传递的信息内容。

由于现代信息技术的发展，计算机网络在组织内的广泛使用，电子手段也在组织内的沟通中发挥着重要的作用。从目前应用情况来看，内部局域网电子公告牌（BBS等）和电子邮件是组织内部沟通的重要手段之一。内部局域网电子公告牌，与传统的沟通手段相比较，具有交互性、时效性强的特点。团队成员可以通过电子公告牌发表自己的意见和看法，并可以就某个问题展开讨论。现在，更多的团队应用这个渠道了解员工的需求，并组织成员对团队内共同关心的问题进行讨论。

4. 创造适宜的沟通气象。

沟通气象与沟通效果之间也存在着密切的关系，而沟通气象又与人所处的社会环境紧密相关。人是社会的人，人天生就有过群体生活的需要。这对于每个人都是相同的，但由于每个人生活环境与思考问题方式的差异，每个人的人生观、价值观可能也存在着差异，他们由此也会对同样的信息持完全不同的态度，这即是社会的人造成的沟通悖论。

创造适宜的沟通气象正是要从此着手，应利用团队环境中有利于沟通的各种条件，避免不利于沟通的条件和环境的形成。主要可从以下着手：

1. “发展一种带有私人情谊的公务关系”。传统管理学角度的沟通一般与正式组织有关，但若真正为有效沟通创造适宜的氛围，带着法官式的严肃的脸谱是难以做到的。这就要求人们运用逆向思维，以带有私人情谊的公务关系来代替以前的纯粹公务沟通。

2. 坦荡的情怀。以私人情谊固然容易实现有效的沟通，但也容易造成正式组织的私人化，与组织的目标发生偏差。因此，以私人情谊实现沟通的同时还应保持坦荡的情怀，对组织忠诚。管理大师巴纳德在论述经理人员的职能时指出：“要求经理人员的唯一最重要的贡献，肯定也是最普遍的资质，就是忠诚，即组织人格占支配地位。”

3. 对“错误”的宽容。宽容对创造适宜的沟通气氛是非常必要的，它可以打消人们的顾虑，让人们敞开心扉。由于人们的文化背景、社会阅历、宗教信仰、教育程度以及所处地位的差异性，即使对同样的信息，人们理解也会发生较大偏差，结果导致“错误”是难免的。当“错误”出现时，我们要做的不是针锋相对，而是予以恰当的宽容。

5. 鼓励双向交流。

我们大家听到过管理专家肯·布莱查特所说的“海鸥经理”。他说的“海鸥经理”就是平常很少和员工交往，但有时突然来到工作场所和大家见上一面又突然走了。这样导致团队成员之间没有交流的愿望，不会了解工作的真正进展情况。

实际上真诚的交流，真正做起来要比想象的容易。大家只要人从办公桌后走出来，走出办公室彼此见见面谈一谈自己的想法和反馈意见。对双向交流，不单单是希望，而是要真正实现它。如果有人不愿意，别急，要继续找他谈，直到他们的脸上改变表情。团队成员之间的双向交流更有助于促进他们之间的了解，便于更好地合作。

6.及时反馈。

对于团队中成员之间交流的信息，要及时反馈，当员工们未能及时得到反馈时，他们往往会向最坏处设想，从而影响他们的工作情绪和工作积极性。不及时反馈情况还会产生谣言。谣言往往由于不能得到准确消息，由此产生不全面的猜想。及时反馈就能把谣言降到最低限度，缓和由于谣言产生的紧张关系。

非正式沟通

非正式沟通能使管理者和团队成员得以保持经常的往来接触，而且仅仅由于这类接触的经常性以及它所具有的性质（如同级之间是处于半竞争状态下），就能使得整个系统的混乱和无组织性受到很好的控制。

使用和倡导非正式沟通的优点是它们来得“及时”。问题发生后，马上就可以进行简短的交谈，从而使问题很快得到解决。因为问题不总是正好在计划开会的前一天发生，因此离计划会议不是“足够近”时，必须采取其他的沟通手段。非正式的会议、闲聊、喝咖啡的间歇时进行的交谈，或是著名的“走动式管理”都具有这些优点。某些团队的员工甚至声称，他们对管理者参加的只有20分钟的喝咖啡时的交谈比任何长时间的正式会议更满意。

1.开门政策。

开门政策是IBM前总裁沃森管理哲学中的一个重要组成部分，直到今天，IBM仍在实行着。在旦达航空公司，这一政策也被使用。

旦达公司是一个以人为本的公司，它提出“旦达为家的感觉”的哲学，并全力去付诸实践。例如，员工薪金付得比别家航空公司高，而且尽可能避免裁员。

旦达公司的管理者花在沟通意见上的管理时间多得惊人，简直令那些不在这种环境中工作的人无法想象。他们一年至少要跟员工聚会一次，公司里的最高阶层与最低阶层直接交换意见。例如，最高主管单位一年内连续举行4天会议，只是为了和亚特兰大的随机服务员谈话而已。资深副总经理们一年通常要花一百多天，风尘仆仆地奔走各地。每周一上午有个幕僚会议，检查所有的计划、所有的问题与公司财务。然后，资深副总经理领着自己所辖部门的各主管吃午饭，让他们知道最新情况。因而，公司的事情能很快地且定期地传遍全公司上下。

2. 电话沟通。

作为现代化的通信工具，电话已经是相当普及了。巧妙地利用现代通信工具，又及时，又便捷，了解下情、发出指令，甚至可以联络感情、交流思想。

在沟通管理中，松下公司及松下先生充分有效地利用了电话这一沟通方式。

按一般的礼仪来讲，让别人坐等自己打电话，是算不上礼貌的，但松下先生不这样认为。有一次聚会，席间有人提到了松下公司制造的振动器质量不够理想。一听此言，松下先生的手立即伸到了电话机上，当在场的人尚在莫名其妙的时候，他已经用电话通知了松下电工的社长、副社长、部长们立刻检讨刚才提出来的问题。打完了电话，他又接着和大家一起讨论问题。会还没有散，那边的电话已经打来，原因与对策已经做出，问题等于在会上就落实了。如果等散会以后，甚至几天以后才看着会议备忘录去处理此事，时间上肯定是耽搁了。松下先生认为，既然大家开会就是存心要解决问题的，为什么不立刻就着手呢？

松下先生打电话，不仅是用于发布指令，也用于联络感情或了解情况。比如，松下先生往往在痛责某人的第二天，打个电话给他，轻松地聊几句。即使是短短的几句话，也会让对方一股暖流涌上心头。再如，有时候打出的电话，并没有明确、具体的目标，他会说："并没有什么特别的事情，只是想知道近来你那里的情况怎样。""还算顺利。"对方回答后，松下先生也不再多言，只说一句："那就好，希望你好好努力。"这样的电话，既了解了情况，又联络了感情，也激励了成员的士气。

3.走动式管理。

走动式管理是许多优秀团队比较常用的，也是比较容易奏效的一种沟通方式。走动式管理是指管理者在团队成员工作期间经常到团队成员的座位附近走动，与团队成员进行交流，或者解决团队成员提出的问题。管理者对团队成员及时的问候和关心本身并不能解决工作中的难题，但足以使团队成员感到鼓舞和激励。有的团队成员说："我就特别喜欢主管走到我的座位旁，拍一下我的肩膀，对我问上一句'怎么样'。"团队成员往往不喜欢管理者整天坐在自己的办公室里，不与自己说一句话。

管理者在走动式管理的过程中如果注意一些技巧和保持一定的敏感性的话，四处走动并进行非正式交谈的确是很好的方式。但更重要的是要创造一个合适的氛围，当问题出现时，要让团队成员感到舒适轻松。因此不要对团队成员具体的工作和行为过多干涉，不要对他们指手画脚、评头论足，否则的话就会给团队成员一种突然袭击检查工作的感觉，团队成员容易产生心理压力和逆反情绪。

需跨越的障碍

沟通中会产生各种沟通障碍，如语言运用的障碍、过滤的障碍、心理的障碍、时间压力的障碍、信息过多的障碍、组织机构中地位的障碍、沟通技巧欠佳的障碍，等等。

1. 语言运用的障碍。

是指语言表达不清，使用不当，造成理解上的障碍或产生歧义。年龄、教育状况、文化氛围等是比较重要的影响因素。同样的话，不同的人来理解，就会有多种不同的诠释。另外一种情况就是，运用自己行业的专业术语与外行人沟通，也会产生误解、曲解，造成沟通的障碍。

2. 过滤的障碍。

由于在信息的传递过程中，某些人由于个人的喜好等原因，会故意操纵信息、修改信息，甚至篡改信息，使信息失真，这称之为信息的过滤。

3. 心理的障碍。

由于人与人之间个体的差异、生活环境的差异、兴趣爱好的差异、团队各部门之间利益的差异，会造成人与人之间不同的心理差异，对于一些人看来不重要的事情，也许对另外一些人就是很重要的事情。

4. 时间压力的障碍。

有时由于时间的紧迫，信息有可能传达不清或不完整，这样沟通的效果也受到影响。

5. 信息过多的障碍。

团队成员有时一天之内会接受大量的信息，信息有重有轻，也许有时会耽搁信息的处理，漏掉一些重要的信息，或者对信息的处理过于草率，这样都会造成对信息的误解，影响沟通。

6. 沟通技巧欠佳的障碍。

如果发送信息者，表达技巧差，词不达意，接受信息者聆听、理解能力不强，沟通中就会出现理解问题，导致沟通障碍。

那么我们该如何跨越这些障碍呢？

7.运用反馈消除沟通障碍。

反馈可以是言语的，也可以是非言语的。如果管理者在沟通过程中使用反馈策略，则会减少很多沟通中的误解。

为了核实信息是否按原有意图被接受，管理者可以询问有关该信息的一系列问题。当管理者问接受者：“你明白我的话了吗？”所得到的答复代表着反馈。但反馈不仅仅包括是或否的回答，最好的办法是，让接受者用自己的话复述信息。反馈还包括比直接提问和对信息进行更精细概括的方法。

8.精确地传达沟通信息。

有效的沟通不仅需要信息被接收，而且需要信息被理解。由于语言可能成为沟通障碍，因此管理者应该选择措辞并组织信息，以使信息清楚明确，易于接受者理解。通过简化语言并注意使用与对方一致的言语方式可以提高理解效果。比如，医院的管理者在沟通时应尽量使用清晰易懂的词汇，并且对医务人员传递信息时所用的语言应和对办公室工作人员不同。在所有的人都理解其意义的群体内的行话会使沟通十分便利，但在本群体之外使用行话则会造成沟通问题。因此管理者不仅需要简化语言，还要考虑到信息所指向的听众，以使所用的语言适合于对方。

9.理性化的情绪沟通。

情绪能使信息的传递严重受阻或失真。当管理者对某件事十分失望时，很可能会对所接受的信息发生误解，并在表述自己信息时不够清晰和准确。那么管理者应该如何做到理性化呢？最简单的办法就是暂停进一步沟通直至恢复平静。

10.调整好沟通心态。

沟通绝不能一次不成功就放弃。沟通要百折不挠，一次又一次，不断地沟通。沟通的最高指导原则是——没有不能沟通的事。通过沟通，敌人可以变成朋友。有不同的解释，可以变成“各自表述”；有争执的土地，可以“共同治理”；被割让的土地，可以物归原主。这是个沟通的时代。两国的争端，不应该只用打仗解决；夫妻离婚，不必破口大骂；今天生意谈不拢，明天还可能合作；议会里水火不容，沟通后可以“共同修改”。只要我们有诚心，有爱心，有耐心，肯让对方坐上座，肯让自己先退一步，肯把对方的面子留足，肯在自己底线上有最大的弹性，而且知道这世界不是全属于我，也不可能只有我是对的，应该利益共享、团结共荣，那么我们必定能够将沟通工作做得近乎完美。

五、引导冲突的正面效益

团队最重要的存在目的就是为了融合不同的意见，“如果两个人的意见永远一致，就表示其中有一个人是不需要的”，箭牌口香糖执行长小威廉·瑞格理说道。但也因为存在着差异，所以有了冲突。

然而，我们通常是因为害怕冲突所引发的负面效果而极力阻止，却没有真正地认识到正面的冲突所能带来的效益。

只有当团队认识到冲突是不可避免的，避免冲突的负面效果，激发冲突的正面效益，妥善处理冲突，才能成为高效的团队，这也是高效团队的一个显著特征。

冲突的两面性

传统的管理思想认为冲突将导致团队成员相互间的抵触，这种抵触会引起团队的分裂甚至瓦解，因此，必须避免和限制冲突。冲突的负面效应主要表现在以下方面：

1. 冲突导致团队运作的无序和混乱，阻碍团队正常作用的发挥。

2. 冲突导致冲动而非理性。由于冲突各方不愿相互交流信息，因此，团队中的信息流动将会受到阻碍，信息量减少，信息的准确度下降，从而使得决策只能依据非完全的信息和错误的印象做出。显然，这样的决策是非理性的和非科学的。

3. 冲突使得团队成员的注意力由团队整体目标转向个人目标。冲突发生时，冲突各方常常更为关注直接的、表面化的冲突形势，更为强调个人的利益和目标，从而忽视团队的整体目标，影响团队绩效的实现和提高。

4. 冲突各方对于冲突常常做出阻挠、暗斗等反应，这些行为将导致团队运作效率的下降。此外，冲突的存在会使人简单地认为，只有采取“非此即彼”“你死我活”的方式才能解决冲突，然而，事实上，许多冲突本可以采取“各方共赢”的方式获得圆满解决。

与传统观点不同，现代管理思想对冲突的认识更加深刻和全面。现代管理思想在承认冲突对团队可能存在着有害性的同时，指出在某些情况下，冲突对团队是有益的。尽管没有一个团队能够长时间地忍受冲突，甚至有些团队只要遇到极其微小的冲突就不能良好运作，但仍然有一部分团队需要适度的冲突。这些团队的需要源于冲突的某些正面效应：

1. 冲突能够促进团队成员对重大事项进行审慎分析。对于一个团队来讲，如果所有决定没有遭到成员的任何反对和批评则是不正常的，甚至是有害的。对计划、目标、战略等进行挑战可以推动团队成员认真分析有关重大事项，避免“一言堂”可能造成的团队决策失误。从这个意义上讲，冲突是“百家争鸣、百花齐放”局面形成的催生剂。

2. 冲突具有激励作用。冲突会带来竞争，而竞争能够唤起团队成员的适度紧迫感和危机感，从而使得团队成员在工作上付出更多的努力。

3. 冲突是团队变迁的源泉。冲突导致团队最初的不均衡，促进具有创造性的成员加以变革，以寻求建立新的团队模式，实现团队的不断变迁。因此可以说，没有冲突，团队的变迁就无从发生。

4. 冲突有时可以改善团队气氛。一些冲突在潜在、模糊的状态下会继续恶化，从而导致更为严重的后果。然而，将这些潜在的冲突显性化，有时反而有利于改善团队气氛，减少紧张，增进成员之间的关系。

是什么产生了冲突

冲突在团队内部是普遍存在的一种现象，一些人要求工作具有高度的稳定性，另一些人则希望工作具有挑战性。那么，是什么产生了冲突呢？归纳起来讲，主要有以下几个方面：

1.对稀缺资源的争夺。

团队内的各部门都需要设备、人员、供应品以及其他资源。来自团队各个部门的这些要求的总和通常远远超过其所能得到的资源总量，这样便会产生相互争夺。例如，团队的资金在某个时期总是一定的，尽管我们可以采用各种复杂的技术对各部门的资金需求做定量化的预算，但这不可能消除根本的冲突：言过其实的要求、片面性的证词、恐吓、笼络参加会谈的代表、会前和会上产生的成见，等等。如果我们不提防的话，这样的过程可能会一直蜕变下去直到丧失原有的动机和诚实。又比如说，在团队用于开拓市场的资金一定的情况下，如果A产品得到较多的重视，B产品得到的重视就会较少。这样在负责不同产品的人之间就会形成紧张的关系。人力在团队内部也是不充裕的，特别是高素质的成员，如果一个部门高素质员工多，效率高，部门的扩展就会较快。因此，如果存在雇用限额的话，自然就会产生对高效率员工的争夺。

2.人为创造的冲突。

在对团队的工作设计时，我们可能需要设计出一些会造成冲突的工作。如把控制和生产划分开有时就会产生冲突。与生产有关的人当然不会反对可靠的质量，快速的服务，低成本，或其由于我们常单独设立控制职位的目标，但是总的生产任务和进行工作的条件必须要具有独立的检查。而当独立的控制人员提出反对意见时，生产经理就可能会恼火，就像我们误闯红灯时收到交警的一张罚单一样。

许多技术人员的工作就有造成冲突的倾向。例如，我们分配给某位工程师一项任务，要求他设计一种更经济的生产方法，但他那种新的高效的生产方法常常难以实施。在开始的时候，质量可能难以保证，工人们原有的社会关系也被打乱了，因此可能会抵制这种变化。负责监管生产的人员也并不只关心新方法对生产成本的影响，他还必须关心几个不同目标的顺利实现，如雇员的态度、质量、设备维修，等等。因而他对新的生产方法会采取谨慎的态度。因而我们可能会发现当这位工程师在热情地执行自己的特殊使命时，质监主管都在拖他的后腿。

3.分歧的目标。

许多时候，团队冲突都是因为各自之间的行为目标存在差异。生产部门乐于接受定型的生产任务，而销售部门则希望产品的多样化。同一团队内的不同员工由于对市场调查的信息掌握不同，而对开发市场有不同看法，甲想以改进产品的质量来帮助公司得到更多利益，而乙却想要看到公司因为降低价格而得到更多好处。这必然引起冲突。

4.职责不清。

由于对出现的任务应该由谁负责，存在着不同的看法而出现的冲突，这是团队内经常发生的事。由于职责规定不清，使得两名或多名成员对工作互相推诿或者争着插手，引起冲突。

5.个人的素质和经历。

团队是由不同的成员组成的，这些成员在知识、态度、经验和观点等方面都存在差异。差异就是矛盾，差异的存在必然导致团队成员之间不可避免地会发生这样或那样的冲突。如：对周围世界的感受，没有两个人的感觉是一样的，每个人的感觉像独特而有个性的过滤器，透过它，把每一件事解释为主观的现实，而这通常会导致误解、困惑及冲突。

引起冲突的原因还有很多，如沟通问题、角色的压力、知觉问题，等等，在此不一一列举。

6.组织系统的缺陷。

团队组织的一个重要功能就是要对做什么有一个明确的分工。权限方面的争执从团队的高层到基层都可能出现。尽管团队有职务说明书来界定每个岗位的职权和责任，但团队工作是多方面的，而且是发展着的，职务说明书难以全面反映企业的实际。一个好的职务说明书也可能经过一段时期后而变得过时。团队发展越快，业务越广，职责边界不清造成的冲突就可能越严重。

引导正向冲突

身为团队的管理者，应该适时地引导认知层面的正向冲突，让成员彼此之间公开而直接地交换意见，同时避免情感层次的冲突发生，并确保最后可以达成实质的结果。

其中具体的方法包括以下几种：

1.鼓励成员表达不同意见。

管理者主动激发不同的意见，确保每个人有发言的机会。

管理冲突的第一个重点就是鼓励所有人公开而直接地面对冲突。管理者应该清楚地让所有人知道，当他们有任何不同的意见或是心里有丝毫的疑惑时，就应该直接说出来，当下解决，这是每个成员应有的责任。

“每个人只有两个选择：直接面对冲突，否则就闭口不提。”《如何解决主管之间的冲突》作者霍华德·葛特曼说道。对于私下的抱怨或是事后的批评，管理者必须明确地加以拒绝，否则便是间接鼓励大家在台面下解决问题，破坏了团队成员彼此之间的信任关系。

管理者可以运用一些方法，鼓励大家在会议中主动发表不同的意见，例如：从管理者自身开始做起。有时候要提出反对的意见，总是让人感觉不自在，不如就从自己开始做起，提出不同的想法或是意见让大家讨论或是主动反驳自己的意见，这样团队成员也比较愿意说出一些不同的想法。

当有人提出不同的意见时，管理者也可以表示认同，可以增加对方的信心或是减缓心里的压力，最好能具体说出认为这个想法好在哪里，而不只是简短的“很好”两个字就匆匆带过。

接受情绪上非理性的反应。在争辩的过程中，每个人都尽力维持客观，但难免还是会有情绪上的波动，例如愤怒的情绪。

已经有许多的心理学研究显示，一旦情绪受到压抑或是批评，反而更难摆脱无谓的争执。当一个人感觉受到威胁或是遭受攻击时，就更难改变立场或是接受别人的想法。因此，管理者不应该批评或是指责这些情绪反应，而是鼓励团队成员诚实面对自己的情绪、意识到自己的情绪变化。

除此之外，管理者必须了解每个团队成员的个性以及响应冲突的模式，尤其是个性内向或是比较不喜欢主动发言的人，管理者应该适时地给予鼓励或是引导，避免发言集中在少数人的身上。

2.多听，多观察。

只用十分之一的时间表达，其余时候应多听多观察。

除了主动鼓励之外，在过程中，管理者不应过度地介入或是干预，“有时候你必须让紧张的气氛持续下去。”海湾集团（Bay Group International）顾问公司的行销研发执行副总裁保罗·汉尼瑟（Paal Hennessey）说道。让成员彼此挑战与刺激，才有可能激发出最好的创意以及解决方法。

所以，应该要多听、多观察。《第五波领导》的作者莫里斯·夏契曼说道：“倾听与说话的比例应该是9:1。”你可以适时地重复某个人所说的话，确认自己以及其他成员没有误解对方的意思。

当所有人都表达完自己的意见后，最后再提出你自己的想法。通常团队成员很容易受到上级意见的影响，所以不应该在冲突一开始的时候就先开口，这样反而容易导向单一的思考，压缩了讨论的空间。

另一方面，当陈述自己的意见时，也应该明确表达心中真实的想法或是立场。“最糟糕的领导人就是模棱两可，没有人知道他真实的想法。”夏契曼说道。如果你自己都有所保留，又如何说服团队其他人坦白？

3.明确冲突的焦点。

理清冲突的发生是因为事实、目标、方法，还是价值。

加州大学管理研究所教授华伦·施密特（WarrenH.Schmidt）与罗伯特·坦能鲍姆（RobertTannenbaum）认为，领导人在面对任何的冲突时，必须理清冲突的根本原因，才能让讨论过程有明确的焦点，并达成具体的结果。

因此，管理者必须引导大家专注于实际作业面的讨论。例如，管理者可以问：“在这样的定位前提下，你会怎么做？”

4.适当打破僵局。

适时地提出问题，化解冲突过程中的僵局。

有时候讨论的过程可能陷入了僵局，争论的双方彼此争执不下，这时管理者可以采取比较间接的方法，提出一些问题，提醒大家讨论的重点，例如：

我们争论的目的是什么？

这个问题有什么重要性？

我们现有的资料能够确认哪些事实？

如果我们换另外的角度，可以有什么样的想法？

我们希望达成的结果可能有哪些？

管理者也可以针对之前大家提出的意见做简短的总结，提醒大家先前讨论的重点。或是针对某一个大家一直争论不休的问题，直接指定讨论的方向。

而如果发生以下的三种情况时，管理者必须立即加以制止，避免让情况继续恶化下去。

（1）当讨论成为彼此之间相互的责难或是攻击；

(2) 如果牵涉到意识形态或是价值观等争论，也容易导向人身攻击，必须加以阻止；

(3) 如果大家的情绪都过于激动，不妨休息几分钟再开始。

作为管理者，最重要的责任就是确保所有不同的意见都有表达的机会，更重要的是能够达成实质、可行的结果，这样的冲突才是有意义的。

最好用“直接处理法”

虽然团队工作中出现冲突是很正常的事情，但是当它失去控制时，冲突就会破坏团队工作，甚而会妨碍生产。处理冲突的最好办法就是直截了当地解决它，也就是我们所说的“直接处理法”。

“直接处理法”鼓励团队成员不通过管理部门而直接解决他们的问题，同时也避免了纠纷，节省了时间和精力，并最大可能地减少了问题的曲解，它强调问题的解决要通过面对面的交流。直接处理法通过遵循一系列的指导方针，管理者和团队成员都可以在没有第三者介入或不必要的仲裁的情况下公开、公平地解决问题。团队成员和管理者都必须做出直接处理这一行为，并帮助创造一种支持直接处理的氛围。如果团队成员把管理者看作是可以接近的、能够交谈的，并理解这些冲突，他们就非常愿意直接处理这些冲突。

直接处理法授予团队成员一定的权力，帮助他们通过个人承担责任、个人成长以及给予做决定的工具来做出许多有价值的决定。这一方法在刚开始使用时会比较困难，但随后它就能成为团队处理它们所有冲突时所采用方法的一部分。

直接处理法的指导方针帮助建立了一种共同语言。这种语言可使每个队员理解并且不用惧怕冲突和误解。当然仅仅训练队员使用直接处理法是不够的，为了培养直接处理法，管理部门必须营造一种氛围，帮助促进面对面地解决问题。管理者必须非常小心地避免陷入冲突中，只有在冲突双方不能自己解决冲突而需要帮助时，管理者才担负调解人的任务。

直接处理法的过程如下：

第一步：告诉你的同事，你对他所做的事有些疑问，并暗示这一问题可能引起误解以及表示你会听他的解释，要认真听。

应注意的是：不要有任何争论。

第二步：计划与团队伙伴开会讨论，并重提这一问题，更加详细地来探讨它。

应注意的是：采用直接处理法的指导方针。

第三步：假设你的团队伙伴在处理这一问题时会需要些帮助。

应注意的是：从他的角度考虑。

第四步：将这一问题提到整个团队面前，向所有的团队成员征询意见。

应注意的是：面对全部的团队成员。

冲突的具体解决

具体问题具体解决同样适用于团队冲突的解决。团队冲突主要分为团队成员与管理者的冲突、团队成员之间的冲突以及团队各部门间的冲突。对于这些不同类型的冲突，我们也应采取相应的解决方法。

1.团队成员与管理者间的冲突。

在工作中，团队管理者与团队成员由于工作上协调不一致等原因，经常会发生冲突，也许有些人会认为发生冲突，表明自己工作方式可能有问题，因而采取忍气吞声的方法来解决冲突，如此这般时间长了以后，问题会越积越多，严重干扰正常的工作。因此，有了冲突一定要直面冲突、尽快加以解决。另一方面，在冲突发生前，完全可以做好避免冲突的准备工作。

如果对方脾气比较暴躁，经常首先引起冲突，此时，最好的办法是不动声色地等待对方发泄完毕以后，再重新和他恢复刚才讨论的问题。因为发泄只是情绪宣泄的一种方式，往往在发泄完以后，还是能平心静气地听从建议的。这种方法尤其适用于团队成员对管理者。

当发生冲突时，要相信所有的问题都有解决的方法，只是暂时还没有找到，我们可以试着和对方讨论共同一致的目标，共同的期待，表明所谓分歧只是形式上的分歧，讨论问题的本质都是共同的。经过这样的解释，冲突就会好解决多了。

如果双方代表的是各自不同的利益，一方可以请另一方考虑这样继续冲突下去，彼此的关系会发生如何的变化，合作是否会受到影响等问题，顺着这个思路，冲突就会采取和平的方式解决了。如果冲突已经发生了，我们就不能采取退避、视而不见的态度，要集中精力处理眼前的问题，不要在解决冲突的过程中又提到以前的旧事。如果不小心提起以前的旧事，不但现有的冲突不好解决，新的冲突马上又要发生了。因为对于过去的旧事，必定有一个对错是非的问题，如果把矛盾的焦点集中在旧事上，对现有问题的解决是徒劳无益的。在发生冲突前，我们应当尽量避免含糊不清、易发生冲突的事情，尤其是在团队成员与管理者之间。管理者分配工作时一定要确保成员能够充分了解自己的意图及期望，这样一旦发生了冲突，问题的责任就非常清楚了。这里尤其需要注意，“政出多头”的问题，即管理者之间先要协调好关系、意见统一，千万不能分别往下贯彻精神、要求之类的东西，让下属莫衷一是。

如何避免冲突的方法很多，比如说话的语气、态度等都会引起双方的冲突。在批评别人时，尽量采取平和的言语，让对方挽回面子，这样也可以减少发生冲突的机会。如果批评时不留情面，人家也许根本不接受，问题必将持续冲突下去。还要注意“沉默”将会引起纷争，不要把沉默当成一种武器来对付对方，因为这样更容易引起大的冲突。

2.成员之间的冲突。

团队成员之间的冲突一般可以采用下述六种方法予以解决：协商法、上级仲裁法、拖延法、和平共处法、转移目标法及教育法。

协商法，这是一种常见的解决冲突的方法，也是最好的解决方法。当冲突双方势均力敌，并且理由合理时，适合采用此种方法。具体做法是：管理者分别了解冲突双方的意见、观点和理由，然后组织一次三方会谈，让冲突双方充分地了解对方的想法，通过有效的沟通，最终达成一致。

上级仲裁法。当冲突双方敌视情况严重，并且冲突的一方明显不合情理，这时采用上级仲裁法，由上级直接进行了断比较合适。

拖延法。双方的冲突不是十分严重，并且是基于认识的冲突，这些冲突如果对工作没有太大的影响，采取拖延法效果较好。随着时间的推移和环境的变化，冲突可能会自然而然地消失。

和平共处法。对于价值观或宗教信仰的冲突，易采用和平共处法。冲突双方求同存异，学会承认和接受对方的价值观和信仰，这样才能共同发展。

转移目标法。当成员自身产生冲突时，采取转移目标法更为有效。比如，让成员将注意力集中在某个兴趣点上，淡忘那些不愉快的事情等。

教育法。如果成员是因为一些不切实际的想法而产生自身冲突时，管理者可以帮助成员认清自身的现实情况，教育成员用正确的方法来看待问题、认识问题，从而帮助成员缓解冲突。

除按照既定的方案和对策来解决成员间的冲突问题外，管理者也应该注意一些可能会影响冲突解决的因素，并且尽量将各种对策有机地结合起来，使解决方法发挥的作用更为理想。

六、清晰授权、充分行使

团队为了达到某种目的而创立了团队。团队内部可能会有上级向下属“授权”的现象——通常是很模糊的——即团队为达到既定目的可以在某种程度上采取一切必要的行动。但也可能团队内没有这样的授权。

对此团队成员要么感觉手中无权，无法开展工作；要么就搞不清自己职权到底是什么。不管怎样，这样的团队注定是要失败的。

高效团队却不然，它们一个重要的特征就是清晰定义权力内容，谁将行使它，从何处开始并到何处结束。一句话，高效团队是善于授权的团队。

谨防授权的误区

授权指的是上级将权力分派给下级，使下级在一定的监督之下，独立自主地去完成某一特定工作的管理方式。理解授权的含义，我们应当把握以下几点：

1.授权不是参与。

参与只是表示团队成员对团队决策产生影响，他们以特定的方式和标准的程序同管理者一起制定决策，此时，团队的权力状态是“共享式权力”。如果严格地考查，这种权力共享往往只是表面的，决策的形成不可能是由成员和管理者对等投票的结果。实际上，决策总是管理者意志的表达，所谓的参与对决策的影响只是一种软约束。而授权，则是权力的下移，管理者同下属拟定目标之后，由下属独立决定达到目的的途径、方法和手段。虽然这种独立的决策者是受到制约和监督的，但在限定的权力范围内，被授权的员工拥有充分的决策权，上级不能随意干预。

2. 授权不是弃权。

决定授权是否弃权的关键是“恰当与否”。如果一个管理者把权力和任务全部交给下属而又没有清楚地阐明下属应该做的具体工作，没有对下属的权力范围明确规定，没有明确下属应当达到的绩效水平及绩效考核的办法，那么，这种授权就是弃权。弃权必然会导致失败，给管理者带来很多麻烦。

3. 授权不是授责。

授权只是把一部分权力下放给了下属，而不是把与“权力”同时存在的“责任”也下放给下属了。换句话说，当主管人员把权力下放给某一成员时，他仍然拥有和授权前同样的责任。管理学家史罗马曾说过：“责任是某人肩负的某种东西，无人能授予它。一个负责任的人将永远负起责任，而一个不负责任的人永远都必是不负责任的。”作为管理者应当记住这一点：错误是授权的一部分。下属犯错误几乎是肯定的，授权时，管理者应当预期到并接受下属可能犯的一些错误，意识到自己对下属所犯错误应承担的责任，并确保自己不会把责任推诿给下属。

4. 授权不是代理职务。

授权意味着管理控制方式的转变，并不是把不重要的事放弃不管。授权之后，管理者仍然享有职权，对授出的职权负有责任。这种权力体现在他要通过接受、听取工作报告的方式来取代事必躬亲的工作方式，这是授权带给管理者的实质性的变化。明确这一点，意味着管理者在授权时要认识到自身职责的变化，明确自己的工作职责不再是把自己的事情做好，而是要让别人把事情做好，因此必须对下属的工作实施卓有成效的控制。

5. 授权不是分工。

分工是在一个集体、组织、团体内，由各个成员按其分工各负其责，彼此间无隶属关系。对于管理者来说，恰当地为下属进行分工，是将工作任务合理切割的过程；而授权则是授权者和被授权者上、下之间的监督和报告关系。分工和授权的区别还表现在工作任务的中心不同，在分工中，管理者处理任务中心，主管的工作重心是协调下属的工作，用以保证任务成功地完成；而在授权中，任务中心向垂直的下层移动，被授权者在任务完成的过程中担当重心的角色，而管理者作为独立于任务的上级，听取有关工作的报告，解决超出下属能力权限的各种困难。

6. 授权不是下任务。

授权不只是向团队成员下达任务，而是要考虑多方面的相关问题，那么，管理者实施授权应考虑哪些问题呢？

7. 授权的意义是什么？

授权的意义指的是工作目的与价值，它的评估要和个人的理想及标准联系起来。当工作要求与个人信念相符合时，这项工作便变得有意义了。

8. 团队成员能胜任吗？

胜任指的是团队成员个人相信他有能力出色完成某项特殊任务。有胜任感的团队成员相信在特定情况下，他们有能力满足某项工作要求。胜任感同样会让人产生被授权的感觉。

9. 什么是自我决策？

自我决策是指个人觉得自己有权发动部门各类工作活动，尤其是当团队成员感到自己能够自由选择解决某个特殊问题的最佳方法时，自我决策就变得更为高级了。自我决策还涉及诸如工作地点和场所的选择之类的问题。一位被高度授权的团队成员或许会决定不在办公室完成工作。

10.什么是影响?

影响指的是团队成员能左右工作的重大成果或结果的程度。在被授权过程中，团队成员并非只是服从，并非在任何方面都插不上手，而是应有发言权，有权针对团队的未来前景发表自己的见解。

授权的有效实施

授权前管理者应先把任务标准化，然后通过培育授权气氛，转移心态，选准授权人，选取授权任务和把握授权时机，确保授权的有效实施。

把任务标准化。

当团队完全由管理者来推动其运行时，任务和他想要达到的目标存在于他的大脑中，这可能是模糊的。当他把一个具体的环节交代给团队成员去完成时，他没有必要向团队成员解释整个任务是怎样的。然而，当实施授权之后，模糊的任务常常使团队成员无所适从，当管理者试图授权时，一个首要的工作就是把任务标准化。这种标准化包括下面几点：

· 任务是有清晰的目标和方向的；

· 完成任务所需条件是相对明确的，团队成员知道如何寻求配合和帮助；

· 任务完成的程序具有相对稳定的模式，完全没有思路的任务不适于授权；

· 任务的完成有相对明确的考核标准，以确定任务完成的质量。

将部门的工作任务标准化，其意义远不止是授权的需要，它对于部门的科学管理具有非凡的意义，是部门走向正规化、走向成熟、走向制度管理而非主管主观化管理的必经之途。

培育授权气氛

任务标准化之后，管理者应怎样培育授权气氛呢？

· 向团队提出质疑。在各种场合揭示团队内部存在的问题，引发讨论，并提供具有建设性的意见和方案。

· 重视团队的培养。采用渐进的方式促使团队改变。首先在管理者与团队之间发展授权的关系，建立一种适用于授权的新型工作模式，并作为进一步推广的典范。

· 初步成果的共享。团队在实施初步的授权之后，它的每一点哪怕是微小的成绩提升或气氛改进都是值得关注的，应该关注这些成绩，以恰当的形式给予庆贺，并向团队成员公布，让他们知道成绩是如何取得的。

· 勇于探险。管理者可以尝试一件以前不会做的事情，使自己进一步成长，并以自身的勇气鼓舞团队成员，创造一种勇于冒险、求新的组织氛围。

1. 转移心态。

转移心态包括两方面：一是管理者心态的转移；二是团队成员心态的转移。授权最重要的前提在于管理者的认识或认同。管理者在要将自己天天从事的工作授权给他人接管时，总是感到难以割舍。管理者心态的转变对授权的成功与否至关重要。但由于种种缘由，多数的管理者在走向授权时总是有些犹豫，他们一时还不能适应授权将带来的心态上的转变。由于这种转变非常关键，管理者应尽快适应。

与管理者心态转移同等重要的是团队成员工作态度的转变。主管在保证自己心态转变的同时，应帮助团队成员实现心态的转移。只有管理者和团队成员同时完成心态转移与重新定位，一个新的授权的组织状态才最终完成。

2. 选准授权人。

选准授权人，是成功授权的关键。权不可不授，却也不可乱授。授错了人，很可能会误事和坏事。管理者可以将权力适度授予以下几种人：

· 忠实执行管理者命令的人。一般说来，管理者下达的命令，无论如何团队成员都要全力以赴，忠实执行。这是团队成员必须严守的第一大原则。如果团队成员的意见与管理者的意见有出入，可以先陈述他的意见。陈述之后，管理者仍然不接受，就要服从管理者的意见。有些管理者在自己的意见不被采纳后，抱着自暴自弃的态度去做事，这样的人没有资格成为管理者辅佐人。

· 做管理者的代办人。团队成员必须是管理者的代办人。纵然管理者的见解与他的见解不同，但管理者一旦有新决定，他就要能把这个决定当作自己的决定，向其他人包括外界人做详尽的解释。

· 明确自己权限的人。被授权的团队成员必须能认清什么事在自己的权限之内，什么事自己无权决定。如果发生问题，而且又是自己权限之外的事，处理的办法不是拖拖拉拉，而是立即向管理者请示。

超越管理者的交涉、协调，等于把管理者架空，也破坏了命令系统。非得越级的时候，原则上也要先跟管理者打招呼，以获得认可。

3. 选取授权任务。

在正式开始授权之前，管理者要做的第一步工作是对必须完成的任务按照责任的大小进行分类排队，不同类的工作对应不同的授权要求，做出一张“授权工作清单”。

· 必须授权的工作。这类工作管理者本不该亲自去做，它们之所以至今留在管理者的手中，只是因为管理者久而久之，习惯去做，或是管理者自己喜欢，不愿交给别人去做。这类工作授权的风险最低，即使出现某些失误，也不会影响大局。

·应该授权的工作。这类工作总体上是一些团队成员完全能够胜任的例行的日常公务，团队成员对此有兴趣，觉得有意思或有挑战性，而管理者一直由于疏忽或其他原因没有交给他们去做。这类工作授权给团队成员的意义，除了可以节约管理者的时间和精力之外，更有利于调动团队成员的积极性。

·可以授权的工作。这类工作往往具有一定的难度和挑战性，它要求团队成员具有相当的知识和技能才能胜任，但由于管理者不放心而长期坚持做。事实上，只要管理者在授权之外，特别注意为授权的团队成员提供完成工作所需的训练和指导，把这类工作交给团队成员，就可以有机会让他们发挥自己的才能。对于一个急切地需要一个得力助手的管理者来说，这无疑是精选干将的绝佳时机，因为在所有的人员评估手段中，实战表现是最具有效率和可信度的一种，其他任何方式都无法与之相比。

·不能授权的工作。每个部门的工作之中，总有一些工作关系到部门的前途、命运、声誉，这类工作一旦失误将要付出沉重的代价。还有些工作除非主管本人，他人无法完成，这类工作是不可授权的，必须管理者亲手做。这类工作包括制订未来发展计划、选拔新进团队成员、支持考核团队成员绩效、实施奖惩和重大决策，等等。

4.把握授权时机。

授权在最开始时可能很耗费时间，因为它需要管理者对团队成员工作中的自由决定范围进行细致考虑。在这一范围确立之后，管理者就需要拿出时间对团队成员进行权力使用的训练。建立恰当的控制程序也需要花费时间。授权如同一项资本投资，确立授权模式所花费的时间有可能获得巨大的回报——但这种回报只能在将来获得。管理者在授权时应对授权模式进行仔细考虑，通过授权不停地积累经验。

那么，管理者应当在什么情况下实施授权呢？

· 管理者办公时间几乎全部在处理例行公事时；
· 管理者的工作被员工的频繁请示所打扰时；
· 管理者需要进行计划和研究而总觉得时间不够时；
· 团队成员因工作闲散而绩效不高时；
· 管理者因独揽大权而引起上下级关系不和时。

5.抓住授权的要点。

善于授权是领导能力的重要体现，授出去的权力不是分出去的财产，而是放飞的风筝，既给了团队成员一定的权限，又对授出去的权力有所控制；既挖掘和调动了团队成员的潜力，又减轻了自己的工作负担。因为管理者不可能将任何事务都一揽己身，也不可能通晓管理范围内有关的各种专业，只有物色人才，适时授予权力，驾驭得当，管理者的事业才可发展拓深，开创新的局面。身为管理者，能否成功地授权给团队成员，与管理者本人的思想方法、工作能力有着直接的关系，善于授权可以大大提高管理者的领导成绩。以下内容是授权时主管应注意的几个问题：

（1）要弄清转让权限的本质。

对管理者而言，最重要的事情是牢牢掌握权限转让的本质含义。权限转让绝不是责任的转让，当管理者将权限转让出去之后，必须保留作为团队成员的管理者和合作者的身份。

（2）要认真了解员工情况。

每一个团队成员的工作能力及思想方法都会有所不同，所以应该充分了解他们的专长及做哪些工作最合适，然后将最符合其特点的那部分权限委托给他们。

（3）要使员工清楚目标和目的。

管理者的责任不仅仅是对团队成员说要他做些什么，还要使他清楚为什么这么做、什么时候做、和谁一道做和怎么做。否则，尽管管理者将一部分权限交给他，也不可能充分发挥其功能。

(4) 要事先确定工作完成标准。

管理者与团队成员共同磋商，制定工作标准，同时还应商量成绩评估方法，以获得一致性的意见。

(5) 要对团队成员进行训练、指导。

为了更好地转让权限，管理者应对团队成员进行训练和指导。

(6) 要和员工经常谈心。

为使团队成员毫无顾忌地行使转让而来的权限，管理者应随时任其畅所欲言，并给予大力协助和必要的指示。

(7) 要对考核结果进行评估。

将权限转让出去之后，如果管理者太过于撒手不管就容易使团队成员干劲松懈，这也是失策原因之一。管理者应该经常就转让出去的权限、工作成效给予恰如其分的评估。

(8) 要弄懂授权不拘小节。

一般说来，管理者主要把握宏观上的规划，对于小节应该授权给团队成员自由处理。

授权的战术

以下是一些实施授权过程中所遇问题的例子。

案例1：一个大的医疗中心决定建立自我管理的团队，其中包含一些内科医生。结果是：医生们不出席病例分析回顾的会议，决策被推迟了，病人等着接受治疗，而团队成员则因没有信心最终被解散了。

案例2：一银行控股公司的董事长对授权情有独钟，让他的培训部经理负责此事。六个月以后，团队组建完毕，训练开始，但是一些管理者的地位也因此受到了挑战。问题在于副董事长们并没有参与这一计划，于是拒绝底层提出的建议。他们对团队的努力表示怀疑，并堆砌了一系列问题，以致团队成员怀疑他们的努力得到了支持还是制造了麻烦。

案例3：一个刚起步的工厂花了大量的时间和经费来组建团队，对之进行数轮的管理训练，但他们忽略了一些环节：他们未曾测量评价他们取得的进步，没有为他们的团队设置目标，也没有明确团队为达到目标而应担负的责任。相反地，这些经理闭上双眼，十指交叉，等待着成果出现。这当然不可能！总部的一位高级经理对此进行了干涉，以确保这一授权活动仍进展顺利。

案例4：一个国际性的大企业着眼于利润增长与组织重构，为此，将其管理层级从六层削减到三层。他们开始以一个设计得很好的、从上至下的方法来创建高绩效的团队。但是他们没有对各地分支机构的实际情况预做评估。实际上有些地方的团队工作已经非常先进，而有些地方则落后数年。如果他们不采用由上而下的“按命令行事”的方法，他们完全可以实施“外科手术”（哪儿需要手术哪儿动刀），这样，不仅花费少，而且见效快。

案例5：一个成长迅速的连锁饭店决定低成本地进行团队训练。他们习惯于大量雇用人员，获取高营业额，从而将平均培训费用降至行业平均水平之下。他们为此而感到荣耀。他们把培训浓缩成4次两小时的课程，阻止雇员做他们想做的事，却又对雇员抱有不切实际的期望。此外，还要求雇员们所要做的事必须经管理层同意。

这五个案例有何相似之处呢？每一个案例中，管理者们的出发点都是好的。他们把授权过程理解为命令和给予团队资源。他们的错误不在于战略，而在于战术。他们没有仔细思考整个过程，考虑潜在的问题，咨询一些难点问题，总之，这些管理者没有花时间仔细考虑他们的目标以及如何让团队成员们接受和理解这些目标。

其实，管理者们只要掌握好以下一些战术，做好授权工作并不是太难的事。

1. 职责和权力相符。

授权的第一个要求就是职责和权力相符，因为它是有效授权的前提保障。如果团队成员的职责大于他的权力，团队成员就要为自己一些力所不及的事情承担责任，自然会引起团队成员的不满；如果团队成员的职责小于他的权力，他就有条件用自己的权力去做职责以外的事情，从而引起管理上的混乱。

2. 授权完整。

授权并不只是去告诉团队应该去做某某事情那么简单。任务、权力和责任应该有很明确的划分和描述。为了做到授权完整，管理者在授权前，应该对这些问题进行认真考虑，在授权时尽量采用书面的方式，以防止沟通出现的误差。另外，授权的过程应该也是管理者和团队成员讨论的过程，只有这样，才能真正让团队成员明白自己的任务、责任和权力。

3. 授权有层次。

如果管理者有很多团队成员，并且这些团队成员之间存在着隶属关系，那么管理者在授权时，只应该对直接团队成员进行授权，让直接团队成员对他们的团队进行二次授权。如果管理者直接对所有的团队成员授权，势必侵犯了直接团队成员的管理权力，这样只会为直接团队成员增加麻烦，降低了工作效率。

4. 给予适当协助。

授权不是放任自流，因为团队成员毕竟在经验和能力上有所欠缺。管理者应该从培养团队成员的角度出发，有意识地对团队成员进行协助。在必要的时候帮助团队成员去完成任务。

5. 让成员参与授权。

如果让团队成员参与到授权的讨论过程中，授权的效率会更高。首先，只有团队成员本人对自己的能力最为了解，所以让他们自己选择工作任务，可能会更有好处；其次，在团队成员的参与过程中，团队成员会更好地理解自己的任务、责任和权力；再次，团队成员参与的过程，是一个主动的过程，对于自己主动选择的工作，团队成员自然会尽全力将它做好。

6.不交叉授权。

现代的团队往往有多个部门，各部门都有其相应的权利和义务，管理者在授权时，不能交叉委任权力，那样会导致部门间的冲突，甚至会造成不必要的内耗，形成不必要的浪费。

7.单一隶属的授权。

任何一个团队成员被授予的权力都应当是确定的，因此，授权只能来自一个上级主管。如果多头领导，多方面授权，则隶属关系就不清楚，团队成员就会感到无所适从，左右为难，难以行使被授予的互不相干，甚至相互冲突和干扰的各种权力。当然也难以履行各种互不相干或相互冲突的职责，同时也给授权后的考核带来困难。

8.充分交流。

授权只是工作方式的转变，并不等于管理者放弃了自己的职权。因此，授权后，不能造成上下级关系的隔断，而应加强上下级的交流，使下级获得决策的信息，上级也便于深入了解所授权工作的进展，便于指导和监控。

9.充分信任。

授权要以管理者和团队成员之间的相互信任关系为基础。一旦管理者决定授予团队成员相应的职权，就应对其充分信任，而不得处处干预。而团队成员在得到授权后，要尽一切努力做好分内的工作，不必再事事向团队成员请示，只有在必要时才向管理者汇报或请示。

10. 及时奖励。

管理者在授权中的责任，不仅是授权的提出与实施，他还有责任为授权活动不断注入动力。这种动力有两种，一种来自外部，另一种来自内部，后者更具有经济性和便利性。提供内部动力的一种重要方法是对有效的授权和成功的授权给予及时的奖励。尽管管理者应用的奖励手段是物质奖励，但在很多情况下，授予团队成员更大的自主权，树立或提高他们的威信，及时给予口头的或书面的表彰，往往有更大的激励作用。这种有效的奖励，将会对授权本身产生推动力，使授权工作达到一个新的境界。

11. 避免逆授权。

所谓逆授权，是指本来管理者已经对团队成员进行了授权，而团队成员具体的工作过程中，没有使用自己的权力，还是将每件事情提交给管理者，让管理者进行决策，从而使授权失去了意义。造成逆授权主要有两种原因：

(1) 管理者没有真正授权。

虽然在形式上管理者向团队成员明确了工作任务、责任和权力，但是在团队成员具体工作中，管理者始终不能够放心让员工去做，所以对团队成员工作的每一个步骤都十分关心，都要亲自去决策。

(2) 团队成员没有主动使用自己的权力。

团队成员虽然有权力，但不去主动地使用它，出现这种情况的原因有很多。比如说，团队成员对这件工作任务没有把握，或员工不愿承担责任，或团队成员认为自己的上级喜欢事必躬亲，所以投其所好，等等。

无论是什么原因造成的逆授权，其结果都是一样的，都没有达到真正授权的目的。

七、打造学习型团队

在知识爆炸的今天，无论社会、企业、个人都必须接受“学习化生存”这一崭新理念。一个高效团队，首先应该是一个学习团队，真正成为一个学习的最佳单位。学习是创新的基础，只有善于学习，一个团队才能成为持续创新的、高效的团队。

比尔·盖茨和他的“微软帝国”的成功，创造了新时代的神话，秘诀何在？《美国软件报道》杂志一语道破：学习即财富，学习即成功，正是学习的成功保证了微软的成功。

微软成功这一不争的事实启迪我们，要建设高效的团队，必须下大力气抓好团队学习。

学习型团队的建立

首先让我们看看什么是学习型的团队。按照曼彻斯特商学院研究人员对两千多个团队的调查研究，把团队分为三种类型：创造性团队、常规型团队和糟糕的团队。这三种类型的团队呈前大后小的枣核形的分布状态。创造性团队数量不多，在前端被称为梦之队；枣核后端的数量更少，是他们称之为地狱之队的糟糕团队；居于中间的是数量巨大的常规型团队。一个学习型的团队实际上就是曼彻斯特团队模型中的创造性团队。因为学习使团队进步，而进步就体现在能做过去所不能，创造过去所不曾有。团队的基本功能特征是“协作”，协作的实质是分享和共享，分享或共享资源、知识、经验、技能，当然还有风险、挫折和成功的果实。在团队中，每一个成员都处在一种特殊的团队文化之中，这种特殊的团队文化主要体现在行为方式和规范上。对于一个企业，这种文化还贯穿到决策形成的机制之中。因此我们就可以得出这样的结论：营建学习型团队就是在团队中营造一种协作学习的文化机制和环境氛围，构造团体协作学习的交流平台，鼓励队员们在这个平台上共享知识、经验和学习能力。

为说明学习型团队建立的必要性，我们来看一个有关英国的山雀典型案例。这种山雀是英国林苑中一种很普通的小鸟禽。在英国由一个由来已久的牛奶递送系统，就是送奶工人开着小卡车把瓶装牛奶送到各家各户的门口。

20世纪初，这些牛奶瓶都没有盖子，因此鸟很容易就能吃到瓶口的乳脂。山雀和红知更鸟都学会了从瓶口中吸食乳脂。后来，在第二次世界大战期间，英国奶制品的传送者们用铝箔封住了奶瓶口。之后，英国的全部山雀学会了如何穿刺铝箔封口，重新获得了这种营养丰富的食物资源，在生存竞争中赢得了优势。与此相反，红知更鸟再也没有获得吸食乳脂的技巧。

问题是，偶尔也有一只红知更鸟学会了如何穿刺铝箔封口，但是这种本领不会被传授给其余的红知更鸟。这就是说，山雀们经历了一次非常成功的制度化的集体学习过程，而红知更鸟们却失败了——尽管从个体看，两种鸟一样有创造性，并且它们也有一样的交流方法。

唯一的区别是，山雀更喜欢群体活动，这样的群体总是保持其完整性。与山雀形成对比的是红知更鸟的领地观念特别强，相互用敌对的方式交流，保持固定的领地而不相互穿越。结论是，那些群居的鸟类学习更快，生存机会更多，进化也更快。山雀创造了一个团队的“模型”。

1. 个体或群体有能力发明新的行为；

2. 个体技巧可以通过一种确立下来的程序向整个群体传播；

3. 种群接受个体的四处活动，他们群居一处或是成群地活动，而不是在相互隔绝的领域中原地不动。由此看来，学习型团队的建立是十分必要的。

处于学习型中的成员，总是能够形成一种业务学习和探讨的氛围，在这样的氛围中成员们能够积极地参与业务学习，交流成功的经验，探讨业务技能和创新。这种氛围的形成取决于一定的团队文化之下的行为规范。一般而言，在一个具有业务利益竞争的环境下，每一个人都有保守自身“业务秘密”的本能行为，这是不可避免的，这种情况在销售部门的各个业务人员身上表现得尤为突出。但是，总有办法通过划分业务的范围和业务分层，来使得团队成员的竞争非直接化。把团队成员之间的直接业务竞争限定在一定的范畴之内，可以使得成员之间的交流和沟通成为可能，否则团队精神就会荡然无存。另一个因素是业绩考核体系，因为管理层可以制定不同的考绩和奖励方法，从而就有可能通过方法的选择促使员工选择协作还是非协作式的行为。有一个研究案例是这样的：某公司为了提高销售人员的推销策略和销售技巧，希望业务人员能够把各自在销售实践中的经验和技巧贡献出来让大家分享，便特别设立了每季度一次的销售方案评奖。具体分为目标客户选择、产品展示方案、客户服务方法、最佳销售体验等奖项，每一个销售人员都把自己的得意之作做成演示文档参加评奖，最后把所有的方案都汇集起来装订成册，发给大家学习参考。几个回合下来，这个公司各大区的销售就取得了突飞猛进的发展，公司也形成了很好的业务学习和探讨的风气。原来公司准备组织的业务观摩，已经演变为业务人员之间经常性的互相交流和切磋。在不同性质的部门，可能需要使用不同的方法和激励政策，来鼓励这种业务交流和学习。

知识是无限的，成员的探索和创新也是多种多样的。团队需要判断，什么样的知识才是团队需要学习的，如果没有这些知识，团队将会怎样。这种判断的标准只能来自团队的使命、信仰、目标、战略、事业基盘等，认为如果一条船不知道驶向哪一个码头，那么就无法判断什么风向有利于航行。

团队的学习还会遇到一种障碍：人们只能看到自己愿意看到的事情，只能感受到自己理解的事情，只能看到预计对自己的未来有关的事情。就像当年秘鲁的印第安人，当他们看见西班牙入侵者的航船在海平面上出现时，以为是气候反常，然后继续做他们的事，因为在他们有限的经验中根本没有航船的概念。他们对不知道的东西视而不见，任凭灾难降临。一个团队也是这样。

为了使团队能够正确地学习，阿里·德赫思创造了一种被称为“未来情景企划”的做法，使团队有关成员能够进入自己所没有经历过的“未来情景”中，从而达到在遇到与未来情景有关的知识时，能够自觉地学习。团队的学习实际上有一个内在体系。这个知识型、智慧的内在体系是从团队的“原点”发展出来的，只有纳入这个体系中的知识，才能被团队所真正拥有。不能融入这个体系中的知识，即便个别成员拥有，也不能被团队拥有——企业“原点”的重要性再次凸显出来。

在对创造性团队的研究中研究人员发现，像索尼、3M、惠普、宝洁这样的公司都创造出了一种开放动力的学习系统，这种系统能使每一个员工不断地学习、更新自己。在这些公司文化中，占有核心地位的就是“源于合作的创新精神”。在一个没有合作精神的团队里，团队成员运用各种手段以达到个人目的，没有一种价值和目标可以整合员工的行为方向，没有共同的目标和价值，就不可能形成健康的团队行为规范。共同的价值和目标的建立，需要的是管理者与成员以及成员之间的理解和沟通。

在一个团队中，理解和沟通是共享知识的必要条件，也是团队成员协作的必要条件。因此，需要培育一种能够增进理解和沟通的团队文化，而团队文化的形成不是一朝一夕的事情，它是在团队成员的互动过程中逐渐形成的。在这个过程中管理者的作用至关重要，因为管理者和管理层有制定政策的权力，在公司的规章制度中要坚定不移地贯彻一种鼓励理解、沟通与合作的思想，这是一种无形的力量。管理者所采取的决策过程和程序，实际上内嵌了对合作、沟通、理解的扬、抑态度，在某种程序上这种无形的力量更加能够鼓励员工的沟通和合作行为。一个持有沟通和合作态度的团队，成员之间有比较充分的机会互相学习，共享各自的知识和经验，同时也能够不断地引导员工自身的学习和提高。

建立成员培训制度，是营建学习型团队行之有效的条件之一。技术的发展和市场的变化要求团队成员不断地学习新的知识和技能，否则就不能适应市场的变化，甚至不能胜任工作。一些规模较大的团队纷纷把培训看作是增设竞争力的重要手段。有没有培训制度已经成为成员选择就业岗位的一项重要条件，团队也把培训机会作为工资之外的一种回报手段。对于一个学习型的团队来说，培训并不是由于技术和经营上的落后才进行的。培训已经成为持续不断地学习和创新的手段和工具，培训不仅包括技术业务培训、知识和技能培训，更包括团队精神和文化的传递与传播。特别是对于新进入团队的员工，这些培训是必不可少的。团队的培训可以融入业务运营和团队活动之中，形式可以多种多样。培训必须讲求效果，当然这并不是说非要有什么形式的考试不可。团队成员的培训必须是有计划的、普遍的，不能是随机的，那样会挫伤成员学习的积极性，并且损害团队的沟通交流氛围，最终破坏团队的合作化。

学习型团队的特征

所谓学习型团队，是指通过培养弥漫于整个团队的学习气氛、充分发挥成员的创造性思维能力而建立起来的一种有机的、高度柔性的、扁平的、符合人性的、能持续发展的组织。这种组织具有持续学习的能力，具有高于个人绩效总和的综合绩效。

学习型团队具有下面的几个特征：

1.拥有一个共同的愿景。

团队的共同愿景（Shared Vision），来源于成员个人的愿景而又高于个人的愿景。它是团队中所有成员共同愿望的景象，也是他们的共同理想。它能使不同个性的人凝聚在一起，朝着团队共同的目标前进。

2.团队由多个创造性个体组成。

团队本身应理解为彼此需要他人配合。团队的所有目标都是直接或间接地通过个体的努力来达到的。

3.善于不断学习。

这是学习型团队的本质特征。所谓“善于不断学习”，主要有四点含义：

一是强调“终身学习”，即团队中的成员均应养成终身学习的习惯，这样才能形成团队良好的学习气氛，促使其成员在工作中不断学习。

二是强调“全员学习”，即团队的决策层、管理层、操作层都要全心投入学习，尤其是经营管理决策层，他们是决定团队发展方向和命运的重要阶层，因而更需要学习。

三是强调“全过程学习”，即学习必须贯彻于组织系统运行的整个过程之中。约翰·瑞定（John Redding）提出了一种被称为“第四种模型”的学习型组织理论。他认为，任何企业的运行都包括准备、计划、推行三个阶段，而学习型团队不应该是先学习然后进行准备、计划、推行。不要把学习与工作分割开，应强调边学习边准备、边学习边计划、边学习边推行。

四是强调“团体学习”，即不但重视个人学习和个人智力的开发，更强调团队成员的合作学习和群体智力的开发。

学习型团队通过保持学习的能力，及时铲除发展道路上的障碍，不断突破团队成长的极限，从而保持持续发展的态势。

4.组织边界的重新界定。

学习型团队的边界的界定，建立在团队要素与外部环境要素互动关系的基础上，超越了传统的根据职能或部门划分的“法定”边界。例如，把销售商的反馈信息作为市场营销决策的固定组成部分，而不是像以前那样只作为参考。

5.“地方为主”的扁平式结构。

传统的企业团队通常是金字塔式的，学习型团队的组织结构则是扁平的，即从最上面的决策层到最下面的操作层，中间相隔层次极少。

它尽最大可能将决策权向组织结构的下层移动，让最下层单位拥有充分的自主权，并对产生的结果负责，从而形成以“地方为主”的扁平化结构。例如，美国通用电器公司目前的管理层次已由9层减少为4层。只有这样的体制，才能保证上下级的不断沟通，下层才能直接体会到上层的决策思想和智慧光辉，上层也能亲自了解到下层的动态，掌握第一线的情况。只有这样，企业内部才能形成互相理解、互相学习、整体互动思考、协调合作的群体，才能产生巨大的、持久的创造力。

6.成员家庭与事业的平衡。

学习型团队努力使成员丰富的家庭生活与充实的工作生活相得益彰。学习型团队对成员承诺支持每位成员充分的自我发展，而成员也以承诺对团队的发展尽心尽力作为回报。这样个人与组织的界限将变得模糊，工作与家庭之间的界限也将逐渐消失，两者之间的冲突也必将大为减少，从而提高成员家庭生活的质量，达到家庭与事业之间的平衡。

7.实施自主管理。

学习型团队理论认为，“自主管理”是使团队成员能边工作边学习并使工作和学习紧密结合的方法。通过自主管理，团队成员可以自己发现工作中的问题，自己选择伙伴，自己选定改革、进取的目标，自己进行现状调查，自己分析原因，自己制定对策，自己组织实施，自己检查效果，自己评估总结。团队成员在“自主管理”的过程中，能形成共同愿景，能以开放求实的心态互相切磋，不断学习新知识，不断进行创新，从而增加团队快速应变、创造未来的能力。

8.领导者的角色更新。

在学习型团队中，领导者是设计师、仆人和教师。领导者的设计工作是一个对团队要素进行整合的过程，他不只是设计团队的结构和组织政策、策略，更重要的是设计团队发展的基本理念；领导者的仆人角色表现在他对实现愿景的使命感，他自觉地接受愿景的召唤；领导者作为教师的首要任务是界定真实情况，协助人们对真实情况正确、深刻地把握，提高他们对组织系统的了解能力，促进每个人的学习。

学习型团队的五项原则

1.先做学生。

在学习型团队中，人人都是学生。“学习、学习、再学习”“终身学习”是全体团队成员的共识。虽然在学习型团队中管理者扮演着老师的角色，但这改变不了他是学生的角色。在学习型团队中每一位成员都是先做学生，再做老师，大家互帮互学，没有严格的师生之分。“知之为知之，不知为不知”，大家互相帮助，互相提高，共同进步。

2.取长补短。

在学习型团队中，团队成员之间关系融洽，大家经常在一起探求新知，通过交流与沟通，各人倾其所能，贡献自己所学的新知识、新技能，大家相互取长补短，每个人都可以各展所长，成为老师；反过来，他也同时虚心学习别人的长处，成为其他成员的学生或听众，互通有无，取长补短。

3.有自己的思维。

学习不是机械地照抄照搬书本上的东西，在学习的过程中必须要有自己的思维融会其中。否则，就有可能成为形而上学的“书呆子”，即人们所说的“死读书，读死书”的人，最后成为书本的奴隶。学习的过程中，在掌握其基本原理后要追求变化，让所学知识与不断变化着的实际情况相适应，做到理论与实践相结合，才能真正地解决现实问题，达到“变则通”的境界。

4.不断学习。

随着时代的飞速发展，新知识、新学科，尤其是一些边缘科学诞生，身为新时代的一分子，没有人能全部掌握这个信息爆炸时代的所有新东西。那种只需要掌握四书五经、二十四史即可齐家治国平天下的时代已经一去不复返了。学无止境，如不迅速跟上时代的变化，不断学习，就会被时代所淘汰。

5. 把学习作为投资。

学习是最有价值的投资，一个人的所学将使其终生受益。并且，学习还是永远也取之不尽、用之不竭的再生资源。

那种认为学习是一种开销的观点是极其错误的，不学习的确可能逞能于一时，但绝对不可能逞雄于一世！今天的学习是为了明天的奋起，是对未来的一种投资。没有今天的努力学习，就不可能有将来的成功。

消除团队学习的障碍

要想有一个良好的学习团队，我们必须注意找出造成团队学习的障碍在何处，如此才能对症下药，做到药到病除。同时，我们应清楚地认识到这些障碍的出现是一种正常现象，不必大惊小怪，这只是我们在以往的工作中未留意而已。而当我们开始检视自己时，我们实际已踏上了学习之路，下面就是一些常见的学习障碍，以及克服它们的相应对策。

障碍一：英雄主义。

在这个竞争的时代，没有一个人希望自己落后于他人，位居他人之后。大家都想有进步，“人往高处走，水往低处流”，希望有朝一日能出人头地，一呼百应，受人景仰，接受鲜花和掌声。套一句俗话，就是“宁为鸡首，不为牛后”。但是，在团队的运作中，最重要的是强调团队的整体智慧而非个人的独立表现。因为在团队中，团队的智商大于个人智商的和，因此在一个团队中，每位成员都是同等重要的，不应该有任何的个人英雄主义作祟，而扼杀团队应有的整体智慧。

对个人英雄主义这种学习障碍采取的对策是创造双赢。当今时代，企业已不再需要也不应再强调个人英雄主义，因为单打独斗的时代已经过去了，取而代之的是一个属于团队的时代。近来，“创造一个双赢的局面”已是大家的口头禅。所谓“双赢”，指的是当我们与他人合作时，应通过彼此间高度的配合、交流、沟通，寻求对整体最有利的决策，创造出最佳效益。

障碍二：安于现状。

人是有惰性的，一经养成的习惯，是很难改变的，俗话说得好，“江山易改，本性难移”。人往往恐惧改变现存的一切，安于现状，惯于沉溺于自欺欺人的满足之中，从而不再有学习、上进的追求。

针对这种安于现状的对策是自我检视与超越。为什么有的人能实现自己的梦想，而有的人却只能抑郁而终，抱憾终生呢？他们最大的不同便在于：成功者总是不断地自我反省、自我检视，督促自己不断向前、不断超越自我；而失败者却总是畏首畏尾，安于现状，不求上进，但求得过且过，“做一天和尚撞一天钟”。每个人活在世上不过数十载而已（极少数活过100岁），人生是属于自己的，需要自己去积极地面对。当我们能够不断地反省、检视自我并聚焦于我们生命中最重要的目标时，便已启动了个人的学习。这将带动我们向更正确的方向发展，而绝不是安于现状，将所有自己曾经有过的理想锁在梦中，望天兴叹，愤世嫉俗。

障碍三：习惯性防卫。

习惯性防卫是根深蒂固的习性，用来保护自己或他人免于因为说出真正的想法而处于窘境或受到威胁。习惯性防卫在人们最深层的想法四周形成一层保护壳，保护人们免受痛苦，但是也使人们无从知道痛苦的真正原因。

习惯性防卫种类繁多，且常常发生，但通常不会引起注意。当人们无意认真接受某一个想法时，他们常会说：“那是一个非常有趣的构想。”人们用这句话来说服别人某个构想是行不通的，而真正的想法却是不想再考虑这个构想；或者人们假装支持他人某项论点，以免让自己类似的观点也遭到批评；或者在一出现困难议题时，就改变话题，但表面上则显得很有风度、若无其事的样子。

如何消除习惯性防卫？常用的方法有以下两种：

自我揭露可以降低防卫反应对情绪的影响。习惯性防卫只有在禁止讨论的环境中才会强而有力；或只有当团队假装自己没有习惯性防卫，像鸵鸟般对问题视而不见时，才会受困于习惯性防卫。一旦开放讨论，它们就会没有存在的空间。

消除习惯性防卫所需的技巧，也就是反思与探询的技巧。以探询的方式讨论问题的原因时，个人能够毫不隐瞒地摊出自己的假设和想法背后的推理过程，并鼓励别人也这样做，如此一来，习惯性防卫便无从发挥作用。

虽然习惯性防卫对团队特别有害，但团队正是转化个人习惯性防卫的最佳场所。运用团队这一场所来克服习惯性防卫，需要的是应有一个人们真正想要的愿景。其中包括团队的绩效、希望如何在一起工作，以及坦诚地说出“目前状况”的决心。

在真正的共同愿景面前，习惯性防卫变成只是目前现状的另一个面向。一个忠于真相的团队，有勇气承认自己的习惯性防卫，则习惯性防卫就开始成为一种动力的来源，而非阻力。

兼顾反思与探询的具体做法，是如果人们将习惯性防卫当成一种团队学习停滞了的信号，那么习惯性防卫也可以在团队学习过程中发挥积极作用。团队学习的实用技巧可以用于辨认下列问题：别人是否对自己的假设加以反思？是否探询彼此的思考？是否先摊出自己的想法以鼓励他人探询自己的想法？当人们感觉自己在防卫和逃避问题，或思考如何保护某人或自己时，则表明自己已到了应该重新努力的时候。

障碍四：自我设限。

到过泰国的人都会发现一个奇怪的现象：大象被缚在小木桩上，而不能挣脱。其实，凭大象之力是完全可以挣脱的，为什么它挣不脱呢？原因是当它还在幼小体弱时，粗重的铁链把它缚在稳固的大桩上，任凭它如何用尽力气地拉扯也无法挣脱，乃至它长大后，只要看到身旁地上的木桩，便认为自己无论怎样用力也是无法挣脱的。因此，只好平静地、乖乖地不动了。人类也是如此，在不知不觉的潜意识中限制了自己的思想和学习的能力，而不敢去跨越、去突破，其结果最终是不进则退或坐以待毙。

解除自我设限可以采取改变心智模式的对策。哈佛大学的阿吉瑞斯（Chris Argyris）曾说过："虽然人们的行为未必与他们所拥护的理论（他们所说的）一致，但他们的行为必定与其所使用的理论（他们的心智模式）一致。"心智模式指的是人们头脑中的一些根深蒂固的认知与想法。两个人观察同样的事件，因其心智模式不同，因而会出现不同的解释。要解除自我设限，就必须改变心智模式。

障碍五：完美主义。

任何团队的目标都是建立在利润或效益之上的。如果某团队在研发新产品时失败了，致使所有的科研投入泡汤，付之东流，此时若团队的主管只是一味地责骂抱怨，不但于事无补，还会造成有关团队成员产生恐惧心理而心存胆怯，以后不敢有任何新的尝试。

针对这种完美主义采取的对策是宽以待人。若是一个团队不容许其成员犯错误，那么，为了自身的利益（不被炒鱿鱼、晋升等），每个人都只是干一些自己所熟悉的、会做的工作，就再没有人敢去尝试创新了。这样的团队迟早会在激烈的竞争中被对手击垮的。因此，若想使团队有一个积极学习的良好氛围，团队应有一定的容许犯错误的气魄。学习中的失误给团队造成的损失权当一种投资的成本支出，从长远看，这种投资是值得的。它会使团队成员下次做得更好，为团队创造更大的利润和效益，还可激励团队不断学习、创新，为今后的发展打下坚实的基础。

障碍六：互踢皮球。

在现实生活和工作中，当我们碰到问题或困难时，往往习惯于归罪于他人，或把问题或困难丢给别人，埋怨"老板给的时间不够""其他部门不配合""这事应该由他负责"等。如此一来，便不会从自身去找原因，不想从自身加以改善，而是一味地逃避和退却。

防止互踢皮球的对策是承担责任。一个大人和一个小孩的最大差别就在于大人的心智成熟，有勇气和能力去承担责任，解决问题。当一个团队遇上麻烦时，不应只是一味地怪罪他人，正确的态度是勇敢地去承担自己应负的责任，并积极地寻求解决问题的办法。只有这样，才能强化团队的学习与成长，带来另一次的更新和突破。

八、测评：高效团队的体检医生

有人认为对团队的测评很简单，可以通过测评团队目标的实现情况来决定团队的工作成效，实际上不然。尽管从工作效果上看，两个团队取得了一样的结果，但并不表明两个团队是一样的，团队是否有活力，能否长远发展并不断自我更新，团队的内部运营机制是否有效，并不能从一个工作结果中得出。测评团队必须结合成员个体，调动他们的积极性才是最根本的。对团队内部个人绩效的测评是一个复杂的过程，许多时候难以分清个人与整个团队的成果。所以，若没有相对可行的测评措施，“滥竽充数”的现象不可避免，这种现象若不及时处理制止，可能导致团队的瘫痪——“表现不佳的人像两岁小孩闹情绪一样，备受重视；表现好却常被忽略，更糟的是，努力工作的人所得到的奖赏，就是要承担更多的额外工作”。这将打击整个团队的工作积极性，无法形成高效团队。

测评的核心问题

绩效测评可以成为团队管理中最有效的一面，也可以成为最具破坏性的一面。一名其他事情都做不好，但却能通过其员工达到其所要求结果的管理者可能会有一个更好的、成功的职业生涯，而即便是一名学识渊博的管理者，如果他不能让其员工正确或按时完成工作，那么其职业生涯也不可能维持长久。这也就是为什么运动队的教练们会早于队员被解雇的原因所在。聘用管理者，目的是为了通过团队来达到最终的结果，而不是因为他们对该“游戏”了解多少。对运动的技术方面了如指掌的专家可能能绘声绘色地评论，但即便是新闻媒体也希望由一个曾获冠军的人来担任评论员。因此，如果谁想要管理，他最好把这部分的工作降格为一种专门的技术——如果团队组织中已经有了正确的战略，那么它通常是可以降格到位的。

不管是应用在管理人员还是非管理人员身上，绩效评估的基本概念和原则都是相同的。绩效测评的核心是：

· 结合组织整体业务目标，决定一整套核心的职责和具体的执行步骤或目标，由某位成员在某个时间段中完成。

· 与成员沟通这些职责、执行步骤和目标，以使成员确切地知道测评他或她的绩效的标准以及希望何时能完成。

· 在绩效或行为的基础上，定期或在必要时审查成员的进展情况。

绩效测评的主要核心，换句话说就是指导。如果指导是清晰的，采用以下步骤就能得到所需要的测评绩效标准：

· 为每一位成员安排好年度的绩效测评会谈。

· 通过收集成员绩效情况和与之相关的信息和数据，为每次会谈做好准备。接下来，决定会谈中需要讨论的具体绩效事项。要求评估他自己的绩效情况，这样，就可以通过这次会谈来讨论在不同观点上存在的差异。

· 主持会谈，比照和讨论各自的评估结果。双方的差异之处也就是应该开始的交谈之处！

管理者花在准备会谈上的时间越多，会谈取得的效果也就会越明显。请牢记：会谈的最终目的以及整个评估过程不仅仅只是准确地测评出绩效情况，真正目标其实是要提高成员的效用——一般通过设立新目标，使成员们能在利润最大化的方式下运用他的技能。

测评的标准

团队成员将工作任务完成到何种程度才能合乎团队与管理者的要求，要依据管理者建立的绩效标准而定。制定绩效标准至少应满足这样一条原则：绩效标准应使成员有很多机会得以超过标准并得到管理者的赏识，同时也意味着未达到此标准的绩效是无法让人满意的。一个好的绩效标准的出台应满足以下条件：

1. 绩效标准是基于工作而定的。

这一点是订立任何标准的指导性原则。一件工作是单一的，是固定的，而工作者是千差万别的，他们处理问题采用的方式方法也不尽相同，但完成工作的好与坏却是可以根据工作所达到的若干指标来衡量的，故此标准只有一个，且是对工作程序与成效取得的客观要求。

2. 绩效标准是可达到的。

标准与美好愿望是两码事。绩效标准并不是高不可攀的完美境界，它应该为所有成员提供通过个人辛勤努力从而获得标准所承认的业绩（甚至超过标准）。当然，绩效标准太容易达到也会对团队产生非常消极的影响，它会给那些碌碌无为者提供生养的温床，使他们得以找到为自己开脱辩解的借口。

3. 具体可衡量。

俗话说，无法衡量就无法控制。这一点是绩效标准可行的前提。标准的制定为成员提供了努力的方向，它绝不是见林不见木的泼墨山水，更不是沙漠中的海市蜃楼。管理者制定的标准必须让成员一目了然，知道通过什么途径就能达到要求，而且自己也可以进行预先的评估。几乎所有的工作都包含了数量与质量两个方面。要处理好这两方面的关系，最好的办法是将工作质量按照层次的不同，科学地分为几等，每个等级都配有对工作完成的质量的具体描述，从而严格区分。

4. 达成共识。

绩效标准的制定应是管理者与成员两方面共同确认的准则。当然标准的含义就是规范、管理与要求，是成员必须接受的客观的工作鉴定，但这绝不意味着这是管理者们单方面就可以加以确定的事。与成员取得共识，是标准可以贯彻、实施、赢得一致拥护的前提。

5. 标准有时间限制，且可更改。

任何一个绩效测评标准都不可能是一成不变的，它需要时间的检验。标准当初的制定，与实际施行之间会存在着或多或少的差距，这就需要管理者及时地收集反馈信息，使绩效评价标准切实发挥评价依据的功能，而非部门里的一个硬件设备，束之高阁。

权重

权重是用来表示各项绩效维度相对重要性的百分比。

1. 权重的重要性。

· 权重有助于团队明确各项业绩的相对重要程度，能突出重点目标。

· 权重能帮助团队更好地分配和管理时间。权重应当反映各项业绩的重要性，而并非仅仅是花费在工作上的时间多少。

· 权重有助于团队成员把团队和个人的工作重点进行排序。

2. 缺乏权重的后果。

· 会令团队成员感到困惑，不知道什么才是最重要的成果以及应重点关注哪些业绩成果。

· 团队成员会认为价值评价体系缺少公平性。

· 跨职能团队的领导会发现他们不受团队成员的重视。因为通常这些团队成员所获得的报酬都是由其上级主管所决定的。

确定权重的方法有专家定权法、历史资料法、数据分析法等。专家定权法是由相应的行业和领域内造诣较深的专家依据自己积累的经验确定权重；历史资料法是根据历史资料的记载，按每种指标调查结果的重要程度赋予相应的权重；数据分析法是从实际数据出发来确定权重，具体包括平均赋值法、主成分法、因子分析法等。权重分配完成以后，应反映各项绩效维度的相对重要性。

3. 分配权重的方法。

· 首先决定在整个100%的权重中，应该将多少比例分配给团队业绩，将多少比例分配给个人业绩；

· 然后再把所有的团队权重在团队业绩维度范围内进行分配，把所有的个人权重在个人业绩维度范围内进行分配；

· 分配权重时，应根据各项业绩对组织的重要性而并非所花费的时间来分配权重，权重通常以5%为增量；

· 权重分配完成以后，应确保能反映团队对各项测评维度相对重要性的看法。

经验分享：

经验一：每个维度的权重一般不高于30%，不低于5%。

原因：过高的权重会导致团队成员“顾大头，扔小头”，对某些与工作质量密切相关的标准不重视。

经验二：

最重要的业绩要赋予最高的权重——30%。

原因：规避考核风险。

经验三：

最不重要的业绩要赋予最低的权重5%；有相同重要性的业绩要具有

相同的权重。

原因：太低会使成员对该项标准不重视，测评标准缺乏影响力。

经验四：

权重一般是5的倍数；所有的权重加起来要达到100%。

原因：可降低计算的难度。

设计测评系统

绩效测评系统的设定是绩效测评的第一步，它是绩效测评成败的关键。设计有效的绩效测评系统是进行绩效测评的主要依据。

从绩效测评的作用来看，它是人员管理与开发的一项基础性工作，是管理者与团队成员之间的活动。绩效测评系统一般具有以下三个共同的基础：

1. 实现目标的决心。

有效的绩效测评系统的第一个基础是实现目标的决心。一个有效的绩效测评系统是建立在整个团队，特别是建立在管理高层为实现目标坚定决心的基础上。团队必须知道通过绩效测评系统想要达到什么目标，并与负责发展和管理这些系统的人交流相关目标，以明确的目标和坚强的决心给予成员信心。

2. 有效的绩效分析。

有效的绩效测评系统的第二个基础是有效的绩效分析。绩效分析为团队提供综合、准确的工作岗位职责。绩效分析是系统地收集具体工作的信息，用于发展绩效测评系统以及制定工作岗位职责。一个成员的工作要得到公正、合理的考核，首要的前提是他的工作岗位职责具体、清晰。

3. 绩效测量。

有效的绩效测评系统的第三个基础是绩效测量。一个好的绩效测评系统必然有好的绩效测评的方法。因为测量是调资、升职、调动、培训等信息的来源，所以为了给人力资源部门提供有效的信息，用于绩效测评的测量系统必须有效度、信度，没有偏见。

在建立绩效测评制度时，必须遵循一些基本原则，这些原则是良好的、行之有效的绩效管理测评体系应满足的基本条件。

(1) 公开与开放原则。

开放式的测评制度首先是测评上的公开和绝对性，借此取得团队上下的一致认同，从而推动测评的实施。其次是测评标准必须是十分明确的，上下级之间可以通过直接对话、面对面的沟通等方式来进行考核工作。在贯彻公开、开放原则时应注意做到以下几点：

· 通过工作分析和岗位评价，确定团队对其成员的期望和要求，制定出客观的测评标准，并公开地表示和规定下来。

· 将测评活动公开化，提高透明度，破除神秘观念，进行上下级的直接对话。

· 引入自我评价和自我申报机制，对公开的绝对评价做出补充。通过自我评价，可以在满足个人需求的基础上增进团队目标的实现。

· 根据团队目标的不同，分阶段引入测评标准和规则，使团队成员有一个逐步认识、理解的过程，实现绩效测评时成员与团队的协作。

(2) 反馈完善原则。

及时反馈测评的结果，能发现测评工作中的不足，也能总结各方面成功的经验，好的东西就坚持下来，发扬光大；存在弊端的东西，加以纠正和弥补，从而完善团队的各项管理活动。

(3) 定期化与制度化原则。

绩效测评是一种连续性的管理过程，因而必须定期化、制度化。绩效测评是对团队成员工作绩效的测评，也是对他们未来行为表现的一种预测，因此只有程序化、制度化地进行绩效考核，才能真正了解成员的潜能，才能发现团队中的问题，从而有利于团队的有效管理。

（4）可靠性与正确性原则。

可靠性是指某项测量的一致性和稳定性。测评的可靠性是指绩效测评方法保证收集到的工作绩效信息的稳定性和一致性，它强调不同管理者之间对同一个人或一组人评价的结果应该大体一致。

正确性是指某项测量有效地反映其所测量内容的程度。绩效测评的正确性是指绩效测评办法测量人的能力与绩效内容的准确性程度，它强调的是内容的正确性，即测评事项能真实反映特定工作内容（行为、结果和责任）的程度。

可靠性与正确性是保证绩效测评有效性的充分必要条件，所以一个绩效测评体系要想获得成功，就必须具备良好的可靠性和正确性。

（5）目的性原则。

测评是手段，必须和相关的管理活动结合起来。

· 测评要与招聘、选用、晋升相结合。
· 测评应与培训、进修相结合。
· 测评应与工资调整相结合，应与奖惩相结合。

（6）全面与重点相统一原则。

测评应辩证全面。对测评中发现的问题，切忌“攻其一点，不及其余”。要辩证地、公正地对待每一位被测评的成员，多层次、全方位地分析问题，提倡多一些理解。

测评的重点应放在成员的贡献上。以贡献为主的测评能够激发成员的积极性，使成员心情愉快地投入工作。

（7）可行性原则。

所谓可行性是指任何一次测评方案所需的时间、人力、物力、财力要为使用者的客观环境条件所允许。因此，它要求在制订测评方案时，就要根据测评目标合理设计方案，并对考核方案进行可行性分析。

绩效测评系统设计完毕后，团队管理者就要根据绩效测评的本身要求和所要达到的目的来选择最佳的测评方法，因为测评方法将影响到绩效测评的最后结果。

①客户关系图法。

客户关系图是指描述团队的客户以及说明团队能为客户提供哪些产品和服务的一幅清晰的图示。这幅图能够显示出与该团队相关的内外客户，以及客户需要从团队所获得的产品和服务。该图完成以后，即可清晰地表明团队与客户之间的价值创造关系。

当团队的存在主要为满足客户的需求，提高客户的满意度时，使用客户关系图方法最有效。

客户主要指那些需要团队为其提供产品和服务，并帮助他们工作的人或组织。客户既包括组织外部的顾客，也包括组织内部的同事。当团队的存在就是为了要满足客户的需求时，就必须考虑客户对团队的要求。客户的需求是团队绩效测评维度的主要来源。

步骤一：运用客户关系图确定团队的客户及其需从团队获取的产品或服务。

步骤二：确保所列出的每一个项目都是客户所需要的业绩成果，去掉那些不值得测评的项目。

步骤三：从组织的角度考虑以下问题："哪些成果是组织希望从团队获得的？"用来回答这些问题的关键词就是团队给组织创造的价值。

步骤四：把列出的业绩成果重新规范命名，用简练、准确的词语来描述团队应完成的工作。

②工作流程图法。

工作流程就是贯穿交叉于各道工序之间，为了把一些有价值的服务或产品提供给客户的一系列步骤。客户既可能是组织内部的，也可能是组织外部的。

工作流程图是描述工作流程的示意图。

优势所在。

· 能够把质量、流程再造计划与绩效管理联系起来。

· 那些有清晰工作流程的团队能够对它们在工作过程中的有效性进行评估。

· 对工作流程进行规划可以把握简化和重新设计流程的时机，从而形成更合理的工作流程和更佳的团队绩效。

应用时机。

当团队的工作具有清楚、明确的工作流程时，使用该方法最有效。

使用方法。

工作流程图中包含三个测评维度：

· 向客户提供的最终产品；
· 整个团队应负责的重要的工作移交；
· 整个团队应负责的重要的工作步骤。

③组织绩效目标法。

组织绩效目标是指依据组织的战略与经营计划，确定的任务和努力方向。

应用时机。

当团队存在的目的主要是为了帮助组织改进绩效目标时，利用组织绩效目标确定团队绩效测评维度的方法最有效。

可测量的目标可以包括以下一些内容：

· 降低生产成本；
· 压缩运转周期；
· 增加销售额；
· 提高客户的忠诚度等。

操作步骤。

步骤一：了解组织的绩效目标。

步骤二：确定有哪些组织的关键业绩指标，团队可以对其产生影响。

步骤三：如果团队能够对其产生影响，那么思考一下："团队要做出什么样的业绩才能有助于组织达到自己的目标？"

步骤四：把这些成果作为团队的绩效测评指标。

④业绩金字塔法。

业绩金字塔是一种用来确定团队绩效测评维度的方法，其出发点是明确业绩的层次，界定在组织所有的业绩成果中，由团队所负责创建的部分。团队应选择那些能够把团队目标和组织目标紧密联系起来的绩效测评维度，把团队的业绩和组织绩效紧密联系起来就能够保证团队的成功，为整个组织目标的实现做出贡献。

应用时机。

当团队的绩效目标是组织大的绩效目标中的一个小的组成部分时，可以采用业绩金字塔的方法来确定团队绩效测评维度。

操作步骤。

团队应该通过思考和回答以下问题来构建业绩金字塔：

步骤一：整个组织（团队是其中的一个组成部分）的宗旨或功能是什么？组织要达到什么样的业绩目标？

步骤二：需要哪些业绩成果来帮助组织达到绩效目标？（不断重复提出这个问题，直到所有的业绩成果都得到确定为止。）

步骤三：界定在这些业绩成果中有哪一项应该是由该团队负责创建的？

如果创建的业绩金字塔是为整个组织而建立的，那么，只有金字塔内的某些方框才是该团队需要对此负责的。通过对业绩金字塔的观察和分析，团队可以确定它应当对此负责的业绩成果。

误差校正

在绩效测评过程中会出现各种误差，所谓绩效测评过程中的误差，是指测评者对团队成员工作绩效的测评与成员的实际工作绩效之间有差距。造成测评误差的原因很多，例如测评项目设立不当、测评各项之间所给分数值不当、测评的目的和意义不明确、测评程序不严格以及测评者未进行培训，等等。以下是几种常见的误差：

1. 晕轮效应误差。

这种误差现象意味着测评者对被测评者的某一业绩要素的评价较高，从而导致测评者对此人所有的其他业绩要素也评价较高。当测评对象是那些对测评者表现特别友好或特别不友好的成员时，这种问题最容易发生。晕轮效应误差可以通过加强对测评者的培训来校正。

2. 光环效应误差。

当一个人有一个显著的优点的时候，人们会误以为他在其他方面也有同样的优点，这就是光环效应。在测评中也是如此，比如，被测评人工作非常积极主动，测人可能会误以为他的工作业绩也非常优秀，从而给被测评人较高的评价。在进行测评时，被测评人应该将所有测评人的同一项测评内容同时测评，而不要以人为单位进行测评，这样可以有效地防止光环效应。

3. 趋中误差。

测评人倾向于将被测评人的测评结果放置在中间的位置，就会产生趋中误差。这主要是由于测评人害怕承担责任或对被测评人不熟悉所造成的。在测评前，对测评人员进行必要的绩效测评培训，消除测评人的后顾之忧，同时避免让不熟悉被测评人的测评人进行测评，可以有效防止趋中误差。

4. 近期误差。

由于人们对最近发生的事情记忆深刻，而对以前发生的事情印象浅显，所以容易产生近期误差。测评人往往会用被测评人近一个月的表现来评判一个季度的表现，从而产生误差。消除近期误差的最好方法是测评人每月进行一次当月测评记录，在每季度进行正式的测评时，参考月度测评记录来得出正确测评结果。

5. 过宽、过严误差。

一些测评出于各种原因，总是以测评量表的最高分来进行测评，这就是所谓过宽测评，从而导致了过宽误差。一些管理者总是以测评量表的最低分数来进行测评，这就是所谓过严测评，从而导致了过严误差。

克服绩效测评这类误差的办法，除了培训管理者，激励他们进行正确测评外，还可用两种方法进行控制：一是控制评定结果的分布状况，使被测评者的测评结果接受正态分布；二是降低测评量表本身的模棱两可程序，制定多维度的、清晰的测评标准。这两种方法的理论基础不太一样。强制性的分布对管理者有较强的控制，但在某些情境下一个宽容的分布也可能是准确的。

6. 压力误差。

当测评人了解到本次测评的结果会与被测评人的薪酬或职务变更有直接的关系，或者惧怕在测评沟通时受到被测评人的责难，鉴于上述压力，测评人可能会做出偏高的测评。解决压力误差，一方面要注意对测评结果的用途进行保密，一方面在测评培训时让测评人掌握测评的技巧。如果测评人不适合进行测评沟通，可以让其他人或者部门代为进行。

7.完美主义误差。

测评人可能是一位完美主义者，他往往会放大被测评人的缺点，从而对被测评人进行较低的评价，造成了完美主义误差。解决该误差，首先要向测评人讲明测评的原则和操作方法，另外可以增加员工自评，与测评人测评进行比较。如果差异过大，应该对该项测评进行认真分析，看是否出现了完美主义错误。

8.记录效应误差。

测评者忽视成员现在的表现，注重记录情况，从而出现记录效应误差。如果过去的测评记录分数较高，测评者将按照这一记录给予高分，即使是这次测评的分数很低，测评者的打分通常也不会低于上次。

9.自我比较误差。

测评者不自觉地将被测评者与自己进行比较，以自己作为衡量成员的标准，这样就会产生自我比较误差。解决办法是将测评内容和测评标准细化和明确，并要求测评严格按照测评要求进行测评。

10.盲点误差。

测评者由于自己有某种缺点，而无法看出测评者也有同样的缺点，这就造成了盲点误差。盲点误差的解决方法和自我比较误差的解决方法相同。